The Eye of News

Thoughts on Culture and Philosophy　By Luo Dongqing

新闻

骆冬青　著

文化哲学的思考

南京师范大学出版社
NANJING NORMAL UNIVERSITY PRESS

图书在版编目(CIP)数据

新闻眼：文化哲学的思考 / 骆冬青著. -- 2版. --
南京：南京师范大学出版社,2015.7

ISBN 978-7-5651-2136-4

Ⅰ. ①新… Ⅱ. ①骆… Ⅲ. ①新闻学－文化哲学－研
究 Ⅳ. ①G210－05

中国版本图书馆 CIP 数据核字(2015)第 107621 号

书　名	新闻眼——文化哲学的思考	
作　者	骆冬青	
责任编辑	高朝俊　张　春　向　磊	
出版发行	南京师范大学出版社	
地　址	江苏省南京市宁海路 122 号(邮编：210097)	
电　话	(025)83598919(总编办)　83598412(营销部)　83598297(邮购部)	
网　址	http://www.njnup.com	
电子信箱	nspzbb@163.com	
照　排	南京理工大学印刷照排中心	
印　刷	南京玉河印刷厂	
开　本	660 毫米×970 毫米　1/16	
印　张	18.75	
字　数	281 千	
版　次	2015 年 7 月第 2 版　2015 年 7 月第 1 次印刷	
书　号	ISBN 978-7-5651-2136-4	
定　价	39.00 元	

出 版 人　彭志斌

序

何永康

  诗有"诗眼",文有"文眼",一部学术著作亦应有其精神凝注之"眼",以作为建立理论框架的"支点"。阿基米德说,给我一个支点,我可以撬起整个地球。同理,学术研究只有找到一个合适的"支点",才能够找到进入论题的恰当切入点,方可如庖丁解牛,批隙导窾,奏刀騞然,恢恢乎游刃有余。这部著作的最大特点,在于抓住了一个能够切合论旨、笼罩全书的阿基米德点——新闻眼,赋予这个概念以新的内涵,使其发挥出更大的功能。

  西方哲学家发现,一些哲学概念、体系往往建立在隐喻的基础上;其中,视觉隐喻占据重要位置。确实,即使在日常生活中,譬如人们所说的"你对这件事怎么看""你的眼光很不错嘛"等等,都是以"眼"来作隐喻的。哲学中的"观点"、"观念"、"世界观"……也是如此。"新闻眼"正是着眼于斯,将哲学的"观念"纳入其研究范围,通过对"观念"一词的拆解,使"眼"与"心"联成"心目",成为"新闻眼"的"视觉中枢",从而将这一仅表示新闻敏感的说法,提升为具有哲学意义的概念,进入了对新闻文化的高层次研究。

  人的观念世界与其所处的文化土壤密切相关。一位美国人类学家曾指出:"一层文化的纱幕垂在人和自然之间,不透过这层纱幕,人什么也看不见……渗透一切的是话语的精髓:是超出感觉的意义和价值。除去感觉之外,支配人的还有这些意义和价值。而且它们常常比感觉对人的作用更重要。"文化的纱幕是人们观察世界的透镜,其聚焦点正是人们的基本观念。这部著作由此又将"新闻眼"的"视野"与"文化"概念联系起来,使新闻学研究空间得以拓展。对于新闻学"拓宽加深"的研究,就建立在这一种跨学科的基础上。值得指出的是,所谓跨学科研究,并非针对某一对象将两种或多种学科简单相加,而是必须寻找到一个能够跨越这些学科、贯穿这些学科的新的"生长点",乃至新科目,否则便容易变成以不同学科术语重述已有观点了。由于"新闻眼"这一概念的兼容性与贯通性,这部专著就形成了新的研究境域,提出了一系列新的命题。

本书提出,新闻是人们观察世界的一种眼睛;这种观察,又是通过新闻人的"眼睛"来进行的。因此,在新闻作品展现出来的世界中,体现了新闻人的"眼光"与"眼界",反思这种"眼光"与"眼界",就要对"新闻眼"本身进行研究,考察其独特的文化观念。这样,就使新闻学的研究从以往的经验形态中挣脱出来,深入到"新闻眼"在观察世界之前所具有的观念框架之中,从而具有理论上的"先验"性,即以理论探索的理想范式来指导新闻学的实践。"实践是检验真理的唯一标准",但只有先行提出理论,才能引导实践从以往的经验,实即"后验"中解放出来,向着未来的、更高的目标进行;也唯有如此,才能建立新闻学的学科形态。因而,在考察了"新闻眼"的特点后,根据"眼"与"心"的关系,依据人的心灵结构,划分出新闻文化中的认知、伦理、审美文化,以及科学文化与人文文化;又基于新闻文化的现时性特点,以时间的观念,对新闻文化中的传统、未来,前现代、现代、后现代文化作了研究;在空间上分析"新闻眼"的文化观念,着重研究了新闻文化国际关系,从而建立起一个完整、统一的理论体系,开辟了一个个新的研究空间。

由于深入到"新闻眼"的文化观念之中,从新闻文化是如何观照"真"、"善"、"美"、"传统"、"未来"……来审视新闻文化本身,所以就得出了一些新的结论。诸如新闻文化关于"真"的观念中,首先注重的是事实的外延以呈现特殊的事实,而不是仅仅将事实归结为共同的内涵;新闻失真的"因果不对称"现象;新闻审美的感性观念、生命观念、心灵观念,等等,都是由于从一个更高的层面上提出问题,所以能在哲学上对这些问题作出新的解答。在系统地考察了"新闻眼"所具有的种种"大观念",即观察与思考事物时所秉持的基本的、关键的观念后,又对这种观念间所具有的关系进行了阐述，从而对"新闻眼"进行了系统的剖析。

观念与方法总是紧密地联系着的，从观念到方法指向着"新闻眼"观察、摄取世界事物的整体流程。本书对新闻文化的哲学探索，又从观念论而进入方法论，把观念在实践中的转化机制揭示出来。其中，既有对新闻文化求真的叙事因果模式，以及审美的戏剧性叙事模式的描述，又有关于新闻文化以叙述"德行"来培育"德性"，以及解决伦理冲突、伦理困境的方法的分析；新闻文化立足"现在"，观察"活着的过去"即传统，以及"未来"的图景；在历史时间的分割中，如何以历史的观念来考察新闻事件；新闻文化空间交往中的同化、顺应、排拒等方法的阐释，都是作者经过研究而得出的结论，颇能令人一新耳目。

在审视观念、分析方法的基础上，作者又对新闻文化常常走入的歧途误区给予了剖析。由于理论上的深入研讨，在讨论新闻文化中一些令人困惑而又屡屡发生的现象时，就能够从学理上加以辨明厘清，切中其症结所在，既廓清了一些久久不散的迷雾，又具有某种意义上的前瞻性，对于其他的文化种类，也有举一反三之用。

新闻界曾有"新闻无学"的说法，对新闻学研究停留于经验形态、操作层面的状况表示出不满。其实，"新闻眼"照察万有，无远弗届，新闻文化景象万千，形式丰富，并且开辟出一个广远的公共空间，在人类生活中占据重要的作用，又岂会无学，岂可无学？关键在于如何从各个方面进一步深入进去，将其真正提升到理论的高度来进行研究。这部著作的意义，主要就在于提供了一个独特的角度，开辟了新闻学研究的新的思路。

作者冬青是我的年轻朋友，好学，敏捷，悟性颇高，根基厚实，很有潜力。他曾有数年机关生涯，枯坐无聊，取枯燥无味的哲学著作进行消磨，又免不了大量读报，结果无心插柳，自由顺畅地写成此书。我在20年前做过一段时间新闻工作，故对此书大有兴趣，乐意为序，算是与冬青的一席夜谈。

以上，是我于1998年12月为《新闻眼》所做的"序"。16年过去了，此次再版，感慨良多。给冬青下达"写书"任务的郁炳隆先生去世了，他曾经满眼笑意地对我说："冬青为新传院学术建设立了一功！"我说："您慧眼识珠。"《新闻眼》问世不久,即获得省政府社科奖,业内同行叹曰:"客串的冬青,为新闻学亮出了春之青眼!"是的,此著经历时光流水的淘洗,许多晶莹更加醒目了,耀眼了,它"由此一管,窥见了高远的天际"。中国画的"天际"是无限的,地平线永远在前头。冬青走马看乾坤,唯见长江天际流。中国学术的进取精神,应在此"眼"中得到多情的观照。乃歌曰:

夜色明青眼,
乾坤役此身。
新闻无旧事,
陈酿益清醇。

2014 年 12 月 11 日于随园

目　录

系统:认知、伦理、审美——真、善、美在新闻文化中的体现——科学与
人文

新闻的时间观念——立足"现在",在与"过去"及"未来"的关系中确定
自身——历史时间的分割——前现代、现代、后现代

空间观与"世界"观——新闻文化中的"贴近性"——"全球一体化"——
"文化空间"占有的公共秩序

什么是"真"? 为何求"真"? ——感性确定性与理性确定性——"四种
假象"——否定即规定

特殊事实之真:注重事实的外延——规律之真:"变"与"不变"——因果
之真:真实之间的关系

追新逐异:不断变化的眼光与发现反常——叙事的四种因果模式——
以多种视角与眼界追踪世间事物的发展变化

"以旧为新"、"以奇为新"及"逐异失常"造成对真实事物的遮蔽——因
果不对称——"目光"的片面性与僵化性

事实领域"实然"之上的"应然"——伦理的含义——新闻文化的伦理
关切

性——"以美启真"式的相互引发、启动——立足点与归宿点

绪 论

什么是"新闻眼"？"新闻眼"中包含哪些内容？"新闻眼"的"目光"指向何方？"眼界"如何？"眼"与"心"之间又有着怎样的关系？

这些问题，不仅为新闻工作者所重视，而且对广大的新闻受众、对新闻作品的形成都有着不容忽视的意义。本书试图从一个侧面——新闻文化的观念侧面——来回答这些问题。"观念"作为哲学概念，可以理解为"观"与"念"的结合，其中，"观"字显然是视觉隐喻的结果，与"眼"相关；"念"则与人的念头、理念、意念等相关，联系于"心"。新闻文化的观念，即新闻人"观"照、"观"察世界的"看"，以及支配、引导、规范"观看"的"念"头及想法，思想与精神态度的框架。因此，"观念"就成为联接"眼"与"心"的桥梁，相当于人们通常所说的"心目"或"心眼"。眼睛是心灵的窗户。"眼"与"心"有不可分割的联系。"新闻眼"实为新闻人的"心跟""心目"，必然从新闻文化的观念中体现出来。所以，考察新闻文化的"观念"，就可以对"新闻眼"的内涵与结构，对新闻人的"心目"予以根源性的考察。"文化"与"哲学"便是我们展开考察的两条理论视线。

"新闻眼"本是对新闻工作者新闻敏感的一种形象比喻，意指目光敏锐、善于捕捉现实生活中具有新闻价值的信息。我们认为，这一概念具有更为深广的理论空间，可以作进一步的延伸与发挥。新闻本身就是人们观照世界事物的一种"眼"，与人们观照世界事物的其他"眼"不同，它有着自身的特点与性质。揭示其特点与性质，对认识新闻在人与世界关系中独特的位置与作用具有重要的价值。因为，本书所谓"新闻眼"，既是指新闻工作者发现、选择及组织新闻的"眼睛"，更是指新闻作为人们认识世界事物之"眼"，两者是统一的。研究"新闻眼"，必须从"文化"层面来考察

"新闻眼"的"视野"与"眼界",而从"观念"层面考察其"眼光"与"指向",两者之结合,即新闻文化观念。

从"文化"层面研究新闻首先是基于新闻文化迅速的、长足发展的事实。

有人说,19世纪是小说的时代,20世纪是新闻的时代。新闻作为一种文化形式已日益显示出巨大的拓展和渗透力量,取代着以往占统治地位的文化形式。随着信息时代的到来,新闻成为人类生活中不可或缺的部分,并且构成和改变着人们的生活方式。从广播、电视的早新闻、晨报等开始,到日报、日间的广播电视,直至晚报、晚间广播电视新闻,人们的现代生活特征在相当大的程度上是由与新闻的关系来确定的。因此,以报纸、广播、电视为主要媒体的新闻作品,不仅影响着人们对世界的感觉、思维、情意方式以及行为方式,而且构成了人类文化的新景观,使创造和积累、传承文化的方式都发生了巨大的改变,同时也使人类文化本身的性质和面貌发生着深刻的变化。现代技术对时、空的巨大征服力量,表现在新闻媒介上,使人们能够了解地球上每个角落乃至宇宙空间中发生的各种事件,诸凡战争灾难、政治经济、奇风异俗……都可以在发生的"同时"看到其全过程,"全球一体化"经由新闻传播而得到实现。新闻媒介传播的各类"时尚",则为人们的生活提供着许多现成的选择。总之,新闻无可否认地成为了一种不容轻视的文化力量,其中不仅涵茹着人类生活的全部丰富复杂而宽广的内容,而且蕴含着人类生活的新趋势、新形式,以及人类精神发挥其功能与作用的独特方法。

因而,从文化学的角度研究新闻,不仅有着理论上的重要性,而且具有现实的迫切性。由于以往的新闻理论,较少从文化角度来研究新闻现象,所以往往容易忽视新闻包罗万象、笼罩万有的"眼界"和"视野",以及变化多端、灵活复杂的形式特征,而仅仅抓住一些功能性的、较为简单、抽象和原则的规定性,难以具体细致地把握新闻的特征,贴近新闻的本质,不能够说明新闻的"眼界"。而"文化"这一概念,虽然在用法上有时失之浮泛,几乎成为一只什么东西都可往里装的大筐,但也正因如此,"文化"具有一种宽广的包容性和较大的伸缩性,可以较为充分地把握事物多方面、多层面的特征。因此,只要注意抓住"文化"概念的内涵,克服理解和运用上的任意性,准确分析新闻作为一种文化形式和文化力量的特征,就能够扩大新闻学的研究视野,拓展新闻学的思维空间,并接近"新闻眼"的"眼界"本身。

登高才能望远,视野的扩大必须伴随着视点的高移,否则,就只是在平面上的往复运动,变成一种"空的广阔"。有关新闻文化的一些研究之所以难以深入,正是因为虽然浏览巡视了新闻文化的纷纭万象,具有了一种理论上的扩展和广延,但是却没有力量把它们团聚、收拢在一起,形成富有概括性、内在规定性的理论观点,造成一种只有"视野"而缺乏"视线",考察"眼界"而忽视"目光"的情况,从而只能简单地套用文化学的理论框架和体系,重复叙述已有的新闻理论。而要突破这样的状况,真正把握"新闻眼"的"眼光"以及"眼"与"心"的关系,进入"观念"层次,就必须占据哲学的制高点。哲学就是观念学。从新闻文化的基本观念来分析和总结新闻文化中的重要问题,才有可能深入其根本与基底提出问题和解决问题。所以,本书力图从文化最为核心与重要的层面——观念层面来研究新闻文化与世界事物发生关系的方式。另一方面,哲学的方法也只有紧密地结合新闻文化的具体现象,才不会流于空疏和浮泛。因此,从哲学的高度研究新闻文化的本质特征和基本类型,及其在整个文化结构中的地位和作用,掌握新闻文化中呈现出来的基本"观念"及其具体表现,才能在深度和广度上进一步认识新闻,解析和观照"新闻眼",为新闻的发展提供理论的资源和动力。

一、新闻文化的特征

要研究新闻文化,迎面就碰上"文化"的概念。这几乎是一个各种说法构成的理论的荆棘丛,众多定义交互错杂,思路各异而又相互纠合,稍不留神,就容易陷入"剪不断,理还乱"的尴尬境地。因此,我们不必过于注意概念上的精微辨析,而应首先清理关于"文化"定义的主要思路。

尽管关于"文化"的定义十分繁多,但从总体上看,主要有三种思路:

一是本体论的思路,主要追问"文化是什么?"一为功能论的思路,主要追问"文化是怎样的?"还有一种发生论的思路,追问"文化是如何产生的?"每一种思路,都生发出一系列的定义,如有人说文化是一种通过象征符号表现出来的意义模式;有人说文化是群体的行为模式,即"生活方式";有人说文化是人类充分发挥能力时剩余精力的散发,等等,真是"横看成岭侧成峰,远近高低各不同",难以得出一个公认的结论。但是,综观各种文化学说,无一例外,都强调文化与人的关系,无论是从文化的发生、功能,还是本体的角度来分析,都必须从人的生存实践出发,才能触及文化的本质。因此,我们不妨采取一种较为宽泛的定义,即文化就是"人化",是人类的精神与物质创造活动及创造产物的总和。而文化的基本要素,则是由人的生存方式、价值追求和符号体系所构成的。

以文化的观念来考察新闻,如上所述,新闻无疑是人类的一种精神和物质创造的成果,并且在人类生存中占据着日益重要的地位,因此,新闻是人类文化的一种重要形式和组成部分。从和"文化"定义同样繁多的"新闻"定义中,我们也可以看出构成"新闻"的三个要素:信息、价值与传播。只有具有新闻价值的信息才能够成为新闻,而这样的信息又必须通过传播,才能够成为实际存在的新闻作品。因此,新闻=信息+价值+传播。稍加对照,我们便可发现,信息对应着人的生存世界中所具有的一切事物和所发生的一切事情,因而新闻中的一切内容均与人的生存方式有着关系,新闻可以视作文化的载体;同时,新闻的价值与人的价值追求也有着十分密切的关系,新闻中表现出来的价值追求、价值指向与价值选择,都是人的价值活动的一种方式;媒介就是符号,不同的媒体以不同的符号体系传播新闻,如报纸以语言文字及图片,广播以声音,电视以画面、声音、文字的综合手段进行传播,等等,都是使新闻文化具体存在的必不可少的方式。所以,新闻文化既负载着人类文化的丰富广博的内容,其本身又是一种独特的、自成一体的文化形式。

作为一种独特的文化形式,新闻文化具有哪些特征呢?我们必须从新闻文化的发生发展、功能效用及本质属性诸方面来进行论述。

首先,新闻文化是人类认识、掌握世界的能力不断扩张和增强的产物。

新闻活动根植于人对于外部世界进行认识和了解的需要,是人类生存中必不可少的一种活动。人类在原始状态中,只能依靠个体对外界的视、听、嗅、触等感觉方式直接地认识世界,无法摆脱个体能力和经验的局限。随着人类生存状态的改变,人类对外部世界的掌握和征服的范围也不断扩大,人类的新闻活动也随之得到发展。如果说,处于技术工艺能力低下阶段的人们只能靠"登高而招"、"顺风而呼"等方式来传递信息,使人们能够突破个体经验的限制而获得对外界的一些认识的话,那么随着人类工具利用和工艺水平的进步,文字及印刷术的发展,人们就可以通过更多的方法来掌握更为广阔的世界。陶渊明的《桃花源记》中"不知有汉,无论魏晋"的人们,虽然有某种生存的欢乐,却失去了对外部世界的认识和掌握,因此,其生存空间和精神世界都是狭小而单调的。中国古人关于"千里眼"、"顺风耳"等神话幻想,则以一种美好的想象表达了超越个体能力,去认识和掌握更为广大世界的愿望和欲求。加拿大学者马歇尔·麦克卢汉提出的"媒介是人体的延伸"的观点,正可视作对古人幻想的新闻传播学的诠释。因为,麦克卢汉的理论指出,印刷品是人的眼睛的延伸,广播是耳朵的延伸,电视是耳目的双向延伸。而新闻媒介正是要使人们生出一种神奇而又实在的"千里眼"和"顺风耳",并且远远地超越了古人的幻想可进入了新的境界。

但是,与其说新闻文化是人体的延伸,不如说是人的认识、掌握世界能力的扩张。众所周知,人对世界的认识有两种知识形态,一种是直接经验或直接知识,一种是间接经验或间接知识。人的直接知识是十分有限的,要认识和掌握世界,更多的须借助于别人的直接知识,也即通过间接知识来把握世界。原始的口耳相传、动作语言等都只能在小范围内传播间接知识,书籍文字的流通也只能告诉"已发生的事"、"已变化了的物",即使是时间距离较近,也往往是"旧闻",对大多数无法掌握书籍文字载体的人来说则是"无闻"。所以,古代所谓"秀才不出门,而知天下事",其实所知的"天下事"与"秀才"所处的时空已不是"同在一片蓝天下"了,对自己周围的世界也就很难形成正确的判断。因而,从"家长里短"到"家事国事天下事事事关心",人们对世界关注的广度和深度都在不断地扩大,其中,人们的新闻活动始终随着传播媒介的发展而不断得到发展,从而获得的间接知识范围也不断扩张。中国古代"左史记言,右史记事"的史官文化和民间的野史笔记,都有着新闻传播意识和运作尝试,但是,由于"天人合一"传统的影响,中国古人对外部世界的知识范围较为狭小,"天不变,道亦不变"的意识主宰着中国人的世界观,所以虽然有一些传奇志异之作,对于世界的深刻而广泛的变化却缺乏认识欲望和认识能力,因而,在对世界的认识和掌握上,就往往倾向于把"现在时"归结为"过去时"来进行把握,从而把当前的"言"与"事"也变成为"史",失去了对世界在时间上扩展的维度的丰富感受和认识。所以,中国古代似乎间接知识十分丰富,却不能够迅速转化为人们直接经验的能源,这正是新闻活动较为落后的结果。而在时间维度上的迟钝,又不能不影响空间上的认识和掌握。人们落后的生存方式和精神意识限制了对外在世界广阔空间的探索,"日出而作,日入而息",必然是"太阳下面无新事",眼界的狭小和精神的自足极大地影响了中国人对自然世界的认识和征服。

"知识就是力量"。只有认识和掌握更为广大深邃的世界,人类才有力量征服和创造新的世界。从"过去时"的新闻传播到"共时性"的新闻传播,从单向授受的新闻传播发展到双向回应传播,人类不断地从个体能力和经验的局限中解放和超越出来,生命存在的方式得到了前所未有的扩展,心灵境界也随之得到了提升,五官感觉和全部身心都被新闻媒介大大地扩展和延伸,并将不断地扩张和增强。所以,从文化人类学的观念上,我们说,新闻文化既是人类认识和掌握世界的需要,又是人类认识和掌握世界能力不断扩张和增强的产物。

其次,新闻文化是一种交往文化,在人类交往特别是在建立公共空间方面起着独特作用。

新闻文化固然反映了人与世界的关系,而更重要的是表现了人与人之间的交往关系。人们需要通过新闻延伸自己的感觉器官和心灵触觉,去掌握和认知广阔辽远的世界,从而达到征服自然、改造自然的目的。但是,任何人又都是与其他人"共在"一个世界中,"间接知识"的获得又必须通过其他人的"直接知识"的传播才能够实现,同时,每个人的"直接知识"中也必然包含着其他人的"间接知识"。新闻文化作为人们认识和掌握世界的一种方式,本身就必须经由人际交往来实现。而更重要的,新闻活动又是人们之间交往关系的一种形式。所谓交往关系,指的是人与人之间的相互作用、相互交流、相互了解、相互沟通和相互协调。人作为一切社会关系的总和,在人与人之间有着多种交往方式和组合方式。在原始社会中,人们之间的交往虽然具有较大的自主性和任意性,但是由于生活范围的狭小和生存能力的限制,人们的交往领域和沟通能力都处于低下有限的境况中。随着社会的发展,无论是奴隶社会还是封建社会,由于人与人之间森严的等级和严酷的阶级压迫,能够"发言"、"讲话"的只能是"天子"及其意志的贯彻者即整个统治集团,由此而形成一种"独白"的传统。在此意义上,新闻活动在奴隶与封建社会形态中也必然难以具有存活的空气与土壤,而只能在相当有限的范围内存在。也就是说,在"万马齐喑究可哀",广大人民群众无权也没有办法发表自己的意见的情况下,所谓"上下沟通"、"下情上达"等等,都只不过是为了保证一个居于至高无上地位的皇帝的"发言权"和"知情权"的一种措施。在经济基础发生了深刻改变后,市民社会的形成逐渐造就着现代国家形态。新闻活动在国家与社会、公共空间和私人领域之间,架起了一座相互连通的桥梁。新闻仍然是阶级利益的体现,国家意志的凝结,作为意识形态的工具而发生作用,但同时,又成为各种社会组织和成员发表意见、交流看法的场所。也就是说,新闻开辟了一种新的公共空间,成为公共舆论的一种载体,最大时效地交流公众意见,而私人也可以借助新闻媒介或多或少地发表一己之"见"与一己之"解"——即看到的事实与对事情的评价。由此可见,新闻作为人类交往的一种力式,既是人类社会不断进步的产物,在人类社会发展中又有着独特而不可替代的作用,催生、创造出人际交往的更为合理完善的形式。

古代诗人慨叹"前不见古人,后不见来者",表现了一种超越时空的人际交往的需求,而实际上,由于"天地之悠悠",即使是同时代的人们之间,也难以突破空间和其他因素的影响而实现广泛的交往。新闻事业的发展,在一定程度上克服着人际交往的局限,"地球村"的逐步实现与世界一体化的客观形成,正表现着人作为同一种"类"的交往的极大普遍化和广阔化,人际交往的领域与"话题"也不断地增多,从而使人类更趋于团结和统一。随着电子技术的发展,"电脑国际互联网络"的发展,人际交往的形式与效率也更加丰富和提高。从而,人们通过新闻媒介相互对话、相互沟通和交流的范围和深度都将增大。虽然在新闻活动中人们还未能实现平等的对话和广泛的交流,但是新闻活动作为对事实的呈现和评价的人际交往形式,却由于表达了公共意见促使着社会成员之间的相互沟通和彼此理解,在文化结构中起着一种独特的作用,既通过信息公开的原则对国家的活动实施民主监督,又成为调节国家与社会之间关系的重要纽带。德国哲学家哈贝马斯提出了交往行动理论,主张通过交谈对话达到人与人之间的共识,当然具有某种幻想性质。但是用来说明新闻活动在人类交往行为中的作用却具有较强的启示作用。在如何建立更加合理、平等、民主和法制化的交往模式,优化人际交往关系,实现马克思提出的"自由人的联合体"理想的进程中,新闻文化无疑肩负着重要的任务和责任。

再次,作为媒介文化的一部分,新闻传播符号和传播方式的演变发展构成了人类文化发挥功能和作用的独特方法和形式。

所谓媒介文化,是指在社会总文化体系中,以媒介影响人为主要方式而构成的亚文化系统。新闻文化的主要特征在于,它是媒介文化的一个组成部分,随着媒介的发展变化而形成新的格局和风貌。而媒介发展演变的历史,同时也是传播符号和传播方式发展演变的历史。人类社会在早期主要以非语言符号如表情、姿态、手势、声音等进行传播交流,语言符号的产生则大大地克服了人类交往的局限性,特别是文字的产生和发展,随着印刷术的进步而为新闻活动增添了有力的羽翼,同时,也改变了人类文化的整体面貌。现代电子媒介的发展则不仅使印刷业能够告别铅与火,又重新使非语言符号在新闻传播中占据着近乎"半壁江山"的重要地位,音声、视像的传播使人们的原始的新闻传播方式在一种高层次上得以复归,使世界重新变得切身化,即有如亲身经历、切身感受一样来认知新闻事件,并且在相当的程度上,也改变着人们"看"世界的方式和关于世界的观念。这不仅意味着对文字的掌握程度的高低在对事件的观看了解中作用降低,因为任何文化程度的人都可以从广播、电视的音、像中接收新闻,而且还表现为人们对新闻事件的叙述越来越要借助于事件本身的呈现,从而使新闻传播者与新闻事件之间出现了一种新的关系。所以说,传播符号由非语言符号到语言符号再到非语言符号的发展,使新闻活动与人生存的关系更为密切,在克服时空的限制而使广阔世界成为个人可以直接感知把握的对象的过程中,人们不仅获得了广阔的文化视野,而且丰富了自己的生存经验。

　　传播方式的变革与传播符号的演变相辅相成。新闻传播方式从原始的"人际化传播"到"群体化传播",无疑表现出人类越来越趋向于一个共同体、统一体的文化发展主流。但是随着共性对个性、普遍性对特殊性的统治的增强,新闻活动也起着一种对人的个体性、特殊性的某种压制作用,使一些灌输统一信息的、大规模的群体化传播工具在显示其优点的同时,又暴露出一些诸如"多个世界,一种声音"的"独白"传播,世界的丰富性复杂性被单一性概括性所替代等弊端。因此,传播方式又有从"群体化传播"向"非群体化传播"的改变和分化,最终造成一种综合型的新闻传播格局,即各种类型的传播方式共存互补、多元竞争,使新闻文化更为丰富多彩,使人们的认识模式与生活方式也发生很大改变,认识世界的能力和进行价值判断的内在依据也日益多样化、多元化,从而使文化本身也更加繁荣。

　　正如马克思所说,"五官感觉的形成是以往全部世界史的产物"。①新闻符号和新闻传播方式的演变和综合作用,不仅改变着人的五官感觉,在为人们的感觉世界增添着丰富的对象世界的同时,使人的感觉世界本身发生着深刻的改变,促使着人类的感觉从"非社会的人的感觉"向"社会的人的感觉"不断转化;而且,新闻符号和传播方式的结合本身也是世界史的产物,并在世界史的发展进程中起着日益重要的作用。所以,新闻文化作为一种媒介文化,不仅有着属于人的、与人的生存息息相关的特性,

---

① 　(德)马克思:《1844年经济学—哲学手稿》,人民出版社1979年版,第79页。

另一方面,由于媒介文化本身的科技性质和由此衍生的产业性质,新闻文化又具有某种脱出人的控制的甚或控制人、统治人的特质。因此,我们在重视新闻文化的媒介特征,看到新闻文化运用媒介使人的生存世界得以扩展,人与世界作用方式得以丰富的同时,也应当注意如何抑制媒介与人对立、控制人的一面。也就是说,在新闻文化与媒介文化的关系中,我们既要看到一种新的文化形式为人类文化的丰富与进步作出的贡献,也要看到其产生的消极影响,从而在历史的、整体的观念中更好地把握文化的特征,自觉地解决新闻文化发展中出现的一些问题。

最后,新闻文化是一种现时文化,主要是面对当前的现实世界。

不同的文化形式都有其各自的目标和范围。从时间上来看,历史文化主要是面对"过去",对已在时间中流逝的世界进行追忆、思考和描述,而同样追求事实性的新闻,则主要是面对"现在",处理的是"如何面对当前"的问题。新闻的"新",正是指时间上的切近性,即使是"旧闻"重报,也是由于在新近的境况中获得了对当前事物的新的价值与意义。媒介文化的发展,使人类文化的一切方面都进入了广泛传播的范围,诸如哲学、历史、艺术、法律等文化门类的各种内容都可以通过媒介传播。但是,新闻文化与媒介文化的区别在于它有自己的质的规定性,即是与当前有关的事实或事态的报道。由于新闻文化所面对的"当前",包括现实世界中的一切方面,因而与哲学、法律、社会学等文化领域都有着广泛的重叠和交叉,但由于这些文化门类都注重于一般问题的探讨,如法律文化研究人类应当如何安排秩序的问题,就包含了历史的、普遍的规律的探寻,而新闻文化则将注意力集中在对当前现实世界中的法律问题的出现与解决。由于在时间性上重视"当前",新闻文化的深度受到了限制,更注重于追求空间上的广度。

面向当前,重视现在,实质上必然指向未来。换句话说,对当前现实的关注实际上就蕴含了对未来的态度。因为当前转瞬即逝,当前的事件必然要发展到未来之中。新闻文化对当前现实世界的反映和传播,主要是为了人们从中取得"如何面对当前"的解答,而"如何面对当前"实际上已是为"以后"作准备了。所以,有人把新闻作品比作"易碎品",正是指新闻作品由于提供的都是"当前"，很容易随时间而改变，而时移、事易后人们为了应付"将来"的东西，又需要另外的"新"闻了。例如1996年底至1997年初在秘鲁发生的反政府武装占据日本大使馆扣押人质事件，每隔一段时间，国际社会、秘鲁政府和反政府武装三方都有着新的举措和反应，人们很难依据1996年底的情况来考虑1997年3月的情况；再如，乌克兰一直是西方与俄罗斯长期势力角逐的地方，关于乌克兰的新闻每隔一段时间，都会成为世界的焦点，亲西方和亲俄罗斯势力交替上台，直至2013年底，亲俄的乌克兰前总统亚努科维奇拒绝与欧盟签署自由贸易协定，引发乌克兰政治危机，反对派发起大规模示威，要求亚努科维奇下台等新闻，在人们看来似乎成了司空见惯的事情，人们不会想到这一次看似寻常的危机，却在后来急转直下，形成了亚努科维奇流亡、克里米亚地区公投入俄、乌克兰东北地区酝酿独立等一系列事件，这些事件的发生，说明只有紧贴最近时段的新闻才能预测下一步事情的发展。也就是说，要向"前"看，必须以"当前"的事态发展来进行判断。"过去"的事情只有就其在"当前"的延续、发展和变化来看才具有一定的意义。因此，我们说，新闻文化作为一种面向当前现实世界的文化，实质上是指向未来，为未来提供资源和参照的文化。例如1996年世界各媒体对于彗星木星相撞的报道，1997年二三月份关于克隆技术"复制"哺乳动物的报道，都因为与人的未来密切相关而成为"焦点"新闻。而2010年热播的电影《2012》，2011年在各地热炒的UFO事件，2012年美国的新型毒品导致吸食者变"啃脸"恐怖新闻，都因为与2012的世界末日说相关而成为了焦点。

　　由于新闻文化关注的是当前的"现实世界"，这就使它与文学区分开来。文学作品多以叙事来表现当前的社会，有的作家如巴尔扎克甚至被称为法国社会的书记员。但是，文学作品作为人类以想象的方式扩展自身、掌握世界的创造物，追求的是一种虚构的真实，作品中的世界与现实世界之间存在着极大的差异和变形。而新闻作品则要求在叙述的事件与真实存在的事件之间必须有高度的同一和吻合。中国古代文学批评家金圣叹曾说"《史记》是以文运事，《水浒》是因文生事"，正可用来区分新闻与文学作品的不同。所谓"以文运事"，是指要按照已有的现实事件来进行叙述,虽然要选取恰当的角度和运用"文"——语言符号或非语言符号来进行呈现,但却不能改变事实的本来面目;而"因文生事"则是作家为了自己的创作意图而虚构事件,这在新闻中是绝对不允许的。所以,新闻文化区分于其他文化形式的特征又在于它不可假定与虚拟,只能"以事实说话"的性质。当然,由于新闻"面向当前"的规定性,在"文"与"事"之间更注重"事",一切的传播符号和传播方式都服从于、服务于"事"的高时效呈现,所以在"文"本身就不可能像其他文化形式那样注重深刻性、普遍性和永久性。

综上所述,新闻作为一个独特的文化种类,既有人类文化的一般属性,又有着自己独特的本质的规定性。它是人类通过媒介以符号的方式来对当前现实世界中的事物与事件进行反映和传播,从而扩展和增强人对世界的认识、掌握及人际交往能力的一种文化形式。

二、新闻文化的哲学探索

1. 文化与哲学

文化即是"人化",是人的精神活动的表现,凡对自然和社会有所改变的行为,都是文化。就此而言,文化的范围无疑是相当博大和丰赡的。哲学作为"爱智慧"的学问,主要追求对世界和人生的思考,是人类精神生活的一个重要方面。在整个文化中,哲学是文化的一个组成部分,哲学与文化的关系,显然是部分与整体的关系。

然而,哲学在文化中所占据的位置和分量又是相当特殊和重要的。这是因为,哲学总是力求从根本上、总体上、最高处思考和把握问题,因而哲学所面对的,是人类文化的整个领域,换句话说,所有文化都是哲学的思考对象。因此,如果说哲学是文化的一部分的话,那么哲学就是文化的大脑和心脏,是文化的灵魂和精华。由于人类文化本身的发展就是多元的、复杂的,所以在不同的文化形态中产生出了形态各异的哲学,如西方哲学就是在西方文化传统中发展出来的、以希腊的理性精神为主干的哲学,中国哲学则与整个中国文化有着息息相通的关系,产生的是与西方哲学注重主客相分不同而追求"天人合一"的具有人文精神的哲学形态。因此,哲学是生长于文化土壤上的人类精神的奇葩。从另一个角度,我们又可以发现,作为文化的灵魂和精华,哲学对世界和人生的思考方式、理解方式和把握方式,或者说共通的精神和态度,又规定着、概括着文化的取向、形态和发展道路。在此意义上,我们不妨认为,哲学作为文化的核心,可以视之为狭义的文化。当然,文化现象丰富多彩、涵茹深广,不可能只被归结和还原为某种哲学,但是要回答什么是文化,什么是一种文化的基本特征等问题,就不能不依靠哲学的思考和把握。正如朱谦之所说:"真正的文化史家,只要他对文化的观察愈深广,愈深刻,愈敏锐,则愈应该需要一种文化哲学。"①如果把"文化史家"换作"文化研究者",也是很正确的。

所以,哲学虽然是文化的一部分,是一种文化形态,但是又可以对文化本身进行反思和研究。新闻文化作为人类文化的组成部分,当然也可以用哲学的方法进行研究,以求得出更为根本和深入的认识。

2. 新闻文化的哲学探索

说起哲学,首先就会使人产生一种玄奥抽象、艰深晦涩和高不可攀的感觉,仿佛哲学只是一些专业人员的事业,而与芸芸众生关系甚小。这自然与哲学学科本身的特点有关,由于提问的方式、寻求答案的方式以及表述方式等都有着特殊的形式,也往往需要特殊的训练才能够理解和把握,所以很多人都徘徊于哲学的大门之外,对其采取敬而远之的态度。

其实,在某种意义上,每个人都有着自己的哲学,只不过表现在对其是否有明确的、自觉的意识,以及哲学思考能力的高低上不同罢了。因为每个人都有着自己的生活态度、情意方式和行为方式,无论是得之于别人还是自我形成的,都表现为某种具有一定系统的、内在统一性的世界观和方法论,把它总结出来,就是一定的哲学观念。所以说,实际上每个人都生活于一定的哲学原则之中,并且时时运用着哲学的观念和方法来面对世界和人生问题。哲学应当是每个人的事业,一个人的哲学思维的能力,

---

① 朱谦之:《文化哲学》,商务印书馆 1990 年版,第 6 页。

对于其精神发展、生存方式及人生追求都具有重要的作用。正如黑格尔所说,"哲学本身正是人的精神的故乡"①。有着怎样的精神故乡,决定着人的精神取向和精神境界。而对于一个民族来说,有无哲学思维,有着怎样的哲学思维,则决定了它在世界民族之林中的地位,这是恩格斯早已精辟论述过的。

新闻文化也不例外,同样需要运用哲学的观念和方法来发现问题、提出问题和解决问题,而运用哲学观念和方法的能力与水平在很大程度上制约着新闻文化产品的质量。所以,正如哲学是一切文化的灵魂和精华一样,哲学也是新闻文化的灵魂和精华;在新闻文化中有着什么形态的哲学,同样规定着新闻文化本身的形态和发展样式。

那么,哲学是如何凝聚和生存于新闻文化之中的呢?如何运用哲学方法来探索新闻文化?

很容易想到,那些业已成为理论形态的新闻文化产品已经通过思维的抽象、分析、研究和概括,必然涵容着一定的哲学思想,总结和概括这些哲学思想,就可以在一定程度上对新闻文化的哲学理论进行反思和阐述。例如对各种新闻理论进行研究,探讨、思辨其中的各种概念和范畴可以较为直接、集中地整理和总结出新闻文化中的哲学思想。但是,这种方法也有种种局限性,主要表现为新闻理论由于其历史的、认识的及方法上的限制,常常不能全面准确地说明新闻文化中所表现出来的哲学观念和方法,特别是各种理论的产生只是集中于某类新闻文化现象的阐述,对另外的现象往往不能作出恰切的理论概括,经常呈现出某种片面性;另一方面由于这些理论本身的视点往往不能上升到哲学的高度,所以在进行理论转换时也有着较大的局限;更重要的是,新闻文化中丰富广博的内容,有很大的部分还尚未提升到理论的高度上来概括和总结,所以就更难从中找到现成的哲学思想成果了。

因而,要研究新闻文化中的哲学,是不能从现成新闻理论的概括中去寻找捷径的,而只能深入到新闻文化广阔丰富的世界本身之中。也就是

---

① (德)黑格尔:《哲学史讲演录》(第一卷),贺麟、王太庆译,商务印书馆1959年版,第159页。

说,要从丰富的新闻文化现象中研究其体现出来的哲学观念。

新闻文化具有哪些观念?美国哲学家艾德勒提出的"大观念"的概念有助于我们解决这个问题。所谓"大观念",指的是对于了解我们自己,我们的社会,以及我们居住的世界,所必须具有的基本而且不可缺少的观念。"这些观念构成了每一个人思想的词汇","每个人在日常会话中都用到它们"。① 所以,大观念是哲学思想的基本词汇,也是人类思想的基本词汇,哲学精神也就集中表现在这些大观念之中。也可以说,哲学就是"大观念"。准确地说,"大观念"揭示了"当人们从事思考时内心拥有哪些东西,以及他们共同考虑的对象"。② 作为最具普遍性的观念,"大观念"必然是人们日常生活中常用的观念。所以,我们可以从新闻文化中常被运用的"大观念"入手。因为在新闻文化中与在其他领域中一样,哲学思想也是以"大观念"的形式体现出来的,人们是通过这些"大观念"来"观"看世界事物并思考和表现事物的。运用哪些"大观念",通过这些"观念"如何"观"看世界事物,是新闻文化哲学研究的主要问题。

以往一些关于新闻的哲学研究,虽然对新闻学本质原理、新闻工作中的矛盾关系等进行了研究,但由于是"主要借助哲学方法研究新闻传播现象,探究其本质、规律,总结其工作经验"③,所以主要是用哲学方法研究新闻,而不是研究新闻本身所蕴含着、运用着的哲学观念与哲学方法。虽然涉及了一些哲学问题,却由于未能深入到新闻文化的内部去探寻问题,往往停留于外部特征和经验层次的研究上,就难以得出真正具有哲理高度的见解。从新闻文化中的"大观念"入手,则可以通过具有奠基作用的最高哲学范畴,来研究新闻活动中人们的哲学思考之途径与方法,考察新闻活动中人们是从什么样的立场、观点来观照世界事物、审察问题的,以及反映世界人生的方法和动机。这就有望在根本处抓住新闻文化中"人化"之如何"化"而成"文"的关键,即人是通过什么样的精神创造活动来形成新闻文化的。

---

① （美）穆蒂莫·艾德勒:《六大观念》,郗庆华、薛笙译,三联书店1991年版,第3页。
② 同上,第12页。
③ 甘惜分主编:《新闻学大辞典·"新闻哲学"条》,河南人民出版社1993年版,第88页。

确定了新闻文化哲学的研究对象是新闻文化中的哲学大观念,既可以避免因为新闻文化现象的纷繁复杂而难以抓住要领的困境,又可以深入到各种新闻文化现象的核心和灵魂中进行研究,从而分析其中所包含的哲学观念的实质,并对其表现形态作出理论说明,避免从理论到理论的抽象思辨和空疏浮泛的外部说明。

所以,对新闻文化进行哲学探索,必须根据新闻文化本身的特点和规律,分析探讨作为新闻文化思考和感知世界事物的"眼睛"的基本哲学观念的具体形态。也就是说,分析这些观念在新闻文化中以何种方式存在及起作用;并且从这些观念和新闻文化的内在联系总体上把握新闻文化的系统规律和内在特征,才能将一般与具体、分析与综合的研究方法结合起来,真正把握新闻文化的特质。

三、新闻文化哲学探索的意义

新闻文化的哲学探索试图对新闻学进行"拓宽加深"的研究,既有从横向上拓展新闻学研究视野的目标,又有从纵向上提升新闻学研究层次的意图。它与一般的新闻理论的关系,是可以突破一些理论框架,考察各种不同的"新闻"定义中所显示出的不同文化观念,并且深入到新闻内容的深隐层次研究新闻活动的性质和功能,阐发其中的基本观念。如对于新闻史的研究,可以拓展其研究范围,在更深广的背景中描述新闻的发展历程,并透视其蕴藏的意义。作为一种"务虚"的研究,与新闻业务的讲究"务实"的具体操作方法和技巧的研究自是有一段距离。但是"技进乎道",技术性、操作性的东西归根结底仍然要由世界观、方法论来决定,所以说,对于新闻业务的探讨也不无意义。

一门学科的意义除了与相邻学科比较既有独立存在价值又有内在联系外,最重要的还在于它研究的对象本身对于整体的重要意义。新闻文化的哲学探讨,其重要意义在于它对整个新闻活动的作用。通过哲学层次的研讨,对新闻文化的本质及特性,和新闻文化中存在的一些根本问题进行理论分析,正是为了梳理新闻文化中的内在矛盾,提出解决的途径,从而更好地从事新闻活动。

1. 提高新闻工作者的文化意识和文化学养

文化中的决定因素是人，文化作为"人化"实质上就是人的自我超越和自我优化。新闻作为一种文化，也是为了超越人的种种局限，扩大人对世界事物的掌握范围和人际交往的领域，并使人类趋于更优的生存和发展。新闻工作者作为新闻活动中的决定性因素，其文化意识和学养对新闻文化的发展有着决定性的作用。所谓文化意识，就是自觉地认识到新闻是一种文化，对人们的生存与发展有着重要的作用和影响，从而增强做好新闻工作的责任感和使命感。提高新闻工作者的文化意识，首先要明确对文化概念的认识。在日常的、习惯性的使用当中，文化概念的内涵往往被习焉不察或遭到忽视，导致对这一概念的滥用甚至误用。所以，必须在深入的思考和全面的考察中真正把握文化概念，才能够做好文化建设的工作。文化作为人类世界的基本特征，在深层次上是人的精神的显现，集中地体现着人的世界观和价值观，凝聚着人们的基本观念。就此而言，对于文化概念，必须从人们的观念层次上去加以认识。"新闻眼"正体现了新闻人的观念。"文化"的"化"字，含有改变的意义，要将人"文化"，最主要的就是用精神的东西去感化人、改造人，其中最核心的就是要改变人的观念。这就需要新闻人反观自己的"新闻眼"，意识到自己观看世界事物的"眼光"与"眼界"、"视力"等方面的特点对新闻作品的决定性影响；并且，要进一步加深对新闻作为一种文化的认识。纵观新闻发展史，新闻文化在文化发展中总是起着特殊的作用，发挥着独特的效能。近代史上出现的政论报刊与维新运动的关系已是众所周知，不仅在启发民智、增强民族意识等方面起到了巨大的历史作用，成为报刊参与政治文化建设的先驱，而且由此发展出的报刊文体和文化传播方式都与中国文化从传统向现代的转变有着不可分割的关系。至于新文化运动中《新青年》与马克思主义在中国传播的关系，以及毛泽东与《湘江评论》，周恩来与《天津学生联合会报》等的关系，都不仅改写了中国的历史，成为中国社会制度和文化转折中的重要力量，而且把新闻文化推向了文化变革和社会革命的关键地位。审视新闻文化史，可以看出，新闻文化不是简单地承载着各种文化内容,成为人类文化的载体,而是人类文化发展中的一股活跃的、积极的力量。所以,加深对新闻作为一种文化的认识,就是要加深对新闻作为一种文化力量的认识。人们不仅仅是通过新闻来了解、理解文化,而且新闻本身也创造着文化。提高新闻工作者的文化意识,就要求充分认识到新闻文化中的复杂性构成,即新闻文化既是"他律"的,受文化条件、环境和氛围的制约;同时又是"自律"的,作为一种独特的文化形式有着自身的规定性,在整个文化体系中起着积极的作用。

"诚于中而形于外"。要将良好的文化意识形之于外,付诸新闻实践,还必须要求新闻工作者具备良好的文化学养。这就需要站在哲学的制高点上审视自己从事新闻工作时"新闻眼"所包含的基本观念,正如马克思所说,"对于不辨音律的耳朵来说,最美的音乐也毫无意义"①。分辨音律需要具有音乐文化素养,要从纷繁的世事万象中分辨出具有新闻价值的事实,则需要高明的"新闻眼"。"新闻眼"的形成,除了新闻实践的磨炼外,最重要的是要具有丰厚的文化学养。每个人只看到他所能看到的东西,大量中外记者成功的新闻发现都证明,只有具有对某种文化的深刻了解和丰厚学养,才能够形成富于洞察力的"新闻眼"。作为时代和社会的神经末梢,新闻工作者更应养成"一叶落而知天下秋"的敏锐的感知能力,能够迅速看见别人所未能看到的东西,并且完美地表达、传播出来。只有尽可能广博地继承人类文化的遗产,关心知识迅速增长中各种文化领域的发展,增强文化创造意识和创造能力,才能够有效地提高自己的文化学养。过去新闻理论提出的关于新闻工作者应为杂家的说法,以及对新闻工作者提出的多方面的要求,归根结底都是对新闻记者文化学养的要求。在新的历史条件下,这一要求必须注入新的内涵,提到新的高度上来进行认识,以加强新闻工作者文化结构的更新和全面素质的提高。对于新闻工作者来说,文化意识和文化学养的良好结合与互相促进,也是形成其文化素质和文化人格的关键内容,是新闻工作在以"文"化"人"的同时"文化"自身的重要步骤。

---

① (德)马克思:《1844年经济学—哲学手稿》,刘丕坤译,人民出版社1979年版,第79页。

2. 增加新闻作品的文化含量,提高新闻作品的文化品位

所谓文化含量,是指一定长度的新闻作品中所包含的文化内容。具有两个方面的含义:一是指对新闻事件中所反映的文化内容的纵向延伸的长度;一是指新闻作品中涉及的文化内容的广度,即对与作品内容相关的各文化领域的宽广的把握和表达。新闻作品作为"易碎品",往往有只求在空间上传播而忽视时间上的流传的倾向,所以容易只重视事件的此时此地,而忽视多方面的"意义"之探寻。但是,要将一定的新闻事件叙述与分析清楚,必须在一定的文化背景下进行。例如关于美国亚特兰大与希腊雅典争办第 26 届奥运会而亚特兰大获胜的报道中,西方一些报刊以美国的财神战胜雅典的智慧女神作为新闻的文化诠释,以表明古典的奥运会精神在金钱社会所受到的侵蚀,从而既指出了这一新闻事件的实质,又阐发出了其内在意义,这就超越了一般的体育报道而具有了较为丰厚的文化含量。再如,2013 年曝光的斯诺登"棱镜门"事件,英国《金融时报》等报刊以"贼喊捉贼——美国失去在网络间谍上的道德优势"作为报道的主要内容,将美国一直在网络安全上的裁判者形象彻底粉碎。通过对一些成功的新闻作品的分析,我们可以看出,凡是具有较高文化含量的新闻作品,大都是把事实与过去、未来或横向上的深远背景相联系而显示出其实质和意义的。因而,增加新闻作品的文化含量,需要增加对新闻事实的文化土壤和文化背景的了解与分析。美国学者约翰·布雷迪通过对一些成功的记者进行研究后得出采访 1 分钟至少要准备 10 分钟的结论,而美国写内幕新闻的名记者约翰·根宝一生竟然积累了 36 万张卡片的资料,这些都表明在新闻活动中重视对事实背后的文化背景、事实产生的文化土壤的了解和分析的重要性。而将丰厚的文化储备有机地融合到新闻作品中,就可以提高新闻作品的文化含量。

文化含量丰富的新闻作品中,事实的实质和意义能够得到较为全面、充分的展示。但是好的新闻作品不仅要追求文化上的广度和长度,更应重视其高度。只有具备某种哲学的眼光,占据思想上的制高点,用正确的世界观、价值观指导的新闻作品才能够更好地以"文"化"人"。因此,新闻作品的文化品位,即新闻作品所包含的文化内容的完美程度,是评判新闻

作品文化品位的重要标准,必须把新闻作品的文化内容放置在正确的文化价值体系中进行定位,才能够提高新闻作品的质量。例如1948年11月5日毛泽东亲自为新华社撰写的新闻《中原我军占领南阳》,被外国记者赞为"新闻学的经典之作",其成功之处不仅在于具有较丰富的文化含量,以南阳的历史典故、民间传说来点明解放军占领南阳的战略意义,而且由南阳之捷扩展开去,对整个解放战争进行了总体观照,从而凸现出这一事件的意义在于共产党"在所有江淮河汉区域,不仅是树木,而且是森林了。不仅生了根,而且枝叶茂盛了"。由于从一个更高的视点上来观察问题,就使这一作品具有了很高的文化品位。因此提高新闻作品的文化品位是一个更高的要求,需要具有从根本上、总体上去认识事物、考察事物的能力,简单地说来,就是要具有从哲学高度进行思考的能力。毛泽东在《中原我军占领南阳》这条消息发表不久,曾写信给胡乔木指出要加强综合报道,"其办法是借着一个适当的题目如象占领南阳之类去写"①。这就表明,毛泽东是把占领南阳作为"一个适当的题目"来表明某种观念来写的,所以具有很高的视点和精辟的看法。对于各类新闻事实来说,都存在着对其意义的阐述,虽然这种阐释或明或暗,或直接表达或"用事实说话",但都隐含着作者的"观点"和"观念"。这种"观点"需要有哲学的思维才能够深刻、全面和正确。因此,我们研究新闻文化中包含着的作为感知和思考事物前提的观念,正是为了使新闻作品在文化上既具有量的丰富,更具有质的精良。古人所谓"以一当十"、"一笔作百十笔用",正可以借用作一种精辟独到的观点在提高新闻作品的文化品位的同时对整个作品的"画龙点睛"作用。

3. 提高受众对新闻作品的文化读解能力

新闻作品只有经过受众的看、听、读才能转变为现实价值,没有受众的新闻作品是毫无价值的。新闻学对受众的研究业已取得了很多成果,成为一项重要的工程。这里我们不拟过多地复述已有的结论,只是想强

---

① 毛泽东:《关于标题、导语和综合报道》(1948年9月—11月),《毛泽东新闻工作文选》,新华出版社1983年版,第158页。

调一下新闻作品的接受过程中其文化读解能力的重要性。众所周知,受
众的文化程度制约着新闻作品的文化品位,创造具有较高文化素质的受
众需要多方面的努力,是一项社会文化综合工程,但是新闻作品本身作为
一种文化产品也起着提高受众的文化素质的作用,而不是仅仅去适应甚
至迎合受众。新闻文化的哲学探讨,并非仅是为了新闻工作者新闻实践
的需要,也是为了增强受众对新闻作为一种文化的认识和理解。随着新
闻成为公众生活中的一部分,人们渐渐地容易对新闻产生一种消费的态
度,在接受中的取舍好恶往往都是在一种习惯和兴趣的支配之下,缺乏文
化上的自觉意识和思考。这不仅影响着信息量的摄取,假如一个农民只
关心与农、副业有关的新闻,那么大多数新闻对他来说都是"视而不见"、
"充耳不闻"的;而且更为重要的是影响新闻的文化功用的发挥,例如从
《中原我军占领南阳》中只看到一场战役胜利的事实,那么就不能说受众
读懂了这则消息的真正内涵。因而,提出新闻是一种文化,是为了受众也
将其作为文化产品来接受;提出新闻文化中的哲学观念,是希望受众也能
够思考新闻作品中隐含着的基本观念。具有较高眼光和文化读解能力的
受众,往往能够从新闻作品中得出自己的发现,作出独到的阐释。例如毛
泽东在长征途中,对当时天津《大公报》的"反面报道"作"正面分析",了解
敌我双方情况。看到报纸上说什么地方在"剿匪"就高兴,说明那个地方
还有红军活动,并根据报上的消息,作出了把陕北作为红军长征的落脚点
的至关重要的决定。英国《每日电讯报》驻北京记者尼杰尔·韦德 1976
年 10 月 10 日根据当天"二报一刊"的社论,"读"出中国政局发生重大变
化的端倪,并很快写出了重要的独家新闻。这样的特殊受众是充分地、创
造性地利用了新闻资源,而一般的受众显然是难以达到的。但是,注重新
闻的内容分析和意义探究,却是每个受众或多或少都可以做到的。例如
股民们对重大时事新闻的关注由于和自身利益的密切相连而往往具有很
强的分析能力,如果将这种能力推而广之,延展向不同的方向和更广泛的
受众,则可以从总体上提高受众对新闻作品的文化读解能力。只有如此,
"死信息"才能变成对受众具有启发、参考作用的"活信息",新闻作品的文
化功能才能较好地实现。如果说,新闻工作者从纷纭万变的世界中"抓活

鱼",获取新鲜生动的新闻素材必须放置于具有充盈的文化含量的"活水"中才能游起来的话,那么,受众的文化读解能力则是使新闻"活鱼"最终"成活"于受众的接受之中的关键。

受众的文化要求,往往形成潜在的力量引导和规定着新闻作品的文化创造。这些要求的反馈和其他表达方式越来越明确化和可计量化了。例如报刊的发行量,广播、电视的收听、收视率的统计等,都以明确无误的方式表达了受众的接受态度。这自然要求新闻文化本身要具有与受众的亲和力,但我们也可以从中分析受众对新闻作品接受的文化取向和文化读解能力,并通过分析研究有针对性地引导受众,提高受众的文化读解能力。例如在新闻文化内部加强新闻评论,增强阐释力度;注重传播中的双向交流,等等。通过促进互动关系,既使新闻作品本身的文化品质得到提高,又使受众的文化读解能力得到提高,最终促使新闻文化的整体水平不断提高。

4. 发挥新闻的文化效能,促进新闻在文化建设中的推动作用

新闻作为一种特殊的文化形式,总是联系着最为广泛的世界事物和受众,面向当前而指向未来。这就决定了新闻的文化功能的广泛性和当前性,从而确定了新闻文化在整个文化建设中的位置。作为知识系统、价值系统和工具系统的有机结合体,新闻文化既传播着极为丰富的知识信息,同时又往往表达着一定的价值观念,新闻传播的媒介工具和渠道的控制还与政治经济关系相联系。这又提示着新闻文化作为事实与价值及工具形态的综合体在整个文化体系中的复杂效能。新闻作为文化的传播,使远至宇宙空间、近至身边琐事的一切文化现象都纳入其视野中,从而超越了文化的区域、门类限制而进入更广阔的人群中。这种传播随着新闻事业的发达越来越能够超越时空的隧道,缩短文化流通、扩散的时间差。因此,我们说,新闻作为文化的传播,其效能在于使文化力量动态化、扩散化,成为文化发展、文化交融的一种极强的动力。而新闻作为传播的文化,又具有独特的传达与交流体系,这种体系既包含价值观念、事实形态及工具媒介的结合,还包含着新闻文化中独特的符号系统具有的表达结构和传播功能。也就是说,新闻文化本身就蕴含着深刻的文化精神,新闻

文化既具有发展自身的巨大能量,而且又在自身的发展过程中促进着整个文化结构的发展。特别是随着信息时代出现的从机械复制到数码复制,从硬件发展到软件开发,普遍智能化的信息传播工具使新闻自身得到巨大增长,也广泛地渗透到社会政治经济的发展中,通过新闻信息在传播中不断得到增值的方法,使人们吸收、掌握、运用、传播及创新文化的能力得到提高,从而促使文化形态不断更新。所以说,"现在不只是文化形态决定了社会的信息传播形态,更是信息传播形态决定了文化形态"①。

　　发挥新闻的文化效能,就是要在全面认识新闻文化在整个文化建设中的地位和作用的基础上,从新闻文化的特质出发,促进新闻文化与整体文化的互动关系,使整体文化和新闻文化本身都得到充分的发展。从新闻文化的内容和传播方式的广泛性出发,要促进不同文化种类、不同文化区域和文化形态的广泛接触和交融、结合,逐步形成既具主导性又具多样性的丰富多彩的文化新格局。根据新闻文化面向当前、指向未来的特点,要充分发挥其导向作用,以及监督、疏导功能,形成一种健康的、具有批判性的积极的文化力量。由于新闻文化与社会政治经济等领域的密切相关性,必须充分意识到新闻文化既直接促进着社会经济文化的发展,同时还创造着、激发着新发展的需求。所有这些,都对从哲学层面上认识新闻文化,促进新闻文化与整体文化的良性互动提出了深刻的挑战。只有正视这些挑战,从理论和实践上对新闻文化加强建设,才能够不断地改进和发展新闻文化。

---

① 蔡德麟:《论文化与传播》,见深圳大学中国文化与传播系主编:《文化与传播》上海文化出版社 1993 年版,第 10 页。

第一章　新闻文化类型

新闻文化的内容覆盖着广阔的领域,包含着纷繁的现象,其视野几乎是网罗一切、笼罩万有的。因此,对新闻文化的分类也就具有开放的理论空间和多样的理论基点,可以划分出的类型本身也是巨多繁杂、丰富多彩的。例如我们可以从精神文化的角度,把新闻文化划分为宗教、哲学、科学、艺术等不同的文化类型;也可以从社会生活形态上,把新闻划分为政治、法律、经济、教育等文化类型;而从物质生活形态上,则可以划分出更为繁多的文化类型。如果着眼于新闻文化本身的发展,我们可以根据新闻文化在历史上有过的不同的主导形态划分类型,如从政治文化向商业文化的变迁等;而根据新闻文化与受众的关系,又可以从雅、俗,个体、大众,主流、非主流等不同方面为新闻文化分类。

可见,从不同的理论立场出发,新闻文化的分类原则的划分结果就各不相同。我们的选择,是从哲学的立场上为新闻文化分类。由于新闻文化是一种传播文化和交往文化,所以各种具体的文化领域通过新闻的展现都要经历一种普遍化、一般化的过程,简捷地说,就是要把新闻文化改造为易为广大的受众接受的较为通俗和浅易的形式,过滤掉那些过于专门的、艰难或艰深的内容。因此,新闻文化总是与大多数人的思想、文化水平相适应的,也就与最为基本、最为一般的观念有着最为密切的关系。我们对新闻文化作哲学上的分类,正是要通过新闻文化中体现出来的一般观念来划分新闻文化的类型。因为人类生活中的"大观念"作为人们思想和感知的基本词汇,正是一种决定人们的思维方式、情意方式和行为方式的"关键词"(keyword),也是人们感知、观察、分析和描述事物的主要"着眼点";对于新闻文化来说,则是"新闻眼"的主要方面。在新闻文化中由于涉及的文化内容的广泛性以及涉及的受众的普遍性，或者说，由于新闻文化的普泛化的特征，从人类生活的"大观念"着眼来划分新闻文化的类型就是一种较为合适的理论方法。

那么，如何来确定人们在思想时所使用的基本词汇呢？

美国学者艾德勒曾对西方哲学中常用的一些观念进行统计，从中筛选出一些重要观念进行论述；中国哲学史学者对中国古代哲学中常用的范畴也进行了类似的工作，如张岱年的《中国哲学大纲》、方立天的《中国古代哲学问题发展史》等。这些研究，对我们反思人们进行思考时内心所拥有的东西，以及共同考虑的对象都具有重要意义。不过，新闻文化所具有的普泛性，还要求我们对思想观念的研究作更为普遍的要求，也就是说，要对人类所普遍具有的观念在新闻文化中的体现及作用进行研究，并将不同文化中这些观念的不同表现置于共同的理论框架中进行考察。

首先，我们要将人们的思想的基本的、常用的观念进行分类。这种分类必须着眼于人类文化的根本特征来进行，因为文化作为人的生存现实及人的创造性活动的产物，本身就表现为一定的观念，所以人类思想的基本观念也就是人类文化的基本观念。由于人类文化总是有着一定的目的，指定着某种确定的目标，在总体上使人类自身向着优化的方向发展，所以人类思想的基本观念首先体现为文化价值观念。人们既以一定的价值观念决定着自己的追求、信念和理想，又以这些价值观念来进行判断，确定着自己与世界事物的关系。因而，我们为新闻文化分类的第一个依据便是从文化价值观念来进行划分。文化作为人的优化过程，作为人的生存活动，都不能不是一种时间性的存在。因为归根结底，人本身就是有时间性的。新闻文化作为一种面对当前、指向未来的文化，对时间性的重视和强调几乎到了以之为生命根源的地步。所以，我们对新闻文化进行分类的第二个依据乃是文化中内在的时间观念，从时间观念上确定新闻文化中基本的、常用的思想词汇。作为最为基本的观念，空间性在文化中的重要性往往与时间性是并驾齐驱、不可分割的。新闻文化对空间的征服和占有更是与对时间的征服同时进行，两者互为动力和助力，意义也不相上下。所以，最后我们还将依据文化存在的空间性来为新闻文化进行分类。

一、价值指向

新闻文化作为人类文化的一个组成部分,从根本上体现着人类所共有的价值关怀,蕴含着人类最为普遍的价值尺度及评价标准,指向着人类最基本、最深层的价值目标和价值追求。也就是说,新闻文化中表现着人的文化价值最为基本的关注之点。人的文化价值观念既表现为自发的意向、愿望、动机、态度,等等,也可以表现为自觉的观念体系,即经历过理性反思而形成的观念结构或模式。这两个层面是互相渗透、相互转换的。日常的文化心理及行为方式中的价值观念在很大程度上是一定的价值观念体系长期的文化演变的产物;而价值观念体系往往又是对日常自发价值观念自觉总结、反思的产物。在新闻文化中,文化价值观念也是以这两种方式存在的。无论是自发的还是自觉的,文化价值观念都表现为某些基本的关注,这些关注在人类生活中的重要性使其早已成为日常观念及观念体系中最普遍的"关键词",那就是:真、善、美。

无论是在何种文化中,真、善、美都是最为常见、最为常用的观念。这三个观念既是人类价值追求的终极目标,又是人类判断事物的尺度和价值标准。在大多数时间和情况中,人们都会以"这是真的"、"那是假的","这样好(善)"、"那样坏(恶)",以及"这是美的"、"那是丑的"来对事物进行评论和判断。这其中,既蕴含了对"真"、"善"、"美"标准的掌握,又潜隐着对"真"、"善"、"美"的价值追求。而在新闻文化中,这三个观念同样存在于新闻活动的全过程之中,作为新闻活动中人们思想活动的基本词汇而发生着作用。但是,也往往与在日常生活中的情形一样,人们往往很少反思当自己作真假、善恶、美丑的判断时究竟意味着什么? 是以什么样的标准来作出判断的? 如果有人质疑,那么又应以怎样的依据才能支持这样的判断? 对于同一事物而产生的真假、善恶、美丑判断在发生歧义时,如何获得正确的看法? 如此等等,都必须在对这些观念本身,以及这些观念在新闻活动中的应用方式等进行思考后,才能作出较为清楚的回答,从而也才能更为自觉地应用这些观念。

新闻文化是人们认识、掌握世界事物能力的体现。因此,"新闻眼"与新闻人的"心",即精神结构密切相关。"眼光"的指向与心灵的活动紧密相连,价值观念与精神活动的取向有着对应关系。所以,研究"新闻眼"首先要分析人的精神结构。传统哲学将人的精神结构划分为知、情、意三个部分,分别对应着人的认知、审美和伦理活动,其终极指向正是真、善、美的价值形态。事实上,人的精神是无法机械地划分开来的,但是精神活动在不同的情况下的侧重点又有所不同,因此,可以根据精神活动的取向将其划分为不同的领域。根据人在思考时所使用的关键词,亦即基本观念的不同,我们可以将真、善、美观念分别体现于其中的文化划分为认知文化、伦理文化和审美文化。所以,对新闻文化就可作如下划分:

	类型	精神活动	价值观念
新闻文化	认知文化	知	真
	伦理文化	意	善
	审美文化	情	美

新闻中的认知文化所贯穿的是求"真"活动。人们的生存中既需要对自身存在的确实性和确定性进行确证,也需要对外部世界的确实性和确定性进行确证。"庄生晓梦迷蝴蝶",庄子疑惑是自己在梦中变成了蝴蝶,还是蝴蝶在梦中变成了庄子;"今宵剩把银釭照,犹恐相逢是梦中",同样是不能确认自己的经历是实在的,还是虚幻的。这种自我确定和自我确认发生迷离恍惚的主要原因在于,经历的"事情"使自己似乎置身于虚幻的时空之中,所以更重要的是要确证外部世界的实在性。新闻活动正是要通过对世界事物给予确实性和确定性的认知,来为人的生存取向和意义的理解与确定提供"真"的知识。"山中方一日,世上已千年",古人以如此惊人的对照显现了在新闻信息隔绝的"山中",对世界的变化难以把握,从而对自身的存在也失去确定性的忧疑心境。而新闻认知文化正是要将世事变化传播至每一"山中",使任何人都能够确实地感受到周围世界的

情况,从而也使自身具有确实性的生存目标和意义。

新闻伦理文化则在于对人们的行为进行观照,考察人作为社会的存在其行为是否与人类总体向着优化的方向发展相一致。凡是使人类向着优化的方向发展,合乎群体的利益和人的生命存在的利益的行为,就是善(好)的;否则,就是恶(坏)的。所以新闻伦理文化主要是对人的行为的"恰当性"的观察与判断。由于新闻对人们行为的观察与判断是及时甚至是即时性的,所以这种判断中所蕴含的伦理观念往往隐而不彰,或虽然彰显但却缺乏反思,因而对新闻伦理文化的研究更重要的是对新闻中人们的伦理观念本身进行探究。

审美活动作为超越实用目的和利害关系的一个特殊的领域,在新闻文化中始终是较为微妙的存在。一方面,由于对新闻真实性的强调,许多人都要求将"美"逐出新闻文化;但是,美本身也是一种真实的、确定的存在,任何人都无可否认,所以对这样的存在作真实的反映同样是新闻的责任,新闻中审美文化也就无法取消。另一方面,由于对审美的错误理解和运用,一些人在新闻中采用了一些破坏新闻文化本质的审美方法,导致了对新闻本身的取消,这同样破坏了新闻中审美文化的生存。所以造成了一些人虽然在新闻作品中运用了审美的观念,却否认新闻中的审美观念的存在的奇怪现象。我们认为,作为人对自身的感性和愉悦性的追求,审美活动注重于发现感性和情性的秩序性,这种秩序性在新闻活动中既表现在对世界事物的观照中,更体现在对世界事物的表现中。因此,新闻中的审美文化同样在新闻文化中占有重要的位置。

人们对真、善、美的追求是统一的,人的"智性"、"德性"、"情性"统一于人的精神活动之中,并呈现出一种浑融、完整的状态。但是作为精神活动的不同侧重面,又有着相互区别、不可通约的关系。特别是随着人类文化的高度发展,在不同领域中又都呈现出某种单项突进、分流并峙的局面。尤其是对求真活动的执着追求,日益形成了一种特殊的世界观体系,即科学观念。科学活动不仅成为一种求知的人类文化部门,而且"科学"还成为一种方法论体系,并且成为一种价值评判的标准。说某种看法"是科学的"或"是不科学的",已成为判断这种看法"真"、"假"乃至有无价值的同义语。与此同时，一些不能归于科学的文化部门则也努力贴近科学，用科学的观念来衡量和评价本学科的成果。但是，人的求善、求美活动却很难全部纳入科学认知的范围。注重人本身的研究、注重人的生存和意义追求活动是另一种文化，与科学文化相对的人文文化成为人们的又一重要观念。这种观念，与科学观念的最大不同在于，不是把人本身当成一种客体来进行研究，而是注重人之为人的精神性存在，注重人生的意义和价值。因此，在新闻文化中这两种不同的观念也形成了两种不同的文化形态，即科学文化和人文文化。表示如下：

$$新闻文化 \begin{cases} 科学文化 \\ 人文文化 \end{cases}$$

新闻文化与科学文化有着密切的关系，它本身就是科学文化的成果的体现，并且随着科学文化的发展而不断发展，如报刊业的电子化革命，广播、电视业的飞速发展等，都表明新闻文化中科学文化的渗透力量和支配作用。但是，新闻文化同时又是密切地关注着人本身的世界的，对人的行为和精神世界，对人的生存的意义与价值，都要通过新闻活动作出某种探索、提示和解答。所以，新闻文化中又具有着浓厚的人文观念生长氛围。对新闻文化中科学观念和人文观念的探讨和反思，也就成为一项必要的研究工作。

二、时间维度

人是一种时间性的存在。孔子面对着浩浩奔流、永不止息的河流，喟然长叹："逝者如斯夫，不舍昼夜！"表现了中国哲人时间观念的苏醒和强烈的自觉。西方哲人赫拉克利特"万物皆流"的名言则与孔子灵犀相通地看到了一切事物都在时间的流逝中存在的事实。而这种时间观念的根据，就在于人生在世的有限性，人的生命的历时性和短暂性。人从时间中获得生命，又在时间中终结生命，所以，对时间的感受和领悟是每个人都必然具有的意识，关于时间的观念是每个人都常常要使用的观念。每个人都用时间来总结自己的人生阶段,而对于人类总体来说,则以时间性来思考世世代代的生命存在,思考人类的历史。总而言之,无论是作为个体还是人类总体,都是处于时间之中;因此,文化作为人化,也必然地处于时间之中而具有时间性。

人们的时间观念常常表现在对各种事物的时间性的判别上,"这是过去的事啦","将来才会有","现在就行","都像是出土文物了",等等,都是人们对时间观念的日常运用。体现在文化中,就表现为人们在时间的框架中看待自己的文化,创造自己的文化。例如文化复古主义认为古代文化是人类文化的黄金时期,要构建完美的文化必须向"过去"某些时代的文化回归。诸如此类的主张当然得讨论研究,但其中所蕴含着的时间观念正表明了文化建设中对时间的文化意义的确定十分重要。

新闻文化本身即有历时形态,但那是新闻文化史应当研究的范围。从哲学层面对新闻文化的时间观念进行研究,主要是探讨在新闻活动中人们是如何应用时间观念来创造新闻文化的。正如我们已经讨论过的,新闻文化是一种面向当前现实的现时文化,在"过去"、"现在"、"未来"这三个维度上,新闻文化的立足点是"现在"。"过去"只是"现在"的"回忆","将来"只是"现在"的"期望"。但是,"忘记"过去不仅意味着"背叛",而且没有过去也没有现在,现在又只是过去的延续和发展;同样,从另一个角度也可以说,没有未来也就无所谓现在。因而,时间的三个维度在新闻文化中又都具有各自独特的作用和意义。所以说,新闻文化之"新"又是与"旧"相互依存并指向着未来的"更新"的文化。例如要判断一个事实是否"新闻",不仅要看是过去发生的还是现在发生的,而且还要看对人们的以后有无意义;同时,也要考虑此一事实与旧有事实及将来可能发生的事情之间的关系;更要体察其中含有的文化意义究竟属于传统的还是指向着未来的,等等。据此,从时间性上,可将新闻文化划分为:传统文化,体现着一种从过去来观察新闻事件的眼光;未来文化,以未来的发展眼光看待新闻事件;新闻文化本身作为一种现时文化则始终立足于当下,在与"过去"及"未来"的关系中确定着自身。表示如下:

新闻文化	类型	时间性
	传统文化	过去
	现时文化	现在
	未来文化	将来

时间观念对于人类社会来说,当人们观察人作为类的存在时,自身所经历的时间便产生了历史的观念。为历史划分段落,实质上是人们从时间上观察自身存在的一种方式。在新闻文化中,人们立足于"现在",往"前"看,"过去"的是"前"现代,"现在"是"现代",正在到来的则是"后"现代。不同历史阶段凝结出不同的观念,在新闻文化中体现出来。前现代文化作为复杂的体系,仅仅作总体的、笼统的研究还难以突出它在新闻文化中的特殊表现。这就需要将其中最为顽强地生存于新闻文化中的观念提取出来加以研究。无论是中国还是西方,前现代文化中都突出表现了一种神圣观念,在中国表现为圣贤观念、仙佛观念等,而在西方则表现为神性观念、上帝观念。神圣观念造成的文化传统随着社会的发展日益受到现代世俗文化的冲击和取缔;但是世俗观念却无法完全驱除神圣观念,而往往只是使神圣观念改变形态。内在于时间性的立场,我们可将新闻文化划分为神圣文化与世俗文化加以研究。

随着社会转型的加快和文化自身的剧烈变动,文化中的时间性越来越被强调,以至于文化中的现代观念本身尚处于发展之中时,又出现了后现代观念。较之以上所划分的新闻文化类型,现代观念与后现代观念在时间性上都更为贴近,从大跨度的观念对照而转向了短兵相接式的观念冲突,两者时间间距甚短,关系既密切又相互排斥,呈现出一种复杂的形态。由于新闻文化是一种媒介文化,媒体的发展与新闻文化的发展有着不可分割的关系。而正是由于大众传播媒介的发展,后现代文化观念才得到充足的生长土壤,所以新闻文化与后现代文化的关系十分密切。当然,与现代文化观念的血缘亦远未断绝。基于后现代文化与现代文化之间的关系,研究当今新闻文化中最为活跃的后现代文化,就可以对现代文化与后现代文化两者都作出某种较为深刻的认识。图示如下:

新闻文化——{ 神圣文化 / 世俗文化 / 后现代文化 }

三、空间切割

空间观念是和时间观念具有同等重要性的大观念,人类生存的空间性同样也形成了人类文化的空间性。对于个体来说,不仅要靠了解自己所处的空间方位来确证自己生存的实在性,例如"梦里不知身是客",就表现出空间位置的变动使生存形态发生的变化,只有清醒地意识到自己是"客"居他所,才能正确地制订生存的目标和指向;而且更为重要的是,对世界事物的认识也往往是在空间的框架中进行,如果说"这件事远在天边",那么对于许多人来说就缺乏意义,而对于"近在眼前"的事物人们就易于表现出更多的关注。对于人类整体来说,空间观念与整个世界观的联系也不能不说是十分密切的。哥白尼的"日心说"取代"地心说"之后,人类中心的意识被打破,人们看待世界事物的眼光便因人类总体在宇宙中的空间位置的新认识而有了变化。所以说,人以空间观念去"观"世界,最终必然影响到人们的"世界观"。

空间与时间的密切关系使得人们的时、空观念也密切相关。人们对时间说"前"、"后",实际上是以空间位置来描述时间。新闻文化作为人类认识和把握世界的一种特殊方法,要征服时间的阻隔,将最"新"的事实传播给受众,就不能不征服空间。只有征服空间的间距,才能缩短时间的间距,将发生于远处的事实很快地移置于"目前"。作为一种传播文化,对空间的征服中也自然包含了对时间的征服。所谓新闻作品的"贴近性",也不仅是指时间上的贴近,而且包括了空间上的贴近,即将"远"处的事物,放置到"贴近"的位置上来。在新闻文化中,空间观念也就有着重要的意义和作用。

这种意义和作用不仅体现在对新闻事件的选择上,重视事件的空间位置,并根据空间位置来作为确定其新闻价值的一个重要因素;而且在呈现、表述新闻事件时,也始终要对事件在空间上的发展作出观照。例如关于俄罗斯反对北约东扩问题的新闻报道,无一例外地都要以一种空间的观念来考虑处于不同空间位置中各个国家态度及原因。再如,评价美国当今的亚太再平衡战略,常用雁形阵来表达这种战略模式,将澳大利亚和日本比作雁阵的两个左右支柱,将韩国、菲律宾、越南比作雁形阵中的个体,这些国家轮流发挥作用的方式,比作雁阵中轮流领飞的头雁。这些都是新闻内容从空间角度观察国际时事的例子。不同的新闻机构,由于各自所处的空间不同,对新闻的选择和表达也具有不同的方向和目标。如僻居县城的新闻单位与省及国家新闻单位之间,空间上的观念直接影响其新闻文化观念。而不同国家、地区之间的空间差距,更大范围地影响着新闻文化观念。这是因为,较大的空间距离在许多时候也意味着较大的时间距离,不仅是新闻传播的时间距离,这方面的距离随着科技的日益发达已接近于被克服,我们这里所说的更主要的是指不同国家和地区之间在政治、经济、社会、文化发展方面的时间差异。由于空间的阻隔长期以来未能打破,人类的发展往往分别独立地在不同的空间中进行,形成了各方面的很大差异和多元并生的局面。这种差异并未随着传播媒介的发达使"全球一体化"而减小,相反,在某些方面反而更得到了强调和突出,所以新闻文化的空间性就呈现出复杂的形态。

从作为个体的新闻工作者对新闻事件的空间观念,到不同新闻机构对新闻事件的空间观念,再到不同文化的新闻机构对新闻事件的空间观念,新闻文化中的空间性问题是一个复杂的、系统的问题。限于论题本身的要求,我们不拟对这些问题都作具体的研究,而把重点放在国际空间中新闻文化的传播与交往中的空间观念问题的研究,特别是国与国之间新闻文化关系的哲学探讨上。

这是因为,随着新闻媒介飞速发展,新闻文化越来越呈现出新的特征,而这些特征都与新闻文化的空间性有着广泛的联系。特别是当今电脑智能化和网络化进程加快,使得新闻文化的跨空间传播越来越成为重要的新闻学课题。在不同的文化土壤上生长出来的文化观念通过传播媒介产生着深刻的冲突与交融,影响着各自的文化建构与文化发展。但是由于新闻媒体的发展程度和技术水平、物质力量的差异,新闻文化的冲突与交融又呈现出一种复杂的态势。如对文化空间的占有中,由于西方具有较强的科技和经济优势,而往往能够以渗透着自己文化观念的新闻文化产品强行输入其他文化之中。在这种情况下,如何保持自身文化的同一性和民族性,同时又有选择地汲取西方文化中优秀的东西,成为新闻文化中必须正视的迫切问题。所以,从文化空间上对新闻文化进行分类,我们首先立足于不同国家文化发展中新闻文化应当具有的观念,即如何在干涉与交融、冲突与融合中寻找新闻文化交往的途径? 国与国之间应当怎样进行新闻文化交往才能形成文化空间的正常的"公共秩序"? 等等问题进行探索。为此,根据新闻文化的空间观念,我们将着重研究新闻文化国际关系,即按国家来切割新闻文化空间。

第二章　新闻认知文化

发布"狼来了""假新闻"的牧童最终被狼吞噬,正可作为一种绝妙的隐喻,证明"真实是新闻的生命",失掉真实也会断送"新闻的生命"。可见,"真"的观念是新闻文化中最为基本和重要的"大观念"。"真"的价值是新闻文化中最为重要的价值,是它的所有其他价值的基础和条件。"新闻眼"看世界,首先要求"真"。这是由新闻文化主要是一种认知文化所决定的。对当前世界的众多事物的关注和求知欲根源于人的生存和发展的需要,人们需要新闻文化这样一种认知世界的方式,正是为了确切地掌握世界人生的境况,求取"真相"和"真理",从而对自己的人生态度、生活筹划和社会实践作出适当的调整。正如不能确切地了解、知晓狼是否来了会影响人的思想、行动乃至于生命一样,对自己各方面的处境是否有真实的认识也会影响到个人生存的各方面,推而广之,对群体、国家、乃至于人类整体,都存在着真实掌握现实状况的问题。所以,新闻文化作为一种认知文化,在扩展人的认知能力和"知的权利"方面,也有着不容忽视的重要作用。也正因此,必须从人的生存需要和生存活动来考察新闻文化的认知活动。

那么,究竟什么是"真"? 人又为什么要努力求"真"呢? 所谓"真",无非是指人们的认识与客观现实的符合,而这就表明,主体的认知结构与能否获得真实的认识有着重要的关系。不同的文化种类,探求"真"的方式、关于"真"的观念也有着各自的特点。因此,不同的文化种类,关于"真"的探求,都是人们从不同的生存领域、生存方向出发,为着特定的生存需求和生存追求服务的。新闻认知文化由于涵盖广泛、包罗丰富,因此涉及人的生存领域较为全面,在人的生存中起着多方面的作用。首先,是给予人们一种"感性的确定性",如黑格尔所谓"自我通过一个他物,即事情而获得确定性"①,在新闻认知文化中,正可借来看作新闻文化展现的事情使人们获得一种关于自己生存时间和生存空间的特定位置的感受和对自己生存状态的确认。例如在"文革"中闭关锁国的年代,"山中方一日,世上已千年",国家已陷于贫穷落后的状态,新闻媒介却宣传西方资本主义国家的劳动人民"生活在水深火热之中",人们就无法确知自己的生存状态,不仅使个人,而且使整个民族都无法确实地获知自己的生存处境。而新闻观念的进步与新闻事业的发展则日益从多个方面、各种事实的报道中,使人们确知自己所处的真实时空位置和生存状态,从而确定正确的生存目标。与此同时,新闻文化又可以使人获取关于世界人生的知识,丰富关于世界人生的认识,扩大人们的视野。新闻文化中的许多内容都与人的生存没有直接关系,但是却可以满足人们多方面的求知欲望,从而获得对外部世界更大广度和深度的确实性的了解。人们在一定的时间与空间中只能直接认识周围世界中的事物,但是新闻文化却能够使人们超越特定时空的限制,认识仅靠自己的感官能力所无法企及的更为广远的时空中所发生的事物。这样,在"自我"与"事情"两方面都经由新闻文化赋予了一种"感性确定性"。经由"感性确定性",新闻文化又进一步发展出人的"理性确定性"。通过新闻文化所呈现的事情、给予的世界,人们可以从中发现某些规律和趋向,从而对世界人生产生理性的认识,从理性上确定自己生存世界的实在性和规律性,以确证自己的生存状态的性质和生存活动的有效性。因此对确定性的追求,实质上也就是对"真"的追求。

关于人的认识能否切中客体,如何切中客体,哲学家进行了大量探索。其中,一个重要的方面就是对人的认识能力的考察。英国哲学家培根关于人的认识局限性的看法具有相当的代表性。他提出"四个假象"学说,把人陷于认识谬误的几个因素揭示了出来:一是"族类的假象",是人性当中固有的假象。指人倾向于以自己的感官和理解力,而不是以宇宙本身的尺度来认识事物,从而常常得出错误的结论。二是"洞穴的假象",

---

① (德)黑格尔:《精神现象学》,商务印书馆1979年版,第64页。

指个人所特有的私人成见。每个人由于受教育的程度以及与人交往的程度不同，每个人的成见不同，以及每个人的精神状态不同，从而形成了各自的局限性，犹如从每个人具有的一个特殊的洞穴来观察世界，因而很难认清事物的真实面貌。三是"市场的假象"，指人们交往的语言限制人心，心意难以摆脱话语影响的假象。四是"剧场的假象"，一切公认的学说体系，犹如在人心目中搭建起的舞台，使人们将一切认识活动都在此舞台上"演出"，从而以某些认识格套代替自己的判断力。① 这四种假象，正说明了人的"观念"，即观察世界事物时"心目"中所具有的思想框架的重要作用，以及容易造成的谬误。问题是，人们并不可能完全摆脱自己所属的种类、成见以及语言的通行的思想体系，因而求"真"活动中会表现出某种偏差，出现某些"假象"。但是，透过某些"观念"观照事情，却也必然能够观看到特定的"真"。相反，如果没有任何"观念"上的准备，想看清任何东西，却必然一无所见。如不辨音律的耳朵听音乐，不懂绘画的眼睛看绘画，都只会"充耳不闻"、"视而不见"。在这种情况下，最佳的方式莫过于以音乐之耳听，以绘画之眼视，以特定的"观念"观照特定事物。尽管有局限性，产生"假象"，却往往更接近于"真美"。所以，否定本身也是一种规定，只有对一些事物的"忽视"及"无视"，才能形成对特定事物的"重视"。因而，固然要防止"观念"所带来的失"真"，却不可废止"观念"本身。

　　"新闻眼"在寻求"真"时当然也秉持着自己的"观念"，这些"观念"也必然造成着一些"假象"。能否意识到自己的"假象"是对自己的"观念"有无反思能力，以及反思能力强弱大小的标志，但是新闻认识文化关于"真"的"观念"本身却只可修正、改善，而不能够完全摒弃。因为这正是新闻文化作为一种认知形式的规定性所在，否定就是规定，局限反而成就一种特性。所以，考察新闻中关于"真"的观念，才能够界定"新闻眼"求"真"的方向与范围，掌握新闻文化中"真"的呈现方式和特色，从而对新闻认知文化有较为深入的了解与反思。

---

① 　参见(英)培根：《新工具》，许宝骙译，商务印书馆1986年版，第18—21页。

一、"真"的观念

人们常常认为,新闻文化中的"真"就是指新闻要用事实说话,新闻的真实性就是指新闻的事实性。然而,其他文化样式,如历史、实验科学等,也都是要用事实说话的。新闻的"说话"内容和方式与它们有何不同呢?显然,新闻文化重在"新",即对当前事实的关注;然而任何文化样式也都重在"新",只有发现和创造新的事实才能够使学科生存与发展。那么,新闻文化的特点在于与事实的同一与吻合吗?须知,任何"眼睛"绝不可能对当前的每一事实都尽收眼底,一览无余;即使是对某一事实,也不可能复现其全部内容。但是,所有的事实却是同等真实的。

因此,必须从新闻对事物的选择、安排与叙述中来考察新闻文化中的"真"的观念。作为人与世界事物发生关系的一种形式、一扇"窗口"、一种角度和一种"眼睛",新闻文化认知世界的目的、目标和方式必然有着与其他文化样式不同的特点,这既表现在对事实领域的限定及具体事实的选择上,也表现在对事实轻重分量的安排上。新闻只选择能够成为新闻的事实,新闻事实又必须被表达为新闻。这看起来极为平实的道理,充分说明,"真"在新闻中具有独特的观念;新闻工作者所依据的关于"真"的观念体系在构成新闻中起着重要的作用。因此,我们要了解新闻文化中怎样的事物才能被认定为"真"的,以及"真"的标准如何,就必须首先考察新闻文化中"真"的观念。只有这样,才能够掌握新闻文化对事实进行选择、安排和叙述的奥秘。

1. 特殊事实之"真"的观念

即在新闻文化中,注重每一特殊事实的具体特征,要求准确、精切地呈现事实的本来面目。新闻写作要求"五个 W 和一个 H"俱全,而每一事实的发生时间、地点、具体人物、过程和原因都与其他事实绝不会完全相同;同时则不同地,同地则不可能同时,其中涉及人、物、过程、原因等也都不会完全相同。简单地说,在新闻文化中,每一事实都和其他事实不同,具有自己的构成要素和特征,这些构成要素和特征只有准确、精切地表述出来,才符合真实性的标准。

在科学文化中,注重对事实"内涵"的研究。一切物体之间都存在着万有引力,无论是苹果落地还是水往低处流,都是由于地球的重力作用。在这里,事实之间"外延"的不同被忽略,而只注重它们内涵之间的相同。在新闻文化中,当然也要注意事实的"内涵",如一个地区发生的同类案件;但是,新闻文化更注重事实的"外延",每一案件发生的"五个 W 和一个 H"都不会完全相同,只有对各个事实之间的差异作出准确的把握、精切的描述,才算是符合新闻对事实真实性的要求。因此,在新闻文化中,反对那种"A=A"的抽象"同一"的真实观,而更强调"$A_1 \neq A_2 \neq A_3 \cdots\cdots$",即每一事实都与其他的事实有着某些不同。美国哲学家柯日布斯基关于"按外延即按事实行事"的观念,就着重指出了对于描述任一事实来说,都需要把事实的"外延",即事实所具有的特殊性、差异性表达出来,才能够真正切中事实本身。所以,特殊事实之"真"的观念,在新闻文化中是真实观的重要内容。

新闻文化注目当前,抓紧现在,从不同的事实中把握世界人生的现实状况,因此首先注重分辨在时间性中的事实的特征,使动态的有时间观念的关于"真实"的定向成为习惯。一切事物都存在于时间之中,"事"必然是在时间中发生、形成,并始终贯穿着时间的作用的。时间的推移,既使后来之事实落入新的时间条件之中,更落入新的空间环境和发生条件之中。因此,只有注重时间的不断变易性,才能把握事情的动态性,呈现其本来面目。在 1960 年说南京的中山路十分宽广是真实的,1990 年再这样说就不真实了。二十世纪八九十年代,人们了解新闻的主要载体还是报纸,但是当今,已经没有哪家报纸敢说自己是获取新闻的主要载体了。再如,90 年代末的时候,新闻媒体还把韩寒等少年作家作为报道热点,但是现在少年作家现象已经不再像以前那么稀奇了。因为时间的更易,使事物本身的性质也发生了变化,所以,在新闻文化中决不能抽象地看待事物,而必须在具体的时间中把握事物发生的变动,使前一时间的事实在后一时间中新的发展得到把握,如 1997 年 7 月 1 日之前关于香港回归进程的报道,之后就不能代表全部事实,因而也不再是完全真实的了。2003

年爆发的伊拉克战争,之前西方媒体大量报道围绕的是伊拉克拥有大规模杀伤性武器,随着时间的推移,现在已经证明这些新闻的证据是值得商榷的。事实随时间的不断变动,使得只有在时间上最"新"的"新闻"才是真实的,在后来的时间中仍只报道以前的情况就不再真实可靠;因而新闻的"时效性"也是为其"真实性"服务的。

时间的变化不仅造成空间条件、事情本身的变化,而且造成事物之间关系的变化。因此,注重事物的个别性,意味着要在事实发生的因缘整体中观照事实,也就是说,要充分注重事物之间的相关性,在事实发生的诸种特定关系中对事实的特征作出准确的描述。如在新闻的"五个 W 和一个 H",对事实发生中的"时—空"关系,"人—人关系""如何—为何"关系,等等,都要联系具体事实,进行具体的考察。对于"时—空"关系,主要是重视不同的时间中,人与物所占据的特定空间的不同,以及特定空间在时间中发生的变化。例如关于劫机的报道,时间的每一推移,都意味着飞机及机上的人进入了不同的地区;而一个特定的空间如降落机场也在此时间的变化过程中处于不同的状态之中。因此只有从两者之间关系的互动之中把握事实的特征。对于另外的相关事物与事件,亦应作如是观。通过一种联系的观念和互动过程的考察,对事实发生发展的具体特征才能真正作出外延上的考察,才能从多方面把握事实的"外延"。

但是每一事实的全部"外延"是难以穷尽的。不仅因为事实中的事物相关性十分丰富、复杂,而且要真正全面地复现事实也是不可能的。这就要求新闻对事实本身进行某种程度上的概括。这种概括,对于某单一事实来说,主要是要抓住此一事实与别的事实的诸要素的差异,以使事实"个别化",成为不可重复、等同的特定事件。所以,在"五个 W 一个 H"中,可以突出某一个或几个要素来进行表现。而在对许多事实的综合概括中,则必须仍然保持对某些事实的"个别性"的叙述,如在宏观事实的叙述中分插具体的有个性的事例,在事件综述中采取所谓"断裂行文法",都是以一些"外延"性的事实要素与个例事实构成对事实总体的"个别"真实的描述,以使事实具有确定性和具体性,而不是以抽象的性质或原理来代替特定限定中与特定关系中的个别事实。换言之,新闻的任务更重要的是认知外界给予的事实,是怎样就是怎样,依其本来情况予以呈现。因此,特殊事实是构成新闻真实性的最重要的基础。

事实都是特殊的、个体的,就肯定不能重复。新闻文化中,"太阳每天都是新的",事实每天都是不同的。但在对事实的总结、综述和概括中,又必须考察事实的"内涵",把事实归类。要注意的是,一般所说的事实"重演",实际上并非个别的特殊事实"重演",而只是两件特殊的事实同类。"两件或无量数件的事实虽可以同类而一件特殊的事实决不能重复。"①在新闻文化中,大量相近相类的个别事实决不因为已有同类事实的已有报道而不再"重复",相反,每一件事实都是特殊的、个别的,因此,都是可以为新闻文化所重视、所报道的。也正因此,新闻才被人称为"易碎品",昨日的特殊事实今日也许就难以再激起人们的兴趣,因为发展了的事实已与以往不同;但是,也正因此,新闻文化才建立了独特的、属于自己的"真实"观念,那就是只有把个别的特殊事实还原为个别的特殊事实,才符合事实的本来面目,才是"真"的。

2. 规律之"真"的观念

即新闻文化对世界事物的运动和变化的趋势与规律的探求,要求符合客观事物的实际情况。个别的、特殊的事实是无穷无尽的,究竟哪些事实才是新闻文化观照"真"的对象呢? 个别、特殊事实又处于不停的生生灭灭的变化运动之中,其运动变化中又有什么"真"的东西呢? 新闻文化关于事实的选择当然体现了多重的价值标准,如政治需要,对人的生存的重要性等。但是,最根本的仍在于哪些事实符合新闻文化"真"的标准,或者说,新闻文化中,"真"就是一个首要的价值标准。而事物的生灭运动,又易使人处于世界虚幻不实的感觉之中,如佛教认为由于一切事物都处于偶然的生灭变化之中,因而世界是虚假的、"空"的。所以,人们要从个别事实的生灭变化之中寻找世界事物之"真",也就是事物运动变化的趋势和规律,这样才能得到一种"理性确定性",从而在不断变化运动的世界中把握事物的本真。

———————————

① 金岳霖:《知识论》,商务印书馆 1996 年版,第 847 页。

特殊事实是变动不居、生生灭灭的,又是浩瀚广漠、无边无际的,新闻文化中对事实的选择和安排,首先是重视能够突出反映事物运动变化之趋势和规律的事实,以实现对世界事物"真"切的把握。每一事实都是在特定的环境、关系和时、空中发生与发展的,因此都具有自己的特殊规定性,独有的"外延"使每个事实都与别的事实不同。但是,在某些相同的条件下,却也往往发生相类似的事实,或者说尽管"外延"不同却具有相同的"内涵"。犹如虽然"$A_1 \neq A_2 \neq A_3 \cdots\cdots$",但它们却共同具有相同的 A。这种在某些相同的条件下发生的相类的事实,往往就表现了事物发展趋势和规律。所谓趋势,是指在实际发生的事实中体现出来的事物发展的方向。虽然已在一些特殊事实中发现某种共同的方向,但并不一定在别的事实中也能产生。例如从高考落榜生自杀的事实中,可以发现高考落榜容易造成考生的精神危机,但并非每个高考落榜生都有同样的精神危机,如平时就知道自己成绩不好肯定考不上大学的考生就有可能平静处之。但尽管如此,新闻文化对趋势的把握却是向"真"贴近的重要步骤。因为从事实的运动变化过程中分析出来的趋势,首先构成了对此事实本身的"真"的把握,更重要的则是因为对趋势的分析又将一些相类似的事实凸显出来,形成对一类事实的把握。换句话说,是从事实的生灭变化中把捉"势",又以把捉"势"去观照"势之所至"的同类事实。

把诸多体现同样"趋势"的事实集结起来,考察同类事实发生的共同条件,得出在某些条件下必然出现某一类事实的结论,就成为对事物运动与变化的规律的掌握。例如从某条河流的被污染中,可以考察工业生产中的直接排污造成河流污染的趋势;而从诸多的靠近排污工业区的农田、空气等受污染的事实,则可以得出某种规律性的东西,即只要对科学技术发展中产生的有害因素不加以控制,就会构成对自然和人类社会的破坏。也就是说,通过把在众多同类的特定事实中体现出来的趋势加以总结,使特定事实成为某种规律的体现。掌握了某种规律,人们就可以从变动不居的世界事物中看出某种"不变"的东西,这种不变的东西,就是世界事物的"真"的秩序和确定性的关系。因此,新闻文化对规律的掌握,就成为认知世界事物之"真"的又一重要观念。

　　值得注意的是,在新闻文化中对规律之"真"的认知,是从已知事实运动变化的"势"来分析的,"势之所至"的同类事实体现的相同的"势",即可总结为规律。但是规律只能说明事实发生发展的一般情况,从中可以把握世界的某种一般秩序和关系,却不能够代替具体的特定的事实。也就是说,规律并不能说明一件特殊的事件究竟会如何特殊地发展。例如工业排污必然造成对自然环境的污染,但如何污染,污染到什么程度,又由于特定关系的不同而造成各不相同的特殊事实。因此,新闻文化决不能用把握到的某种规律代替对特定事实发生发展的具体考察而作出主观臆断。相反,必须要用把握到的事物发生发展的规律对各种个别的、特殊的事实作出诠释说明,使人们在认识到规律之"真"的同时,对真实发生的事实如何运动和变化有着明确的认识,不为生灭变化的偶然事实表现出来的各种特殊性和混沌性所迷惑,从而掌握到世界的实在性和有序性,这样,人们才能够处变而不惊。

　　以上讨论较为抽象,我们不妨用简单的例证来进行总结。新闻媒介发现了某个地方党政干部"卖官鬻爵",这表明了腐败现象的新的"趋势";对党政干部贪污贿赂,执法人员执法犯法现象严重,金融、房地产、土地出租、建筑工程等领域经济犯罪多发,这些部门的领导以权谋私造成严重损失,国有企业负责人侵吞、占用国家财产,农村干部贪污腐败严重[①]等同类现象所共同体现的"趋势"进行考察,则从中可以发现某种规律。姑且用"不受监督的权力必然导致腐败"来总结,这一规律又可以分析已发、未发的同类事实,使人们看清各不相同的事实之中相同的东西,获得一种"理性确定性"的认识。但是,每一个例中的腐败行为又各不相同,不可混同。而且更重要的,是不能从规律中推断出某特定个体身上必发生特定事实,如对于真正道德品质优良的人,就并非在不受监督的情况下一定产生腐败行为——至少在特定时、空中不会。所以,既要注意从特定事实中求"趋势",从同类事实中求"规律",又要防止反向运用"规律"、"趋势"去

[①]　张恩卿语,参见《努力维护国家政治和社会稳定——公检、法、司负责人谈 1997 年工作》,《瞭望》1997 年第 3 期。

推断特定事实的特殊发展。

3. 因果之"真"的观念

这是指新闻文化在对世界事物的观照中,必须寻求事实发生的真实原因;通过掌握原因,揭示事实的"真相"。新闻在描述每一个事实时,都必须回答"为什么",实质上就是对事实发生的原因进行解答。对于规律之"真",新闻提出的"为什么"则关系到对事物发展的理性认识,而这两种追问在新闻文化都是求"真"活动的一部分。以上面所举之例分析,某领导干部的"卖官鬻爵"之"为什么",是对引起这一事实之前的事实的追问;而对"不受监督的权力必然导致腐败"的"为什么"进行提问,则是对事物之间因果关系的抽象认识,导致理论分析。所以,新闻文化观念中关于因果之"真"的探求,更主要的是对事实之间因果关系的认识。

事实都是处于不断的运动和变化之中,从一个事实变动到另一个事实,或者说事物由一种状态到另一种状态,其中存在着某种特定的联系或关系,找出使事实变动的联系或关系,就找出了事实变化的原因。而事实的变化本身,又必然是由新的事实的加入才产生的,因此,求解原因首先是对导致事实的事实的追寻。在对任何一个事件的新闻报道中,都要以某种形式回答"为什么"也就需要找出导致此一事实发生的另一个事实。例如一名青年工人用硫酸对一女青年毁容,这是一件事实;但是新闻在报道这一事实时,必然要追问原因,如女青年是其恋爱对象,现提出与他分手,这一事实则是导致后一事实发生的原因。但是,事实之间的因果关系并非仅仅是这样的单线因果关系,而是在原因之前还有原因,原因之中又包含着原因。一个事实的形成往往包含着多个事实为其原因;一个事实又往往导致多个事实的发生;原因事实和结果事实也可能都是数个,或数种可能性。因此,对事实原因的探寻,又必须将目光转向到更多的事实。新闻文化中出现的深度报道,就是把事实放置到与之相联系的更广阔的事实领域中去进行观照的做法,力求从更深更广的方面解释、说明事实之间的因果关系,寻求关于原因的系统而根本性的解答。

求取某一事实的"原因",往往是对"直接"呈现的现象事实中所包含的更为重要的"真"的事实的探寻。"事物之真并不总是'直接地'显示于我们眼前的,在许多时候,它们恰恰是'非直接'显示,而显示的只是它的'外观'或'表象'"。①　其实,所谓"外"观,只表明呈现于"外"者有"里"面的事实为其产生原因。因此,人们之所以从事物的"外观"与"表象"下发现被掩盖与包裹着的"真实",就是因为造成"表象"事实的"原因"事实与作为"结果"的"表象"事实之间有较大的差异,两者的性质与关系状况不同甚至完全相反。而人们总是先看到表象,造成表象的原因却往往隐藏于幕后。新闻文化在求因果关系之真时,很重要的一个任务就是要探索和揭示"表象"的"后面"、"下面"或"里面"隐藏着的"原因"之"真"。例如《经济参考报》1997 年 5 月 11 日载文《阜阳拒绝铁路》,首先呈现在记者"眼"前的"表象"事实是很多阜阳企业单位和阜阳人拒绝铁路:左邻阜阳铁路枢纽货站的阜阳化工厂用严重超载的汽车运送货物,该厂每年货物进出总量约 60 万吨,全部雇用汽车,几乎和铁路不打什么交道。求取这一"表象"之后的"原因"发现,阜阳人并非不愿意要铁路,相反,阜阳人曾以极大的热情盼铁路、要铁路、建铁路,其"拒绝铁路"的"原因"是"铁老大"恶劣的经营作风"吃、拿、卡、要"的结果。再如,《新华网》2014 年 9 月 15 日发表的文章《新建校区师生畏惧,逾八百学生请假》,首先呈现的"表象"是海南省乐东县实验小学、机关幼儿园,全校 3 000 多名小学生和 200 名教职员工搬进了新建成不足一个月的教学楼。自开学以来,他们的身体已发出了不同的信号:头晕、呕吐、喉咙干痛……似乎看起来是和新建校舍化学涂料有毒气体有关,但探查"原因"发现,是因为创建国家卫生城市,才导致校舍匆忙建设,匆忙使用,现象背后是官僚作风的危害。因此,寻找"直接地"显示于"眼前"的"表象"事实背后的"真象"才可以真正看清事实。当然,"假象"也是"真"的,但人们却发现它里面还隐藏着更多的东西,只有将其全部"揭示"出来,才能找出"原因"的"真象"。在新闻文化中,凡是成功的记者都善于从直接呈现于"眼前"的"表象"之中"看"到其深处的"原因"的事实,从而"拨开乌云见青天","透过表象看本质"。所谓

---

① 李鹏程:《当代文化哲学沉思》,人民出版社 1994 年版,第 260 页。

"本质真实",也就必须理解为对构成"表象"事实的作为"原因"的事实的揭示和寻求,而不能看作是根据某种先定的理论去解释和说明"表象"事实。

人们之所以常常把"本质真实"理解为某种"理论"认识,实质上是对作为"规律"的"现象"问"为什么"的产物。以这种方法求得的"本质"或"原因",已成为一种"理论"认识。这种对"原因"的认识尽管也可是"真"的,并具有其深刻性,可以对某些"规律"进行深层次解释(比较"水往低处流"与"重力"原因)但是在新闻文化中却要防止以某种简单的"理论"上的"原因"来作为事实发生发展之"真"。因为每一事实都有其特定的产生因素和条件,构成一个事实的"原因"往往是具体的,虽然其中包含了"抽象"的"原因",但"抽象"原因却不能对事实之后的事实作出描述,而只有寻找到"原因"事实,才能对事实作出"实事求是"的解释。大的事实之后有大的事实作为"原因",小的事实之后有小的事实为"原因",如果以"理论"原因解释,则往往会将"大"、"小"事实之间的原因简单、抽象地等同,造成新闻的"失真"。例如市场经济体制的确立,造成了一些新型的经济关系,大的原因造成了大的结果;进一步追问"为什么",则可得出"生产关系的改变,解放了生产力"的理论"原因"作为"本质"。但是却不可以列出某个人的致富仅仅是"解放了生产力"的结果,因为其"原因"事实是相当具体而复杂的;更何况"生产力的解放"也不可能使每个人都同时致富。因此,如何审慎地探求"本质"原因,利用"本质"原因透视事实,是新闻文化在秉持因果之"真"的观念时必须重视的重要问题。

此外,在对于各种社会现象、人的行为的分析审视中,对"心理事实"与"行为事实"之间的因果关系,"文化事实"与"社会现实"之间的因果关系等,在把握过程中都必须重视其特殊的复杂性,在对事实之间的"因果链"和"因果网"的总体考察和系统透视中确定其主要"原因"事实,力求"真正"深入事实之根本。用事实说明事实(关于"原因"),用事实解释事实,才能够对抽象的"理论"上的原因进行验证说明;而决不可把复杂的事实形态归结为某种简单的抽象"原因"。

二、求"真"的方式

一定的世界观派生出一定的方法论。因为世界观用以"观"世界得到的东西，即我们视野中的世界，是我们用自己的"眼睛"所观察到的，我们的眼睛即为"观念"所决定，一定的观察指向和范围正取决于我们拥有的"观念"。因为观念本身就包含着"观"的指向和范围，包含着价值和标准，因而在很大程度上也必然决定着、规定着方式和方法。新闻文化关于"真"的观念，实质上既包含着"观"照"真"的一定方向、目标，"眼光"与标准，而且也规范着新闻文化求"真"的方式。但是，新闻文化求"真"的方式又是从"观念"出发而进行新闻实践的基本路向与操作规程，因而又与"观念"有着很大的不同。正确的"观念"只有用正确的方法进行实践才能得到正确的结果。通常所谓"观念超前"或"滞后"，正是指"观念"虽或正确，但是无法用一定的方式、方法运用到现实实践之中去。因此，"观念"又必须"外化"为方式、方法，变成一种实践性的力量。换言之，就是要使"新闻眼"的"眼光"和"眼界"转化为一种"看法"——观看的方法，使"目光"的运动与注视、观照与透视被组织为一定的结构和范式，才能够很好地从某种"观念"去"观看"事物，得出正确的认识。新闻文化中的求"真"方式既体现出新闻文化对事物认知的基本"观念"，又具有自己的特点。具体表现为以下三种基本的方式：

1. 追新逐异是新闻认知文化观照世界事物之"真"的主要着眼点

"新"是指最新出现的事实，是从时间性上来着眼的，致力于把握世界和社会人生当下的情况。由于时间的发展，使世界上的万事万物都处于变动之中，"弃我去者昨日之日不可留，乱我心者今日之日多烦忧"。"昨日之日"代表的昨日之事、昨日之世界，到了"今日"已发生了变化，产生了"新"的事实；这种变化越是明显、重大，"今日之日"就越令人"多烦忧"，因为人必须要面对一个与"昨日之日"大为不同的世界。只有对当前"新"的时空环境中的"事实"进行"真实"把握，才能重新确认生活世界与主体自我生命存在的确定性。这是因为"世界是一切发生的事情"[①]，"世界是事实的总和，而不是物的总和"[②]，所以，求解当前"新"的"事实的总和"，从当下"一切发生的事情"中掌握当下的世界，是新闻文化对"真实"追求的重要方式。

通常认为，新闻文化对"新"事实的把握主要是求时间之"新"，即"事实"的发生或"变动"必须是"新近"的，而且是越近越好；"过时"的新闻对于"现在"已不再是"真"的。另一方面，是内容要"新"，越是首创的东西、第一的东西，其新闻价值就越高；实质上，内容之"新"指的是对"发生的事情"本身的要求，对当下最能反映"世界"变动的"事实"的把握，才是所谓内容之"新"要求的本质。

人们从新的事实之中不断地把握现实世界的变动，而现实世界的变动又使人本身也不断发生新的变化，其重要标志，便是人们对世界采取了新的"眼光"。如以往同一类型的事实 A_1、A_2、A_3……到了"今日"眼光之下，也许可能变成不同类型的事实 A_1、B_2、C_3……例如英国每日邮报一则消息仍以以往的"眼光"，从珍闻角度报道伦敦泰晤士河出现海豹，而路透社则从一种"新"的眼光，把这一事实从泰晤士河这一原先被污染了几百年的历史名河如今被治理成功的角度，来重新"看待"这一事实，从而将这一事实与其他的珍闻轶事区分了出来，产生了"新"的意义，从一个特定的方面说明了"新"的世界之"真"。而英国《每日邮报》2010 年报道了伯明翰英国国家海洋生物中心日前展出一只英国有史以来最大的巨螯蟹，并且仍在继续生长。这只脚长 3.5 米，几乎和一辆车一样长的巨蟹，是被太平洋边上一名渔民发现之后送到英国的。而 BBC 则邀请生物学家调查研究分析，这种巨螯蟹是受到深海核废料的影响，发生急剧变异，直接指出核污染对自然环境破坏的加剧。另一方面，"弃我去者"的"昨日之日"的事实，到了"今日之日"人们的眼睛中，由于"眼光"不同，也出现了与往日不同的"真实"解释和认定。例如"复活新闻"，就是将一些有价值、有广

① （奥）维特根斯坦：《逻辑哲学论》，商务印书馆 1996 年版，第 22 页。
② （奥）维特根斯坦：《逻辑哲学论》，商务印书馆 1996 年版，第 25 页。

泛社会影响，并在读者心中潜伏着悬念的旧闻、旧事，在具有新的动向、新的变化与发展的情况下，乘机旧事重提——复活为崭新的新闻。这种"复活"，实质上是在新的"眼光"的照察下发生的。例如关于"天安门事件"、"唐山大地震"乃至于"文化大革命"的一些"复活"报道，以及 2013 和 2014 年中日关系欠佳时，大量关于甲午战争、抗日战争的反思和重新审视，显然都是新闻工作者以新的"眼光"去照察过去的事件，而得出的"新"的真实。这就说明新闻之"新"并非仅是对"新"事实的简单呈现，而更重要的是对"新"的事实的发现。也就是说，要强调认知主体的能动"眼光"。

所以说，追"新"不仅是指追求时间之新、事实之新，还要注重新闻工作者自身的观念之新。三者的良好结合与统一，才能成就新闻文化中对"真"的"新"与"新"的"真"的不懈追求。

"新"的往往也就是"异"的，区别"新"与"旧"的主要标志就是"异"。"异"首先是指差异。对世界事物的变化毫无感受的人来说，世界上是没有新闻的。而只有能够发现现时之世界与过去之世界之差异，并把握住"差异"存在的"事实"时，才能够改变对世界事物差异性的混同或混淆，对世界事物产生较为清楚明白的认识。因此，新闻文化着力表现每一事实的"外延"，突出事实的特定性和个别性，正是为了把握住事物之间的差异；也唯有通过发掘事实之间的差异，才能够呈现每一事实的独特性。"异"的另一重要表现是反常，即突出反映世界事物的变化。因为世界事物的发展变化往往呈现为某种固定的趋势和规律，掌握了事物发展变化的规律，人们就能够在意识中把世界事物的顺乎趋势与规律的变化视为"平常"，而不会给予特别的注意，唯有某种超出常轨的、与"平常"规律不同的事实，才能震动人们的心灵，给予特别的重视。新闻文化中对"反常"现象的重视是十分突出的。极端的表达如所谓"狗咬人不是新闻，人咬狗才是新闻"，"最坏的消息就是最好的消息"等，都说明了"反常"现象对于新闻文化的重要性。这正是因为反常现象更能突出而集中地反映世界事物的变化运动，从而更真实地反映"新"的世界。因此，新闻工作者首先是从反常现象中发现关于事物变化的蛛丝马迹的。例如 1971 年 9 月 13 日，林彪仓皇出逃摔死在蒙古温都尔汗之后，首先是法新社驻北京记者在

15 日向世界报道了这一事件。这位记者发现这一事件，正是通过对一系列反常现象的敏锐观察而得出对事实"真实"判断的。他从 1971 年 8 月毛泽东接见某国领导人，林彪是在场的，而《人民日报》却一反常规在头版分别发表毛泽东与林彪单独会见外宾的照片；"九一三"事件后，他又根据对北京市当时一些"反常现象"的敏锐观察，终于判断出是林彪挑起危机的这一结论。新闻文化中十分注重对反常现象的呈现，不仅因为反常现象对人的生存往往有更为重要的影响，而且也因为反常的事实往往更突出地表现出世界事物运动变化的真情实况。例如上述例证中一种具有重大意义的改变的事件，只有了解、认识清楚这一事件所关联的各种事实，才能对当时中国政治生活的真实情况作出正确的判断。所以，由对"异"的敏感与追踪，到对造成"异"的事实的探寻，人们可以更为深入地认识世界事物变化之"真"。

总之，追新逐异作为新闻认知文化的主要着眼点，实际上体现了新闻文化对真实性的追求，是以一种不断运动变化的眼光去看待世界事物的最新发展与突出表现，以及对个别事实的特异性质和与其他事实之间关系的重视，努力求得对于现时是"真"的，并具有代表性的具体而独特的事实。

2. 通过事实的选择、安排与组织呈现事实发展变化的因果关系是新闻文化求"真"的主要方法

新闻作品要"用事实说话"，就必须注意选择、安排和组织事实，因而，新闻文化在很大程度上是一种叙事文化。对于事实发生发展中的因果关系，新闻文化有借助于理论对事实进行分析解剖，作出理论推断的样式，如新闻评论；但更主要也更重要的，却是通过对事实的选择、安排和组织的方法来进行呈现的，也就是说，是使用叙事的方法来表现事实之间的因果关系的。例如，1978 年，石油部一位给部长开小轿车的司机李本东，把一个从东北来的女知识青年骗上汽车，开到北京郊区强奸以后杀害了。对于这一惨无人道的凶杀案，《人民日报》记者马鹤青在审讯的采访中，旁听了二十几个程序，看了多本预审记录，从几万字的供词中找出了这句

话:"我给首长开车,谁能怀疑到我?"写入报道之中发表。[①] 实际上,这位记者对此案的叙述,正是以这句关键性的话来作为对案件发生的重要原因的揭示的。因而,在事实的叙述之中就包含了对因果关系的"论证"。大前提是:特权思想不加限制可导致犯罪;小前提:李本东具有有恃无恐的特权思想,且欲望恶劣膨胀;结论:李本东犯罪的原因根源于其特权思想。这里,原因的揭示是通过事实来说明的,而其犯罪事实与原因事实的结合与组织,就将事实之间的因果关系呈现了出来,并且使人能够进入对"大前提"的深入思考。再如 2010 年 10 月 16 日晚,一辆黑色大众迈腾轿车在河北大学校区内撞倒两名女生,一死一伤,司机不但没有停车,反而继续去校内宿舍楼送女友。返回途中被学生和保安拦下,该肇事者不但没有关心伤者,甚至态度冷漠嚣张,高喊:"有本事你们告去,我爸是李刚!"后经证实了解,该男子名为李启铭,父亲李刚是保定市某公安分局副局长。此事一出迅速成为网友和媒体热议的焦点,"我爸是李刚"语句也迅速成为网络最火的流行语。但是据当地人讲,当时的实际情况是河北大学保卫处处长曾经和李刚及李启铭一起吃过饭,对李启铭有些印象。在肇事现场,保卫处处长问李启铭是不是李刚的儿子,李启铭回答:"是,我爸是李刚。"

因而,我们必须对新闻文化中关于事实因果关系的叙述模式进行研究,才能够进一步掌握新闻文化求索因果之"真"的方法。因为在叙述事件时,对于"发生了什么?",总是要问"其原因是什么?"或"整体看来是怎么一回事?"的。而要回答这样的问题,就必须将作为结果的事实与作为原因的事实进行恰当的选择、安排与组织。事实上,新闻文化是不可能再现出全部事实的,媒介的发展只能对某些事实作出及时的甚至同时的报道,却不可能把一切与一个事实有关的人的全部描述复现出来。所以,任何事实都只能是某种概括的叙述。如电视只概述人们的活动而忽略其内心,此乃媒介限制的概括叙述。而无论哪种新闻媒介的叙事,也都只能对事件本身进行某种概括。这种概括,正是通过对事实与事实之间的关系

---

① 　参见艾丰:《新闻采访方法论》,人民出版社 1989 年版,第 15—16 页。

进行照察而作出的。将事实与事实之间的关系在叙事中表现出来,就体现为某种叙事的模式,因此,叙事模式往往代表着某种因果关系的认识。

在事实发生发展的因果关系中,根据不同类型事实中起决定性作用的因素的不同,可以把新闻文化中关于因果关系的叙述模式分为这样四种:一是注重对事实中人物的动机与行为的决定性作用进行揭示的叙事模式;二是注重整体现实关系决定性作用的叙事模式;三是注重事实发生中其他相关事件决定性作用的叙事模式;四是注重对决定人物思想与行动的广阔背景进行揭示的叙事模式。

在一些新闻事件中,事实的独特性是由人物的独特性所造成的;因而要对事实的原因进行解释与论证,必须叙述有关人物的独特性事实。例如对于一些特殊身份的人物,如政治家、科学家、文体明星等独特个性和行为的叙述,就可以对一些重大政治事件、科学发现及其他轰动性事件作出解释。对于一些刑事犯罪、流氓恶势力等现象的叙述,新闻文化也往往注重从人物独特的人生经历与个性特征等个人的事实入手,解释造成犯罪现象的原因。其中,事实发生的"背景"与"场地"并非隐匿不现,只不过不是作为主要叙述对象而出现,更主要的是把人物归为某种类型及特殊的属性之中,从而为事件本身分类定性,由此对事实之间的因果关系作出表现。如有关新闻媒介对一名妇女残害儿童行为的报道,就突出描写了她愚昧残忍的个性特征和所谓"望子成龙"的心态,从而用事实说明了事件发生的真实原因。此外,如黄远生《外交部之厨子》对特定人物的描写,《一个青年个体户说:"我们穷得只剩下钱了!"》对特定人物特点的概括,都是在叙述中呈现因果性,从而揭示了事实之中的"真"。

注重整体现实关系决定性作用的叙事模式,则往往由描述较为分散的事件形成的整体来观照某种事实,而整体的重要性在叙事中是高于任何在叙事过程中被分别叙述的个体事实的。因此,整体是个体事实的发生原因。简单地说,这是一种整体大于部分之和的观念,力求用宏观事实来把握微观事实的发生发展原因,因此,更注重对事实发生的"背景"与"场地"的叙事。如美联社 1980 年 5 月 23 日的一篇电讯《不景气的联合国过生日》,即是从联合国在世界事务中作用的微弱看到复杂的国际原因;而这些是通过世界上一些国家对联合国的态度来表现的。对于许多非事件新闻来说,关于事实之间的因果关系都倾向于以一种整体的叙事方式来作出表现,从而较为全面地说明事实的产生原因;而在一些事件新闻中,如果事实相关着较大的"背景"与联系,也往往需要以这种叙事模式来"论证"因果关系。

将发生的事实与其周遭事件相联系,实质上是以事实的发生情境来解释、论证事实的发生原因。不同于第一种叙事模式只考虑事件的独特性与人物的独特性之间的关系,这种叙事模式注重使事实与其他事件相互联系起来的情节线索,如一个人的犯罪行为与其家庭、交友及社会环境等等方面的关系。通过对某一特定时间内不同人物及事件之间的相互作用,来解释事实发生的原因。这就要求对某一特定事实与其他事实之间的关系作出较为细致的观察,从事物之间相互联系的观点,对事实的发生作出解释。在新闻文化中,常常是通过对事件发生的"背景"进行较为详备的解释和相关事实的陈述来达到的,这样的因果解释更富于多向性、多元性和系统性,因而在新闻文化中占据着重要的地位。例如中央电视台的《焦点访谈》,对一些事实原因的挖掘,就往往是采取"散点透视法",将关于事实的事实尽可能多地摆出来,从而使人们对事实的发生情境有较为具体、深入的认识,对事实产生的原因也就可以从"背景新闻"中透视出来。

一些人物的行为往往联系着较为深远广阔的现实背景,并且能够充分体现出这样的现实背景,而不能以其所处的具体情境及其独特个性所解释,又并非为整体关系的作用的产物。对于这样一些人物的行为,就必须从其产生背景中去考察,并看其在背景中行动的事实,从而通过叙事揭示事实的产生原因。例如雷锋、焦裕禄、孔繁森等人的事迹,就必须放在时代的大背景中观照其精神动机;又要从他们在这样的大背景中如何行动的事实揭示深层的原因。在这种叙事模式中,要始终注重把大的事实与大的背景结合起来,以真正呈现"结果"事实之后的"原因事实"。

这样的四种叙事模式,实际上是追求事实因果关系之"真"的四种重要方式。一种是从特定事实中求取特定原因,一种是从造成事实的整体关系中考察原因，一种是从事实与产生事实的情境的关系中求取原因，最后是从造成事实的大背景中追问原因。这四种方式各有其适用的范围，也只能达到特定的目标。因此，我们在以叙事的方式去求索事实发生发展的因果之"真"时，一定要注重根据特定的目标、特定的范围选择适用的方法，并且注意得出的原因之"真"的适用范围与限度，这样才能够较为准确地把握事实之真。

3. 从多种视角和眼界在时空中对世界事物的发展变化作出观察和思考，是新闻文化求"真"的重要途径

"横看成岭侧成峰，远近高低各不同"，这句诗形象地说明，对于同一客体，当观察主体处于不同的观察方法和角度，所看到的事物景象是不同的。对于新闻文化来说，任何媒介都不可能同时"全息"地观照事物的所有方面，如电视镜头拍摄全景则必然遗漏细部景象，反之亦然。而对于任何一个新闻工作者来说，由于所受到的教育程度、人生经历及性情气质等方面的不同，每个人都有着培根所说的自己的观察问题的"洞穴"，即从某种特定的视角和眼界去观察世界事物。换句话说，每个新闻工作者都是从自己的角度来观察新闻事实的，因此能够看到别人所看不到的某些事实方面，或者说事实真相的一个方面；同时，却也有着别人能够看到而自己看不到的某些方面，这就意味着对事实其他方面的真相的无视或忽视。这就要求，新闻工作中必须"跳"出某种固定的眼界和视角，不断地变换观察事实的方位与角度，努力从多个侧面、多个角度和多个层次来把握事物，形成对事实真相的某种"全面"的、整体性的认识。而对于同一事实，把多个观察者从不同的"观点"和"视角"、"眼界"中观察得来的事实特定方面的真相结合起来，就能够呈现出事实的多方面的真相，形成某种整体性的认识。

因此，在新闻文化中，一方面重视对同一事实变换角度进行观察与思考；另一方面又重视发挥不同观察者由于"观点"不同，发现问题、观察问题的方式不同而产生的独特看法的优势，将不同观察者观察的内容有机组织起来，形成一种整体的真实效果。前者，如对某种"焦点"现象的透视，新闻工作者往往注重从多个侧面、多个角度和层面去了解事实的多方

面的真相。如一座刚兴建的大桥发生倒塌事故，记者从对各级领导干部、周围群众、施工单位、事故受害者、事故责任者等多个侧面的调查去了解情况，并从管理体制、经济原因、文化素质等各个角度锲入问题，从而掌握事件发生的"真相"。而对于一些大的事件，新闻媒介则又往往组织多名记者分赴不同的观察点，力求使每个记者从自己特定角度看到的某个方面的事实真相与其他记者的观察结果共同组合起来，形成对事实的较为"全面"的看法。

　　当然，世界事物一方面是错综复杂的，具有多种侧面，需要从多种视角和眼界去观照；另一方面，每一事物又有其自身特殊的规定性，如对于庐山可以横看侧观、远近高低游览，而对于长江，则又必须换成另一种观察方法才能把握其真相。因此，对分属不同领域的事实，必须从某种特定的视角和眼界去观察，如对政治、经济、文化等领域出现的事实，都必须从各自特定的角度去观察审视，才能够把握住最重要的真相。但是，这决不意味着不可以从其他角度去观察同一事实，如政治问题对经济、文化领域的影响；只不过要注意抓住观察问题的特定领域，以特定的眼界和视角切中其本质方面，以其他的眼界和视角作为补充，方可对其作出"真"的认识。也就是说，对于任何事实，都可以从不同的眼界和视角进行观察，但是，在各种观察角度和眼界中，却存在着某种最佳的角度。例如，"不识庐山真面目，只缘身在此山中"，只有从庐山之外的某个空间位置上，才能够对庐山的"全貌"形成整体性的观照。因此，观察特定目标，即对于事实某种方面真相的寻求，某些位置、某种角度有利于揭示客体的明确特征，因此新闻文化在观察事实时应选择能够提供最全面、最丰富证据的最佳的观察眼界和视角。这样，才能使各种眼界和视角观察到的事实真相较好地结合起来，形成对事实真相的明确看法。

　　不过，世界事物并非如庐山一样是静止不动，可以从远近高低、正面侧面从容观看的；相反，新闻文化中所面对的大量事实都是处于不断的发展变化之中，因此，除了在"空间"上必须采取不同的眼界和视角外，新闻文化求"真"过程中还必须随时间的进程作出对事实过程的多方面的观察与思考。

首先,世界事物的发展变化,使事实的涉及范围不断扩大,需要新闻工作者及时扩大眼界。运动发展的事实不断突破以往的各种关系的限定而扩张到更为广泛的范围,例如一条河流的上游受污染,逐渐造成周围的动植物的死亡变异,又逐渐向下游更为广大的区域发展。这时,新闻工作者就需要及时调整自己的眼界,从整条河流造成的流域地区的生态环境的被破坏来观察这一事实,同时,又要把政治、经济、文化等多方面的因素都加以考虑,使对事实的观照进入一种新的层面,这样才能使发展变化了的事实真相得到全面呈现。

其次,事实的不断运动变化往往不仅使事实的范围扩大,而且使事实的中心发生位移,或者说使事情的性质发生改变。这时,就需要新闻工作者及时调整观照事实的角度,选择最佳的视角。例如一条河流的被污染,引起上下游地区的群众性械斗,此时事实的发展就既使事实的范围扩大,又使事实的中心发生了偏移。这时新闻工作者就不能够再仅从环境保护的视角来看待这一事实的新发展,而必须换一种新的视角才能够观察到更为丰富、全面的事实,也才能更接近事实的真相。

更重要的是,新闻工作者自身的观念也随着世界事物的发展变化而不断发生改变。这一点我们在论述新闻文化"追新逐异"的特点时已作了分析。而新闻工作者观念的变化使其眼界和视角也发生了新的变化。这不仅是因为事实本身又不断引发出新的事实,还因为在事实的发生发展过程中,新闻工作者的关注焦点和观察方法也在发生改变,从而在向事实世界靠拢时,主体与客体两方面的运动变化都使世界事物呈现出更为广阔与深入的真实景象。例如从河流被污染的事实引发的诸多事实中,转入对于国民素质或其他问题的思考,则必然又深入新的事实领域,从而探寻更为广远领域的事实真相。

所以,新闻文化对世界事物的求"真"活动,并非一次性的过程。它既需在空间中对观察问题的各种视角和眼界进行探索,寻求观照事实某个方面真相的最佳角度,并从多种眼界和视角中观察事实的各个方面的真相,求得对事物"全面"的、整体性的认识;又需要对分散在时间片断中的事实的各个片断进行连续不断的认识,根据事实的发展变换观察与思考

的眼界与视角,求得对事实发展过程各个环节的认识,只有在对事实运动
发展的时间性过程作整体的把握,才能真正对事实的真相具有全面的认
识。在新闻文化中,立体综合报道、连续报道等样式都较好地体现了新闻
认知活动的结构特点。而从总体上来看,整个新闻文化或某具体新闻媒
介体现出来的文化特点,实际上都是从多个角度、侧面与层面对世界事物
作出的丰富、具体的真实性探求,从持续发展中则又用多样化的、连续进
行的事实片断组成对世界事物运动过程和发展变化的真实呈现。

三、认知误区

人们从新闻文化的"眼睛"中来认知现实世界,把握世界事物的确实
性,从而为自己的思想观念和实际行为提供一种依据。因此,新闻文化的
真实性如何,是关系到人们的生存活动和社会实践的重要问题。但是,由
于新闻文化本身也是要靠"新闻眼"与世界事物发生关系,从纷繁复杂的
大千世界中捕捉各种事实,安排和选择各种事实,并透视和解析各种事实
才得以形成的,因而,新闻文化并非直接就是事实,而是事实的一种"图
景"或"景象",与事实之间总是有着一定的差异与差距。如何减少新闻中
的"事情"与实际事实之间的差异与差距,使人们能够透过新闻中呈现出
来的世界事物的"图景"与"景象"观照到真实的世界,是新闻文化的重要
课题。

尽管人们努力去真实地反映世界事物,使具体事实尽可能完全、准确
地表达出来,但由于事实领域的浩瀚广博,人们只能选择和安排组织某一
特殊事实;而眼界和视角的限制,使人们不可能完全彻底地洞彻事实的全
部真相。因此,在新闻文化中,新闻活动主体的认知目的、认知方法和认
知能力,对于新闻文化的真实性起着至关重要的作用。在新闻实践中,人
们常常为新闻失实问题所困扰,对"真作假时假亦真"或"假作真时真亦
假"带来的对新闻文化的危害而痛心疾首。我们认为,这正是因为新闻文
化在认知世界事物的过程中,由于客观事物本身复杂性和认知主体的认
知结构的不合理,而走入了求"真"的误区。新闻认知文化的误区通常表

现为以下几种情况：

1. 对"新"、"异"把握失当

即由于对新闻文化中"新"和"异"的某种片面理解和错误追求而导致的对新闻真实性的背离。

一种表现是"以旧为新"，即只注重时间上的"新近"而忽视世界事物内容之新，对许多按照某种固有的惯性发展的事实，借助于时间上的当下性而作为"新"的事实来表现。这实际上是对世界事物不断运动变化的一种漠视，用许多"旧"事实来代替"新"生事实，最终会使人们对世界事物的发展失去真切感受。新闻当然应当注重同一类型事实的差异性的表现，不因同类事实不断出现而予以忽视。但是如果不重视哪怕是同类的事实在"新"的时空条件产生了的不同的意义，而只以时间之"新近"来装点因循发展的"旧"事实，则容易造成对真正的新事物的掩盖。

与此相反的是"以奇为新"，即以"人咬狗"的新闻来"遮蔽"真正的变化，借助于炫人耳目的奇异事物来观照现实世界，使反映生活世界重要方面的事实反而被隐而不彰，造成对细枝末节、琐屑奇闻的普遍关注，而对世界事物的真实变化却视而不见。其实，某些稀奇古怪的事物虽然貌似奇特，却往往不过是由于平常的其他事实而引起，对于人们的生存实践没有什么真实的意义。相反，在人们的日常生活、现实世界中往往不为平常人注目的地方，静悄悄地发生的新事实，却更能代表世界事物运动变化的真实情况，也可以说是真正的新奇。新闻文化更应重视貌似平常的"新奇"，犹如"冰点"的"热点"，从中发现真正的变化。

对于"异"的片面追求则易于导致"逐异失常"，即只重视事实的反常而忽视生活世界的常态，从而给出的是一种变化无常、缺乏稳定性的世界。当然，就世界的运动是绝对的而言，变动与无常是普遍的。但如果片面坚持变是绝对的，即等于说只有"变"是"不变"的，只有"反常"是"正常"的"，结果造成了另一种机械、片面。其实，世界事物之变又总是相对于不变而言的，在把握"变"态、"反常"的同时，必须重视常态，才能够对世界事物作出真切的把握。因此，虽然反常的事实更能刺激人们的感受力和认知欲，也必须注意将其与"正常"进行某种整体上的联系与衡量，使新闻文化中"事实之和"所构成的世界更接近于现实世界的本来面目。西方的一些读者就曾对一些新闻媒体"逐异失常"的做法提出抗议,认为对反常事实的过多报道使人们失去了对真实世界的感觉,在一定程度上影响了新闻的真实性。

2. 因果不对称

即新闻作品中作为原因的事实与作为结果的事实之间没有对称的、均等的决定与被决定关系,或原因不能充分导出结果,或结果小于原因导致的事实。

说明事实之间的因果关系是新闻文化求"真"的重要内容,但又是最为困难,也最容易引起错误的内容。其主要原因,即在于新闻的"原因事实"与"结果事实"之间的不对称。这种不对称的主要表现,就是未能掌握导致结果的全部原因,或以某个"大"的原因解释"小"的结果。

这当然不是要回到"一因一果"的模式。所谓不对称,并非要求因、果之间某种数量上的对称,实际上什么一因多果、多因一果或多因多果,仍是为了使因果处于对称。因为这种在因、果两方进行数量配置的做法本身,就是考虑到某一方大于另一方才进行的。事实上,所谓"多因"、"多果",仍只是一个总的"因"与总的"果"。也就是说,列出多个事实才能作为原因与某个结果事实相对称,反之亦然。这样,如果"多因"的事实少了一个或几个,就与"结果事实"的一方不再对称、均等,两者就不能够充分地相互说明、相互解释,从而也就变得"失真"了。当然,最为严重的因、果不对称是因果之间的完全错位,即因与果并不相关,不能够作出联系。但是由于这种情况并不多见,我们就不予讨论了。

因果不对称的一种情况是因大于果,即"原因事实"涵盖内容大于"结果事实"。例如1976年1月3日《人民日报》头版刊登长篇报道《文化大革命推动科学技术蓬勃发展》,报道说:"工农群众和科技人员沿着毛主席指引的方向,坚持科研为无产阶级政治服务,为工农兵服务,与生产劳动相结合,开门办科研,取得新成果,有力地驳斥了'今不如昔'的谬论。"报道中还举出了一些事实,如小麦获得高产等等,用以说明"科学技术蓬勃发展"。这里,姑且不论后一事实的概括是否真实、准确,只要考察文章标题所标示的因果关系,就可以看出明显的不对称。因为"文化大革命"作为事实,远远大于后一事实;必须从"文化大革命"中分解出一些事实,如文中导语部分关于科研的部分,才能够列为原因事实的一部分,但是要从这些事实导出后一事实,在一些关键问题上,仍缺乏原因事实,如"开门办科研"如何"推动科学技术蓬勃发展"仍需事实来作出说明。所以,并非说大原因不能说明小结果,大背景不能说明小事实,但是一定要使大原因中分解出来的事实与"结果事实"相等,才能够对事实之间的因果关系作出正确、合乎真实性的说明。

"原因事实"小于"结果事实",则是因果不对称的另一种情况。1979年8月11日《人民日报》刊登新华社消息《山东菏泽县东马垓大队发展养牛一举数得》,文中对事实之间的因果关系这样表述:"1978年与1977年比,这个大队牛存栏数增加了328头,粮食亩产增加440斤,总产增加60万斤。今年全大队小麦一季亩产660斤,总产80万斤。"艾丰以"粮食增产的原因是多方面的",而文中只以单个事实之因以作说明,使多因一果变为单因一果来进行分析①,实质上也是说明"原因事实"与"结果事实"之间的不对称关系,"原因事实"在这里远远小于"结果事实"。

这种因果关系上的不对称,其根本原因在于新闻工作者未能实事求是地由事实出发去推演引发原因的事实,而只是从某种主观的臆断或事实的某方面出发来判断事实之间的关系。因而,为了求得事实之间因果的真实性,必须重视"原因事实"与"结果事实"之间的对称与均等。这就要求对复杂的事实形态有较为全面的认识,使事实的特定层面之间相互对应;在"大"、"小"不等的因果之间,必须利用中间环节将大的事实分解、具体化为与小的事实相等的事实,只有这样,才能够真正求得事实发生发展的原因,从而对世界事物获得真实确定的认识。如果把"原因事实"与"结果事实"分别比作化学方程式的两端,则两种事实必须由相同的元素组成,并在发生变化前后事实的分量上也应获得总体的平衡,这样才符合因果关系中事实发展变化的真情实况。

---

① 　参见艾丰:《新闻采访方法论》,人民日报出版社1989年版,第175页。

3. 观照世界事物"目光"的片面性与僵化性

这是指新闻文化在观照世界事物时,片面地从某一或某些视角切入客观对象,不能根据变化了的事实情况进行灵活机动的调整,从而不能把握事实的真相。

对于不同领域中的事实,应当具有不同的切入角度,才能够瞄准事实的主要特征。但是由于个人素质及新闻观念的差异,有些新闻工作者往往习惯于从某一种或几种固定的角度来观察事实。例如从政治的角度观照各种事实,就难以说明经济领域事实,或科技领域事实。另一方面,每一事实又都是具有多种侧面的,从每个侧面都能够看到事实某个方面的真相,但是却往往失去了更多的真实。因此,即使是对某一特定领域的事实,使用某种特定的视角观照其最为重要的事实层面,也仍然需要从多种方面和角度对其作整体观照,才能够对事实作出较为全面的把握。而且,也只有在视角的转换与移动中,才能发现切入事实的最佳角度。因此,对于只习惯于从某些方面切入事实的新闻工作者来说,必须根据事实本身的多种侧面的情况作出正确的选择,同时也兼顾各个侧面的真相。例如新闻界曾按记者主要活动的领域分为政法、经济、文化记者等,对新闻记者养成某种固定的眼光与眼界,迅速切入事实具有很大的益处。但是也应注意特定的视角所带来的局限性,造成对事实的多方面真相的忽视与无视。

由于万事万物的不断运动变化,新闻工作者在认知事物时所遵循的规则与规范也应当随之发生变化。一些新闻工作者只固守着某种既定的经验与规范,就不能够及时准确地认知一些新的事物。正如一些科学家固守着已知的理论而对新出现的科学事实视而不见,与科学发现失之交臂一样,一些新闻工作者也往往会囿于以往的认识模式而与一些富有价值的新闻事实擦肩而过,或虽然发现新的事实却仍把其归结到某种陈旧的事实类型中,从而对世界事物的真实改变缺乏认知能力。在新闻文化史上,往往有在其他人眼中不是新闻而对于另外的人却成为富有价值的新闻,以及对于某人来说是平常新闻到了另外的人手中就发现了新的事实的情况。这说明,僵化的、固执的认知模式与规范,往往会阻碍新闻工作者对事实的认识。而要改变这种状况，就要求新闻工作者始终注重从事实出发，及时调整自己的认知模式和认知态度，力求以一种灵活机动的方法去认知不断运动变化着的世界事物。正如日本作家井上靖所言，"记者必须客观，不能带框框"。破除"框框"，实际上就是破除僵化的态度与方法，而力求与客观事物相符合。

第三章　新闻伦理文化

人们常说,新闻工作者应当成为社会的良知。这实际上是对新闻文化提出的伦理要求,即要求新闻文化中要体现出某种伦理的观念,使新闻在向人们提供确实可靠的事实的同时,还能够对事实的伦理意义加以解释、评判,从而对人的生存意义、行为实践与终极追求起到某种引导和规范作用。简单地说,也就是要在告诉人们"事实是怎样"之后,还要告诉人们"我们应该做什么",使人们知道在事实的领域上还有一个"应该"的领域,在"实然"之上还有"应然",帮助人们分析、判断一切情况,知道应该相应地采取什么样的行为,才是合乎伦理规范和道德准则的。

所谓"良知"或"良心",实际上就是指人的伦理意识和道德意识。"良"者,善也,好也,代表着强烈的伦理、道德意义;"知"者,知觉、感知也,表示着人的道德、伦理方面的知觉能力和明确观念。人们通常所说的"好心眼",可作为"良知"、"良心"的通俗诠释。因此,说新闻工作者应当成为社会的良知,主要不是指新闻工作者自身应具备良好的伦理素养,虽然这也是题中应有之义,而更重要的是指新闻工作者应当代表社会的群体,用伦理的观念去审察观照世界事物,并且在新闻作品中体现出来。所以,这里所说的新闻伦理文化,不同于研究新闻工作者的伦理道德规范和行为准则,及新闻运作系统中所涉及的伦理问题的新闻伦理学,而是研究新闻文化本身的伦理观念和表现伦理观念的方式。

"道德的"抑或"不道德的","伦理的"抑或"违反伦理的",已常被当作"善"与"恶"、"正当"与"不正当"的同义语,表现人的道德属性的"德性"在北京话中已被作为骂人的日常用语,都表现出伦理观念或"善"的观念在人们生活中的重要意义。在新闻文化中,虽然不一定对事物作出直接的善恶、好坏的伦理判断,但是伦理的观念却始终起着重要的作用,在新闻对事实的选择、叙述及评价中或隐或显地体现出来。因此,所谓"新闻伦理文化",指的就是渗透、体现着伦理观念的新闻作品,研究的就是新闻文化中伦理观念的具体形态及其表现形式。

那么,什么是伦理呢? 伦理与道德同义,它指的是一种面向大众、面向社会的道德原则和行为规范体系,是人与人之间行为与关系的价值规范。伦理作为与宗教、法律、艺术、科学等相并列的意识形态,虽然与它们有密切的关系,但更主要的是指生活的道德制度体系,在社会成员中促进理性的自我指导和自我决定。它要求人们在法律的范围内,实现自我的支配。而伦理学作为哲学的一个分支,实质上就是道德哲学,是关于道德、道德问题和道德判断的哲学思考。它所思考的首要和中心问题,就是人的行为的"恰当性"或应当做什么的问题。

新闻文化的伦理属性表现在通过对与人类生活息息相关的事实的传播,表达一种使人向着生命优化的方向发展的愿望和信念,从而在新闻活动中呈现出某种伦理观念体系,并以此观念体系对所反映的事实进行"善善恶恶"的价值评判和价值引导,实现一定的伦理目标。在新闻文化中,对整个人类的生命存在与发展的关注是一个重要特征。新闻文化较之其他文化形式,更注重以密切"注视"、及时"传播"人类生存中的各类事件来将人与人联系起来,使人类之间的哀乐沟通达到日益紧密的境界。例如对灾祸、战争、动乱等等的报道,不仅是为了使人们借以参照、体察自身的处境,作出生存抉择,更重要的是,将各种与自身直接生存状态关系较小的"事不关己"的事件与其密切联系起来,使与人不"关身"的事件变为"关心"的,予以一种伦理上的关切,从而经由"道义"上、"人道"上的支持为消弭人间的饥困痛苦作努力。如各国媒介对地区性战争的关注,对各种灾祸、贫困的报道,既引发人的伦理情感,又产生诸如募捐、救助、抗议暴行(如美国人对越战)等伦理行为。这就在一定程度上使个人的"小我"扩展成为负载全人类哀乐的"大我",达到"民我同胞,物吾与也"的伦理境界。至于对伦理精神与伦理行为的直接传播弘扬,新闻文化更是始终立足于现时的人际关系结构和秩序,倡导人与人之间的关系和行为的"恰当"规范,宣扬一种伦理理想;同时,又从特定的伦理价值系统出发,在"善善"的同时进行"恶恶",即对背离伦理规范的行为予以揭露和谴责,例如对凶杀暴力、毒品买卖、黄色文化以及贪污腐败等行为的揭露,在各国新闻界都是重要的话题。如今国内新闻媒体的"焦点访谈"、"道德与法"之类专题栏目的开设,更为突出和充分地体现了新闻文化对事实进行伦理考察和评判的功能。

无论是表达伦理关怀还是进行伦理评判,也无论是弘扬伦理精神还是作出伦理谴责,新闻文化所依据的伦理规范系统都是决定性的因素。它不仅决定新闻的关注对象,而且还将影响新闻选择、表达与传播的方式。因此,首先必须考察新闻文化中的伦理观念,才能够深入地透视新闻伦理文化。

一、三大观念

"善"是表示伦理观念的基本词汇。什么是"善"? 说某些行为是"善"的,又意味着什么? 这都需要关于"善"的具体而系统的观念。人们日常运用着有关"善"的观念而缺乏自觉和反思,即对何为"善"以及判断"善"的标准并没有明确的意识,往往只是诉诸直觉和习惯。但对于新闻文化来说,由于面对的都是些"新"的事情,往往更需要作出独立的、及时的伦理评判,因此,对自身所秉持的伦理观念就必须有清醒、明确的意识。也就是说,在"观"照审视世界事物时,心中所"念"为何,信念如何,起着至关重要的作用。所以,我们必须首先考察新闻文化中所体现的伦理观念,才能够对新闻文化如何观察与思考伦理问题作出根本性的解答。

什么是"善"的或"好"的,必然与人的生命存在密切相关。人作为一切社会关系的总和,如何看待与处理与其他人之间的关系,如何设定自身的人生目标,是伦理观念的主要出发点。而新闻伦理文化正是要从所观照与表述的事件中考察人类行为的恰当性。具体地看,就是在利益关系中考察人的关系与行为是否符合公正或正义,即体现出一种公正或正义观念;从对待他人的态度和行为中考察人的仁爱心性,即体现出一种仁爱观念;从个体自我的人生目的设定中考察人的自由,即体现出一种自由观念。这些伦理观念贯穿、渗透于新闻文化中,通过对世界事物的观照评判而得到表露与张扬。以下分别进行论述。

1. 公正(正义)观念

大到国家之间,小至个人之间,都存在着利益分配的关系。如何进行各种利益的分配,就牵涉到"公正"与"正义"的观念。新闻文化的伦理触觉伸展向人类生活的广阔领域,从国与国之间的战争,人与人之间的利益纠纷,到某个个人的待遇,都尽收眼底。那么,以什么样的"正义"观来观察事实,分辨"正义"、"不正义"或是否"公正"呢? 事实上,每个人都有着自己的正义观,都懂得需要按照某种原则来划分基本的权利和义务,来决定心目中的社会合作的利益和负担的适当分配。但是,什么样的正义观或公正观才是正确的呢? 这当然有历史的、文化的差异所带来的不同标准,但并不意味着没有一个确定的回答。关于正义或公正的主要观念,那就是平等。

马克思主义在对以往的一切历史的考察中发现,"在过去的各个历史时代,我们几乎到处都可以看到社会完全划分为各个不同的等级,看到由各种社会地位构成的多级的阶梯。在古罗马,有贵族、骑士、平民、奴隶,在中世纪,有封建领主、陪臣、行会师傅、帮工、农奴,而且几乎在每一个阶级内部又有各种独特的等第"①。一句话,就是社会关系的不平等,而共产主义的最终目的就是要消灭一切不平等的社会关系和社会制度,建立起"每个人的自由发展是一切人的自由发展的条件"②的理想的联合体。

这就意味着,正义或公正往往首先是对社会制度或社会体制的伦理评价。由于社会财富分配的不平等,任何社会都需要以公正原则来限制利益的得与失,从而保护弱者的权利,并形成基本的社会秩序。但在以往的社会制度中,利益分配的分化往往意味着人对人的强制、压迫、剥削和

---

① (德)马克思和恩格斯:《共产党宣言》,《马克思恩格斯选集》(第一卷),人民出版社1972年版,第251页。

② (德)马克思和恩格斯:《共产党宣言》,《马克思恩格斯选集》(第一卷),人民出版社1972年版,第273页。

不公平的对待,使人间充满着敌意、欺骗、恐惧、厮杀和战争。因此,对这
些社会制度和社会体制所造成的人与人之间的不平等关系的观察和揭
露,就成为新闻文化的重要内容。马克思主义经典作家曾利用新闻手段
对当时的无产阶级生活状况,从经济生活到住宅问题等各方面所处的不
平等地位进行剖析,揭示了资本主义制度的不公正的性质。马克思在《英
人在华的残暴行动》及《俄国的对华贸易》等新闻时评中,还揭露了英、俄
帝国主义由不平等的贸易进而发展为不义的战争的真相,并给予了伦理
上、道义上的批判和谴责。至于中国共产党人对半封建、半殖民地的旧中
国中各种不平等的现象的揭露,在中国新闻文化史上也写下了重要的一
笔。这些对社会制度和社会体制的伦理性质的评判,主要是着眼于人与
人之间在政治权利、经济利益以及社会地位上的不平等进行的。新闻文
化在这方面有着广阔的视域。西方新闻界对在社会中处于弱者地位的个
人或群体给予的关注,如对种族歧视、贫困现象、政治黑幕如著名的"水门
事件"报道等方面的重视,都是基于对公正或正义的关注,并从不同层面
上触及了资本主义制度不平等的本质。但是,他们没有也不可能将伦理
评判指向资本主义制度本身,而只能从社会的某些体制上做文章。处于
社会主义初级阶段的中国,新闻界对不够完善的社会体制也给予了伦理
关切和审视,如对以往经济体制中"大锅饭"现象以平均代替"按劳分配"
的平等的剖析,对"三大差别"的报道,对经济体制改革中出现的利益格局
分化中出现的新的不公正现象,以及在政治生活中存在的问题,如漠视广
大人民群众民主权利现象的报道与批评等,都贯穿着要求社会公正,实现
人与人之间真正平等的伦理意愿和伦理观念。

　　无论是哪一种社会制度都要将社会的基本价值和生命安全、财产、自
由、机会及稳定与秩序等,作为社会的基础进行某种形式的分配。这种分
配本身就有公正与否的问题,这关系到上述社会制度与体制本身的伦理
评价;但是分配形式一旦确立,就往往以暴力的、机构化的方式来进行维
护,其最终形式便是国家的法律。这样,在一定的社会制度下,所谓"法律
面前人人平等"便是公正观念的又一重要体现。因此,正义观念又是社会
生活中道德领域与法律领域接轨的地带。介于伦理与法律之间的一些行

为,如见义不为,虽然未必可以用法律的形式来惩罚,但是却也牵涉到人们的公正观念,即人们能够用义务观念来要求每个人尽可能地完成的行为。此外,对一些靠近法律但又构不成违法的行为,如一般性的欺骗(尚未构成欺诈)、欺负他人(尚未构成大的伤害)等行为,都是既属于侵犯了公正或正义原则,但又无法予以法律的制裁,就只有通过伦理上的揭露与谴责来实施舆论上的制裁。而新闻伦理文化恰恰在这些方面具有不容轻视的功能。例如对各种街头骗局的报道,对种种违反公共道德行为的曝光,以及对一些丑恶行为的揭露,都是新闻文化运用公正与正义的眼光来审视社会事件而作出的伦理评判。至于对待违反"法律面前人人平等"原则的情况的报道,在新闻文化中更属一个重要部分,代表着新闻的公正的立场和表达公众意愿的性质。例如 1907 年 7 月 15 日秋瑾于绍兴就义,其遇难迅速成为报刊舆论的重要话题。《申报》在强调"今夫法也者,立国唯一之元素也"的前提下,以维护法律尊严为宗旨,声讨地方大员的杀戮罪行,表现同情爱国女杰的立场。特别是《申报》"论说"栏刊出的《论法部严禁省州县官滥用非刑事》,以"而绍兴大通学堂之秋瑾女士,有不得口供而冤杀之事",对浙省官员的违法滥刑行为予以抨击。而晚清诸多报刊对此事的反应,也都始终以法律为武器,据法力争,最终使秋瑾之死不仅成为国民精神世界中的一个重要事件,激发起强烈的伦理激情,而且造成对清廷的压力,使主持其事的恶吏受到惩戒,对具体执行者则构成"良心的拷问",使山阴县令李钟岳愧而自杀。[①] 这就说明,即使在黑暗时代,新闻文化也可以法律为依据,对司法的不公正进行揭露和抗议,从而表达公众的义愤。在现时代,由于社会主义法制建设中还存在着不完善的方面,如"权大于法"、"以言代法"等现象,新闻界也始终予以高度重视,进行深刻的揭露和批判。例如对执法中的"地方保护主义"造成的法律面前的不平等,对一些官员的贪污腐败,对少数公众人物如演艺明星的逃税漏税与藐视法律,对一些普通百姓在与权势者进行法律较量中受到歧视等不公正

---

① 夏晓虹:《晚清人眼中的秋瑾之死》,见陈平原等编:《学人》(第 10 辑),江苏文艺出版社 1996 年版,第 429—469 页。

现象的揭露,都起到了很好的伦理作用,为社会主义法制建设作出了贡献。

　　除了社会制度、社会体系的伦理判断,和法律相接壤的领域的公正外,人们最为重视的是政治权利与社会、经济利益的分配的公正。社会主义制度消灭了阶级压迫,使人民成为国家的主人,在政治生活中享有平等的权利,因此,新闻文化更应对正在发展完善之中的社会主义民主付出更多的关注。例如新闻界对少数官员"买官卖官"等不良风气的报道等,既促进了党政干部选拔任用工作的进一步规范化、制度化,又具有呼吁社会公正的良好作用。而对于在社会和经济利益上分配中存在的不公正现象,如关系到广大消费者利益的对于产品质量的"信息不对称":市场经济发育初期"政企不分"所产生的"权力经济",对经济行为的过度干预给官僚主义者提供了"权力寻租"的机会;"隐性经济":企业改革中造成的"穷庙富方丈"……新闻界都以伦理的公正原则,分析其中所蕴含的不平等,维护广大人民群众的基本权利,促进社会主义市场经济体制的进一步完善。

　　总之,新闻文化中的公正或正义观念的实质是要以平等的眼光去观照人世间所有社会基本价值——自由和机会,收入和财富,自尊的基础的分配情况,暴露和透视不平等的现象,促使社会的公正和正义的实现。

　　2. 仁爱观念

　　"仁爱"首先指的是"亲亲"之爱,即同与自己有血缘关系的人相亲近而达到互相"爱"的状态。"伦理"一词的原义便是指以血缘关系为纽带的亲缘关系网络,"伦理"要求首先也是指家庭、家族、亲友等"亲密关系"中的道德要求。家庭作为社会的细胞,其生存状况对社会机体的正常生存有着重要的作用。中国古人所谓"家齐而后国治,国治而后天下平",便是对家庭建设在整个社会中所起作用的一种强调。而在家庭中,由于父母与子女、兄弟姐妹之间的血缘关系有天然的伦理性质,因此,在中国传统文化中一直强调父慈子孝、夫唱妇随等道德原则。"五四"新文化运动以及社会主义革命对传统伦理观念中基于父母与子女之间不平等的孝亲观念和男女地位不平等的妇女节烈观念给予了沉重的打击。只要翻看《鲁迅全集》中鲁迅先生对当时一些新闻媒体所宣扬的忠孝节烈事迹的剖析和透视,就可以发现新闻文化关于血缘伦常的关系中体现出来的伦理精神应采取什么样的眼光,对社会的公共舆论会产生怎么样的影响。

　　不过,尽管强调亲缘关系网络中成员之间的"仁爱"容易导向封建道德伦理的泥淖,传统的家庭伦理中的一些内容却应当予以创造性地转化。例如子女对父母的孝道,自然应在父母对子女也付出慈爱而非虐待的基础上,强调双方的义务;而夫妻关系则更是应当建立在爱情的基础上。但是,在此基础上仍应强调父母与子女及夫妻之间的双方义务,这种义务,就是源于亲情的"仁爱"的重要内容。中国新闻界对父母与子女间的伦理关系给予了极大的关注,如对父母虐待子女的报道,常常激起很大的社会反响;子女对父母不尽孝道,甚至虐待父母的现象,更是新闻中时常出现的热点题材。在观察与透视这些伦理问题时,新闻工作者的伦理观念和立场常常起着强烈的倾向作用,这就需要从哲学的高度,对自己的观念本身也进行反思,既重视传统伦理观念中"亲亲"原则的正面价值,也要防止将社会转型过程中出现的复杂的伦理问题简单化。例如在夫妻伦理问题上,片面强调女性的贞操节烈而宽容男性;在婚姻破裂中片面强调对子女的责任而忽视成人的情感等。在这方面,新闻界既有以旧的伦理观念审视新的伦理问题的例子,如所谓新"陈世美"的报道;又有以新的伦理观念引导社会舆论的优良传统,远如关于父母干涉子女爱情,近如对"黄昏恋"等现象的报道,都表现出了新的伦理眼光,将传统的基于血缘关系所产生的"仁爱"原则赋予了新的内涵。

　　但是,基于亲缘关系网络所产生的仁爱其特点是亲密性、排他性或局部性的。90年代中期,海外著名华人作家龙应台在大陆报纸上发表的关于中国人之间缺少仁爱的现象的文章,曾引起新闻媒体的广泛讨论。其中,一个核心问题便是中国人由于注重亲缘关系,而只在"圈子中"讲道德,对圈子外的道德问题就往往排在后面了。这确实切中了中国传统文化按照亲缘关系的远近来决定"仁爱"的多少而产生的弊病。虽然指出的现象并不一定具有代表性,但是由此却引发出必须将"仁爱"原则进一步推广,将"圈子中"的"私德"转变为"公德"的问题。在这方面,新闻文化作为一种公共文化,其伦理关怀的广泛确乎应当是"将爱推向每一片绿叶",重视建立一种超出血缘亲际关系的"仁爱"精神。诸如对"地球村"上每个角落中所发生的战乱饥荒的关注,对灾祸的重视,几乎成为世界各国新闻工作者共有的伦理关注点。我国新闻工作者在"希望工程"的建设中所起的作用,如《中国青年报》摄影记者解海龙的新闻摄影作品,以及报刊、电视、广播等新闻媒体的集中报道等,都突出地在新闻文化史上写下了浓墨重彩的一笔;再如对贫困现象、残疾人的关注,等等,同样表现了新闻文化本身的伦理性质和一种博大的"仁爱"精神。显然,这种"仁爱"观念源自于对他人痛苦的同情感受,也就是中国古人所说的"恻隐"之心。新闻文化注重整个人类的痛苦并予以展现和表达,使整个人类都有可能逾越狭小的亲缘关系网络,而投入更为广远也更为深刻的爱,从而也使人类一体的伦理感更为强烈。即使是一些唯利是图的政治家,也不得不在新闻伦理文化的压力下,做一些表示仁爱的官样文章。这也充分证明,新闻文化对人生痛苦的主动帮助所具有的崇高性质。

在新闻文化中更重要的是对社会中的"仁爱"行为的彰扬。龙应台文章中指出的现象其实国内新闻媒体也多有报道,但龙应台没有能够看到中国社会中存在的积极主动地帮助别人的伦理行为。这种行为,既超越了个体亲缘关系网络(常常还需要牺牲亲友的利益),又是并非强制、没有义务和责任的约束,而是出自主体的自觉思考和自我决定。这样的"仁爱"行为,主要是主体认为"应该",出于对人与人关系的深刻的亲近感和对他人痛苦的关切和解救欲望。在社会主义社会中,则具有了一种更为普遍的意义,即对人民的爱。各国新闻界都重视对牺牲自己的利益甚至生命去帮助别人的崇高的"仁爱"精神的报道,如对抢险救灾、慈善行为等的报道;而中国新闻界更注重对体现社会主义道德风尚的人物和行为的报道,著名的如建国初期的雷锋,新时期的孔繁森,都是以舍己为人为主要的伦理特征的。对于收养孤儿、帮助残疾人,以及舍己救人的诸多伦理英雄的行为的报道,又将"仁爱"精神的各种具体表现都给予了充分展示,产生了积极的伦理引导作用。

将"仁爱"原则进一步推广,则除了人与人之间的同类的生命共感而具有的"仁爱"外,还有着"与天地万物为一体"的与自然界的生命共感。马克思曾说自然"是人的无机的身体"①,正说明了自然界与人的密不可分的关系。因此,将"仁爱"推及自然界,就产生出一种生态的伦理,主要调节人与自然的关系,建立一种人与自然之间的和谐。由于自然世界不仅与现世的人有关,而且关系到人作为类的存在乃至所有的生命存在,因此,人如何善待自然环境,善待自然界中其他生命,处理好人的当下的生存发展与人作为类的生存发展的关系,是"仁爱"观念面临的重要课题。当今新闻界对人类的生态环境的关注,对珍稀物种的保护的重视,都应从生态伦理的观念上予以自觉的认识和反思。

3. 自由观念

自由观念主要表现为人的自主性和创造性的人生态度,这不仅意味着人对现实、必然的规律的掌握,而且还要求对现实、必然的超越,使自己进入一种积极、高尚的生命境界和精神境界。马克思把人们完全自觉地创造自觉的历史,实现从必然的王国进入自由王国的飞跃作为理想社会的特征②,也正是着眼于人的自由本质的实现。新闻伦理文化对世界人生的观察和透视也必不可少这种观念。

自主性关系着个体的"德性",即个体按照自己的道德观念和伦理准则进行选择的能力。康德哲学把自主性与意志自律相联系,即自己为自己确立道德法则。人在行为中的"自由意志",自觉决定和选择,正是道德高于认识,"应然"高于"实然"的表现。考察和判断一个人的自主性,正是要看他从限制他的各种客观条件和社会关系中解脱出来,而实行自己的道德理想的能力。在这样的意义上,新闻界颂扬从逆境(恶劣的客观条件)中奋起的有志者,颂扬"第一个吃螃蟹的人",颂扬主动到艰苦环境中作奉献而不顾各种社会关系阻挡的热血青年,原因即在于,这些人具有自己的人生理想和伦理观念,远远地超出了一般世俗伦理观念的限制,而他

---

① (德)马克思:《1844年经济学—哲学手稿》,人民出版社1979年版,第49页。
② 参见(德)恩格斯:《反杜林论》,《马克思恩格斯选集》第三卷,人民出版社1972年版,第323页。

们又勇于坚持自己的信念和理想。这种自主、自律精神，正是自由所具有的崇高力量。而对于那些在现实压力和黑暗势力下，坚持自己的独立思考和独立人格，为信念和理想而英勇不屈的人物的重视，一向是新闻界优良的伦理传统。远如上文所举之秋瑾、近如张志新，以及各种敢于与不良的社会风尚以及社会恶势力斗争的人，都是新闻文化伦理目光所深深关注并倾注着充沛的伦理激情的。

至于芸芸众生，也都是各自具有自我的自主性，只是表现于不同的领域和方面，其伦理意义也千差万别。但任何一个社会，对组成社会的各个个体，都应当给予尊重。特别是公共领域之外的私人领域，往往具有一个不该受公众或别人干涉的思想与行为的领域。这一领域仅只涉及自己一个人，而不涉及其他人及社会，因而应当作为"隐私"而受到社会和他人的尊重。维护和保护这样一种领域和范围，对个人的自由是必要的。新闻工作者不仅在新闻活动中要注意尊重别人的隐私，而且对侵犯隐私的现象还应予以揭露和谴责。例如"文革"后新闻界针对"文革"中肆意侵犯个人隐私、查抄个人日记的行为而提出的"日记何罪"，就是基于对个人的基本自由权力的维护而发出的伦理呼声。这一观念在对父母翻看子女日记、拆阅子女信件等现象的报道和讨论中又得到进一步强化，使保护个人隐私的观念日益深入到各种社会现象的考察之中。

一个人的行为是由他自己决定和选择的，这表现了他的自主性，从而也显示了他的自由；而当他存在着不受别人干涉和妨碍的私人领域时，同样也体现出了他的自由，虽然是"否定的自由"。但是，更重要也更根本的自由是自我发展，选择创造性生活的自由，即"肯定的自由"。因为如果选择消极无力的生活，结果只能是放弃了自由。而只有决定自己的生活道路，从而实现自己的"潜力"，即根据自己拥有的可能条件，塑造出自己的最佳状态，最大限度地为人类创造财富，才是真正实现了自由。无论是西方新闻界，还是中国新闻界，都对那些不懈奋斗，超越自我的局限，实现崇高生活目标的人物大力弘扬。西方如海伦·凯勒，中国如张海迪，他们以残疾人而自强不息，始终坚持自我发展，渴望创造性的生活，并且获得了人生创造的自由。资本主义社会的个人奋斗主要是将自我作目标，社会主义社会中人的自我发展则往往与国家和人民的需要相结合，这就是两种创造、两种自由的根本差异。在这方面，我们的新闻媒体也注重两种观念的不同，而有意识地加以伦理引导。

伦理文化的最终指向是某种人生理想和社会理想。而无论是人生理想还是社会理想，最终都以自由为旨归。如裴多菲诗所写："生命诚可贵，爱情价更高。若为自由故，二者皆可抛。"将自由的价值置于一切之上。而马克思关于共产主义社会应当是"自由人"联合体的思想，则将自由的真正实现与社会理想密切相连起来。新闻伦理文化也必须重视这一问题，关注人生的最终目的和意义的实现，并由此指向对社会的理想与祈望。以这样的眼光来烛照现实事物和生活世界，对观照对象的人生态度、生命理想及信念体系进行审视考察，在人与世界现实性的关系中考察主体的自由意志的追求，改造世界的努力，和把自己的人生理想与全人类的社会理想相结合的能力。只有这样，才能够看清特定个体对自我生命的优化和个人自我完善的程度，从而作出正确的伦理判断和伦理导向。新闻文化中对一些"求道者"以及"殉道者"的报道，无疑是触及了伦理文化的最高层面，即终极关切的层面。"终极关切"的概念，由美国哲学家保罗·蒂里希提出，指的是人无条件地关注着的东西，是人的全部文化和精神生活的深度方面，指向的是维系人的存在并赋予人生以意义的东西。审视人的伦理性，重要的正在于看他是否有能力超越直接的和初级的利益，而追求维护自己的生存并赋予自己的生存以意义的东西。从终极关切的层面观察人生理想与社会理想，就能够真正弄清特定个体的自我完善程度及实现自由的程度。新闻文化深入到这一层次的报道，如中央电视台《东方时空·东方之子》节目中的有关内容的展示，就能够对人们改造和创造新的世界和个体自我的自由提供积极的文化指向和伦理目标。

二、向"善"之德

新闻文化中的伦理观念最终形成为新闻工作者观察世界事物、选择事实和表述事实的眼光和眼界，表现为一种从伦理方面来观察世界的"视力"。这种伦理"视力"的主要特征在于能够把他人作为人来认识的能力，重视他人就像重视自己一样，并对他人的利益、痛苦和自由具有精神上的关切和同情；也就是说，不是把他人当作物来对待，而是当成与自己具有同等重要、同样人格的人来予以体察和关注，从而产生出一种"道德洞察力"。这种伦理的眼光和伦理的洞察力在新闻文化中如何发挥作用，并最终使新闻文化实现求"善"的意向的呢？我们认为，主要有以下几个方式：

1. 通过对"善"的行为的报道为全社会确立伦理价值原则，使全社会形成良好的伦理氛围，促使人们培养自己的道德品质

也就是说，通过对怎么"做"的展示，使人们知道道德品质"是"什么，以及如何培养"善"的品质或品格，以弘扬"德行"来培育"德性"。对于新闻工作者来说，某一事件中人的行为是否具有伦理的性质，是否表现了"善"的价值，是可以根据其行为产生的结果，以及所遵从的原则来进行推断的。但是，对于行为的动机、目的及意向却难以作出确切的把握，并判断其意愿是否善良。在新闻文化中常常出现这类现象，某些经由新闻媒体宣扬做了善行善事的人，以后的事实却证明并非出于善良的动机，如西方犯罪分子利用慈善事业"洗钱"的行为。中国新闻媒体中也曾出现原先表现出良好的伦理行为者之后却暴露出他并非伦理品质高尚，而只是为了某种个人的目的。这类现象从反面证明，一定的伦理行为只是体现出了应当怎么"做"的原则，却并不等于或并不总是等于行为主体"是"具有怎样的道德品质或品格。

正因为这样，一些伦理学家只承认一种德性伦理学，即认为道德是内在的，一切行为都只能从发生行为的那些动机来进行判断，只有出于善良的动机的行为才是值得赞美的。因此，德性伦理学重点落在我们应该"是"什么上，认为道德律只能以"是什么"而不能以"做什么"的形式表现出来。这种注重人的内在道德品性修养的理论当然有其深刻性，可是如果美德没有发展为与其原则相应的行为，就很难理解为什么根据这些原则而产生的所有行为动机都必然属于一定的种类，或者是审慎的，或者是利他的冲动。而且，无论愿望和自我意识是怎样的，只要行为具有了伦理

性质,就表明行为主体知道遵从于某种伦理准则和道德规范,因此也就并非对其中体现的伦理精神一无所知或一无所感,而可以认为体现了某种德性。另一方面,如果不是作为在某种情况下以某种方式去行动的习惯和趋向,那么一些人就不可能具有某种品质,也就是说,"是"什么也必须经由"做"什么来最终实现的。① 相反,那种只强调动机与目的的伦理观念,容易产生所谓"意图伦理",即只强调善良动机,用动机来判断效果,最终可以将非伦理的、甚至是造成恶果的行为都用善良意图来为之辩护,从而使德性伦理成为某种不负责任的非伦理行为的避风港。这在新闻文化中也不乏实例,如将因工作失误而造成的国家和人民的生命财产损失说成是"交学费",就是用"善良动机"——似乎本来是要"学"做好事而造成的恶果——来为恶劣行为作辩护的突出例证。

因此,在新闻文化中,伦理观念的实现主要是靠对伦理行为的宣扬,通过伦理行为的宣扬昭示出某种道德原则。也就是说,从伦理主体的"做什么"中,显示出"为什么"应当做这样的事情的原则和责任。例如对普通劳动者收养弃儿的报道,对"希望工程"捐助贫困地区儿童的报道,对养残助残的报道,等等,都显示了对他人的痛苦与困难不应漠视,而应给予关爱的伦理原则。对于受众,虽然不一定或不可能立刻去实施同样的行为,但却由此而明了一种"仁爱"的伦理原则,在自己的内心中培养同样的品质或品格,使自己成为具有某种美德或德性的伦理主体,进而在全社会形成良好的道德氛围。也就是说,通过对一些道德行为的宣扬,使全社会都来赞同这些行为中所显示出来的道德原则或准则,就能够把这些原则化为自己的德性,得知应该鼓励和培养什么样的品质或品性了。

因此,在新闻文化中可以使两个方面的伦理,即责任与原则伦理和德性伦理之间取得一种良性的互补关系。对每一种伦理行为来说,都体现了一种伦理原则或道德责任,而这种原则又必然对应一种善的品质。新闻文化正是以"行为—原则—品性"之间的关系来发展每个人和全社会的德性的。而对于每种善的品质,也都必然体现为行为的原则,即在某种情

---

① 参见(美)弗克兰纳:《伦理学》,关键译,三联书店 1987 年,第 153 页。

况下应该怎样做的原则,如孟子所言之"恻隐之心"就体现在"乍见孺子将入于井"必援之于手,即一个人看见匍匐将入井的无知孩子时,产生的揪心的痛苦所蕴含的"仁爱"之心,必须体现为伸手把孩子从井边拉开的伦理行为。否则,光是宣扬自己如何"恻隐"、"仁慈"而不加援手,则不仅伪善而且对其是否具有德性本身也令人难以置信了。新闻文化通过将原则与责任伦理转化为全社会的德性修养与道德氛围,使这种德性从"是"到"做"必然产生出新的伦理效应,从而形成一种良性的循环机制,促进着全社会道德水准的提高。正如康德所说,没有品质的原则是软弱的,没有原则的品质是盲从的。新闻文化从伦理行为的原则中发展出德性的蕴含,使人产生德性的向往和修养,同时,又使具有伦理品质的人知道应当做什么与怎么做,如对有爱心的人,告知可以参加哪些救助行动与慈爱行为,则可以将潜在的可能性变成为道德的现实性。因此,新闻伦理文化的最终效能就是,不仅促使人们去做自己能做的"善"事,在任何情况下都按伦理原则做"应该"做的事,而且还告诉人们应当成为("是")怎样的人,也就是具有较为明确的道德理想。而道德理想正是以"是"的方式存在,而不是以"做"的形式出现的;具有一种道德理想,就是希望成为一种特定类型的人,具有特定的品质。正是在培养人的道德理想和全社会的道德理想方面,新闻伦理文化发挥着独特而极其重要的作用。

　　新闻伦理文化也能够把德性伦理与原则伦理在伦理理想的层面上结合起来。"做"好事的行为后面固然可以隐藏着不好的动机,但只要一个人的行为履行了道德的责任和原则,这种行为的正当性和道德价值本身却不会有什么不同。特别是对新闻受众来说,一个人的行为之"善"是可以激发德性修养的,具有新闻传播的价值和良好的效应。而行为主体德性的不足及缺陷也往往是以不好的行为及恶劣的后果表现出来的。但是,能够具有道德意义上的善和美德,具有崇高的道德理想并努力实施,这就超越了一般的责任与原则伦理而具有更高的意义。中国新闻界对具有崇高道德理想的伦理典范和英雄人物,如雷锋、焦裕禄、孔繁森等人的大力报道和宣扬,就体现了人们对理想与现实、品质和责任、意愿和行为完美统一的伦理期望,从而也就更能够促使人们将"是"与"做"结合起来,成就良好的伦理人格和社会道德氛围。

2. 面对现实世界的伦理矛盾和伦理冲突,确立真正具有价值的伦理规范和准则,解决人们所遇到的伦理困境

随着时代的发展,人的生存条件和生存境遇的改变,面临的伦理问题也会不断发生改变。换句话说,事实领域的变化,必然导致人对"应该"的领域,即"我们应该做什么"的看法发生改变。这样,旧有的伦理原则和新生的伦理精神之间就必然产生矛盾和冲突,使社会公众感到"无所适从",甚至会产生道德上的"失范"现象。如1995年前后新闻媒体及理论界对"道德滑坡"现象的报道与研究。这种讨论几乎在各个社会变革和变动时期都会产生,有人惊叹"人心不古"、道德沦丧,有人欢呼旧道德被摧毁、新道德产生;而整个社会却缺乏一个可以为公众广泛认同的、具有约束力和感召力的道德规范体系。在这种情况下,新闻界就必须根据变化了的社会现实,对公众所困惑的伦理问题进行揭示,及时抓住新出现的伦理现象,进行解释性报道和评判,疏导社会的情绪郁结和内在矛盾,确立可取的伦理规范。例如"五四"时期新闻界对婚姻自主与对父母尽孝道的伦理矛盾,妇女节烈问题等现象的报道和剖析;新时期新闻界关于"人生的路为什么越走越窄"的讨论,"陈世美"的讨论,"谁是第三者"的讨论,"安乐死"的讨论,直至"克隆"技术"克隆"人的伦理问题讨论(国际性的),"扶不起的老人"讨论、"孩子被拐父母与收养孩子父母责任关系"讨论、"富二代""官二代"的讨论……都显示了新闻界对新出现的伦理问题的敏感和关注,以及对公众的伦理疏导的责任感。

伦理矛盾和冲突,以及伦理困境,实质上都可以归结为道德义务冲突,就是说,在同一种情况下,不同的道德原则将引出不同的行为,而这就需要决定哪条原则的地位更高。孟子所谓鱼与熊掌的选择,在道德问题中十分突出;但不同的道德价值之间,对于人并非仅仅如鱼与熊掌区别那么简单,即如"舍生取义"如果对"义"进行具体分析,那么在对待自己生命的价值与"义"之价值之间,并非任何人都可以轻松地作出抉择。而旧有的道德规范与现下的道德准则发生冲突之时,何去何从,往往也并不能简单地以"新"、"旧"作取舍。这就需要对道德义务冲突作具体的分析,重新

估量和确立适应现实世界状态的伦理规范。新闻伦理文化应当指导社会公众针对不同的情况，决定采取什么行为和判定行为是否正当；而这主要又是通过对新闻观照的事件中人的行为正当与否作出判断来达到目的的。新闻文化中长期以来对战争、惩罚、暴力、色情、亲情关系等问题的讨论，正是通过具体的事实、具体的情境而作出的。一旦人们对以流行的道德准则作为行为准绳的情况不再满意时，就表明社会中出现了伦理的困惑，而其中最根本的原因，就在于不同道德准则之间产生了冲突，此时就需要新闻作出揭示和引导，要求提出新的伦理规范和道德原则。

　　那么，新闻文化如何为社会构建和确立正确的道德准则和伦理规范呢？不同的社会制度、不同的文化传统作出的回答是不同的。但是回答的方式主要有两种，一个是目的论的，强调判断道德原则的标准应当从按照这样的道德准则去行动产生的结果来进行选择，认为一个行为是应当做的，当且仅当它或它的指导准则能够促成或趋向于促进的善最大限度地超过恶；一个是义务论的，主张依据行为主体所处的情况来确定指导行为的道德准则。这两种理论本身又将牵涉到更为深层的问题——如何为"善"等，但是对新闻文化进行道德选择和伦理构建中却又都富于启发性。例如社会主义制度下，强调的"善"是大多数人的幸福，要求个人利益服从集体、国家的利益，这样，对一些行为的道德准则的判断便可以由目的论决出。而在不同的具体情况下，什么样的道德准则是正确的，又需要依据具体情况作出。行为是否正当或是否尽义务的判断，又要求新闻伦理文化深入事情本身之中，具体问题具体分析，作出正确的伦理选择。因此，两个理论从不同的方向上为新闻文化的伦理建构提出了参照系。

　　在建构和确立伦理规范系统，为全社会提供"善"的价值标准时，新闻文化主要是采取三种方式。一是导向性方式，即通过"善善恶恶"来形成某种伦理导向。这种对伦理行为、高尚德性的公布张扬，既增强了行"善"者的伦理自信和自豪，又为全社会树立了价值规范，引发整个社会的仿效和回应，促进社会伦理风尚的形成和道德水准的提高。而"恶恶"则是通常所说的"揭露"、"曝光"，通过把丑恶事实在公众面前暴露以形成舆论力量，既对当事者也对有"恶"念者产生伦理谴责和压力；同时，又向公众显示了评判"恶"行的伦理准则,强化了公众的伦理意识。二是疏导性方式。通过将出现的伦理矛盾和冲突加以展示,使受众从中自行加以抉择。这就要求新闻本身不能急于作出判断,而是将自己的倾向包含在对事实的选择和安排之中,用事实本身说明伦理准则的价值。这就要求重视现实中产生的伦理矛盾的萌芽和倾向,及时疏理和沟通人与人之间产生的情感和伦理冲突,从而促进社会的稳定与发展。三是辩论性的方式。通过不同伦理观念的撞击和结合,产生为公众广泛接受的伦理原则。新闻文化中的讨论辩驳必须抓住最新的伦理现象和公众最关心的伦理问题进行,如关于"克隆人"是否道德的讨论,关于精神残疾的讨论,等等,都是新闻界抓住公众关心的伦理新问题,及时组织不同观念的讨论,以使矛盾充分暴露的方式引出某种新的伦理规范。

3. 新闻文化还通过对错综复杂的社会生活中出现的伦理问题划分类型,确定特定伦理准则的适用范围和条件,排列出不同伦理原则之间的价值次序和层级,建构伦理规范系统

在特定境遇之中,主体的行为应遵循的道德原则之间发生矛盾和冲突时,需要新闻文化为公众现实生活中遇到或可能遇到的同类情形提供选择与引导,乃至确立最高道德理想。例如,自身家境困窘、孩子饥寒的人面对处于饥寒之中的弃儿,帮助弃儿则自己孩子受到饥寒,反之亦然,应如何选择? 把应给自己孩子的衣食给予弃儿,就进入较高的道德境界;而收养弃儿并为之付出极其艰辛的劳作,则近乎道德理想境界了。如此,在同样的境遇和情况中,新闻文化可以为公众提供道德原则和品性的价值次序系统。但是,在大多数情况下,人们并不面对不同的道德义务之间强烈冲突的情况,却面对着各不相同的情况和境遇。新闻文化所反映的,也正是处于错综复杂的社会生活领域和情况之中的伦理现象,在这些不同的情况和条件中,并不适用相同的伦理原则与规范,新闻文化如何追求社会生活各个方面的向"善"发展呢?

首先是要为每一个作为社会的合格成员所必须承担的义务划出伦理

"底线"①。正如何怀宏所引雨果在《悲惨世界》中的话所言："做一个圣人，那是特殊情形；做一个正直的人，那却是为人的常轨。"所谓伦理"底线"，正是指做人应遵循的"常轨"。新闻界曾对"见死不救"（许多人有能力救并且不牺牲自己的利益即可施救）的行为和现象进行了大量的报道，那正是对一些社会成员落入伦理"底线"之下而发出的谴责与痛心的呼声。对于许多应当遵循的社会公德的强调，都是为"有所为"（应为），"有所不为"（不可为）划定道德的基准线。对这些社会成员必须共同遵循，否则社会就可能崩溃的基本行为准则和道德规范的宣传报道，世界各国新闻界都集中了极大的关注，而我国在社会转型的过程中发生的一些丧失道德底线、人性冷漠的现象，更引起了新闻界的重视。这也充分说明了底线确立的必要性和重要性。

确立了伦理底线之后，还需要为社会的伦理生活建构价值层级和次序系统。一个社会应当有不同层次、不同强度的调节系统，伦理规范系统作为社会在法律范围内的"软"性调节系统，同样也应当由不同层级、不同价值的按次序的规范构成体系。新闻文化包罗万象、涵盖广泛的特点，更使它必须为不同道德现象中所蕴含的道德原则排等列次，分门别类，对于列为底线和基础的道德进行舆论的强制，而对于高层的道德则加以倡导和弘扬，使全社会达成对公共道德和基本道德的共识，并产生积极向上的伦理进取精神。由于世界事物的变动性和复杂性，以及新闻文化本身的纷繁多样，这种伦理系统的建构只能是"正在进行时"，处于一种寻求和形成的过程之中，因而只能是"大体则有，定体则无"的体系。虽然如此，却不可没有从某种角度与方向上透视丰富的道德现象中的价值层级与次序的眼光。对于个体行为的道德审视，既要从他履行基本的道德义务，遵守公共社会达成共识的道德准则的情况，评判其达到的基本道德水准，更要从他与其他人关系中观照其对待他人利益与自己利益的态度，以及主动助人的精神；而那种将自己的利益置之度外，舍己助人乃至献出生命救助他人的，则应置于更高的道德层级。从个体的人生目标的设定以及追求

① 何怀宏：《一种普遍主义的底线伦理学》，《读书》1997年第4期。

目标的努力中，又可以对他的德性品格进行划分。而从人与人关系的整体中考察道德领域中对社会的调节体系，则又可以从较为基本的公正原则对社会成员的要求，及对社会价值与利益得失的分配这一层次上，观照社会机制的正义，以及社会成员的"公道正派"属性；从亲缘关系网络中考察家庭亲情、友情等人伦关系的亲密性和恩爱仁义性；从社会中人与人之间的相互关心、帮助中考察"仁爱"原则，以及其最高发展形式的"普爱"精神。这种社会道德的层级划分与建立，有助于新闻文化自低而高地发展"善"的价值，并通过对具体事实的评价显现出一种较为合理的道德体系，从而对全社会起到引导和规范的作用。

综上所述，新闻文化探求、建构"善"的方式，是既重视从具体的行为（"做"）中观察道德原则，发展全社会的德性（"是"），又注意发现和解决社会中出现的伦理矛盾和冲突，引导公众走出伦理困境，最终在总体上为社会建构与确立较为适时合理的、价值层级较为分明的伦理调节体系，促进社会的全面向"善"。

三、伦理迷径

新闻文化面对着纷繁复杂的伦理现象，需要及时作出伦理评判，但在考察道德行为、进行价值引导时，往往由于价值观念的迷失而误入迷径。常常表现为以下几种现象：

1. 混淆道德品质与道德原则，在"做事"与"做人"的关系上作简单判断

一方面，是从"做"什么事上简单地认定行为主体"是"什么人，把做事中行为主体所遵循的道德原则认定为行为主体的道德品质。在这个问题上，新闻界曾有过许多值得反思的教训，例如曾被吹上天的所谓模范人物突然之间如流星坠地。这种好坏之间、善恶之间的巨大反差常常会让新闻人无法自圆其说，却又感到十分委屈——因为所写的事也都是事实嘛。看来，问题就出在将做好事与是好人之间简单地画等号，将行为主体表现出来的道德原则统统当作道德品质了。殊不知，同样的行为，却可能出自于迥然不同的动机、目的和意向，善良行为背后并不一定就是善良意志。

那么,善良行为难道不值得报道、宣传吗?"试玉要烧三日满,辨材须待七年期",新闻报道又如何可能呢? 更何况,"向使当初身便死,一生真伪复谁知?"我们认为,即使隐藏着恶劣的动机,善良行为仍是善良行为,不能以后来的恶劣行为来否定以前的善良行为;但是,新闻工作者却应当谨慎地防止在"善行"与"善人"之间简单地画等号,对其德性作夸大的宣扬,而应就事论事,就事论人(事中体现了人遵循的道德原则),切不可随意拔高,简单下断语,否则,就难以经得起历史的考验。另一种相反的倾向则是以人论事,从行为主体的动机、目的和意向来为不道德的行为辩护,造成一种"意图伦理"。这两个方面又往往有着密切的联系。其推断的逻辑常常表现为:某人曾做过哪些好事,因此,他在那些方面必具有良好的德性;如今这件事虽然做得不好,但其动机、意图是好的,所以不能"求全责备"。这种错误在以往的一些新闻报道中曾一度十分突出,可用"好心办坏事"来概括其中心思想。但是,动机、意图是难以观察与实证的,当事人的往日表现与事后宣言并不足以证明其在"这一件"事上行为的意图和动机;更何况,在"坏事"中必然包含了当事人在道德上的某些缺陷和错误,即使有善良动机其背后也往往伴随着不善良动机呢? 因此,必须从两个方向上都防止新闻文化在观察、选择、安排及评价伦理事实时,把行为与动机、做事与做人、原则与品质简单等同的倾向与做法,力求作出符合真情实况,实事求是的伦理观照和伦理评判。

2. 错置道德层级产生价值迷误,或将道德底线提高,或将道德底线降低,在高层道德与低层道德之间产生错位

可以说,道德如灯,太暗则令人难以摸清道路,造成社会混乱,太亮则令人无所隐蔽,易于刺伤眼睛,造成伪装和表演,反而向往"墨镜"。同样的道理,在新闻文化中用"高层"道德来代替"低层"道德,把道德底线升高,并不能产生好的效果,相反,却很难将其实施于现实生活,成为人们基本的行为准则。例如"文革"中,新闻界往往将各种普通人的道德原则和道德品质随意拔高,造成全社会道德水准很高的假象,并将高层的道德原则提出作为整个社会的基本道德要求,使人们在日常生活和日常行为中都竭力表现自己的道德品性。结果,却是使表现变为表演,德性变为伪

善，甚至有"以理杀人"的倾向，漠视人的正当的感性欲求和精神需要，反而使全社会的道德水准下降，并带来沉重的社会恶果。

相反的情况是降低道德的底线，使整个社会的伦理调节系统遭到破坏而失灵。西方新闻界在进行报道时，往往出于商业的需要而将各种行为都不加伦理评判地展示，甚至对许多不道德的行为也给予正面的伦理评价，结果造成人欲横流、物欲至上的社会局面。在社会转型期的中国，一些新闻媒介也有类似的苗头，如认为繁荣必须"娼盛"，"能人"不必有"德"，将领导干部不受贿、不讲排场等只处于底线的伦理作为高层伦理来弘扬等，都曾造成较坏的社会影响。因此，对伦理生活的底线，新闻文化必须有较为合理的定位，以维持社会的基本秩序和平安稳定。

道德层级的错置还表现在其他层级的高层道德"下沉"和低层道德"上浮"现象。例如在家庭伦理生活中的"仁爱"原则，就无法推及至公共生活中；因而，要求整个社会成为一个"大家庭"，固然有着一种比喻性的意义和伦理目标的意义，但是却不能够在现实生活中真正具体地推行这样的要求，更遑论将"普爱"与救世的道德要求于每一个普通人了。而对于特定领域、特定岗位的"职业道德"的要求，也不能够用其他岗位的道德原则来代替。如医生的"救死扶伤"，领导干部的"勤政为民"，执法者的"公正"，教师的"诲人不倦"，等等，分别处于不同的道德层级及道德领域之中，虽然对于特定的领域是必然的、基本的要求，但对于另外的领域却可能成为过高或过低的要求。因此，也不能相互错位，作出错误的类比与张扬。例如一些新闻作品中，将同一家庭中从事不同职业者之间作出伦理上的比照，以别的职业来映衬某一职业的道德的崇高性；而若将同类新闻作品放在一起，则显示出相当荒谬的结果。此外，将已"下沉"为基准要求的道德原则作为某种道德理想来进行宣扬，也会产生不好的效果。

因此，新闻文化必须有较强的价值区分意识，对不同层级构成的伦理系统有较为明确的认识，将属于特定层面和领域的道德要求各归其位，使"属于上帝的归于上帝，属于泥土的归于泥土"，才能够为社会提供正确的伦理指向，确立合理的伦理规范系统，对社会起到良好的调节作用。

3. 颠倒道德与人的关系，将道德神圣化和绝对化

人类之所以需要道德，归根结底是为了使人的生存向着"优化"的方向上发展。如果社会缺乏道德秩序，生活在群体中的人们就不能取得一种令人满意的人类生存条件。结果或者靠法律来干涉生活的各个方面，个人完全没有自主与自由；或者陷于野蛮与混乱之中。但是，道德是由人构建的，是用来帮助人们的生活的，而不能破坏人们的生活。"道德为人而设，不是人为了道德"①而生，"人能弘道，非道弘人"②。而人所创设的道德却常常被神圣化和绝对化，使特定时代的道德原则成为永恒的准则和规范。新闻文化始终面临着各种新的现实，需要从中发展出新的道德。而一些新闻工作者却将自己习得的一些伦理原则与规范神圣化与绝对化，以自己认为是"天经地义"的伦理原则来观照一切伦理现象，从而得出错误的结论。例如鲁迅先生在杂文中，就对当时的一些记者用旧的伦理观念反映和表述新闻事件的做法，给予了尖锐的批评。

即使是新的、先进的伦理观念，也应当根据特定情况和境遇进行分析。例如 80 年代末期，有人在报上曾根据新道德关于婚姻自主的要求，对鲁迅先生与原配夫人朱安的关系加以指责，却不能够联系鲁迅先生所处的特定时代和特定境遇来作具体分析。殊不知，在当时的特定条件下，鲁迅先生离弃朱安较之一直供养朱安，需要更大的道德勇气和道德承当。这就是把自己以为是"新"的、"先进的"伦理观念和原则抽象化和教条化，并赋予神圣性和绝对性的结果。而新闻界在当前关于科技问题产生的负面效应的报道和讨论中，一些新闻工作者又有不顾中国科技意识和科技水平尚不发达，在总体上仍处于落后状态的事实，奢谈"天人合一"，主张限制科技发展，也犯了将国外某些"先进的"伦理原则抽象化的错误。在新闻工作中最为重要的是注重实例，努力从特定的事实中作出合理的伦理与评判。也就是说，要从事实出发而不是从观念出发，以人为中心而不是以原则为中心，才能够正确地发挥新闻文化的伦理疏导和指向作用，合

---

① （美）弗兰克纳：《伦理学》，关键译，三联书店 1987 年版，第 243 页。
② 杨伯峻：《论语译注·卫灵公篇第十五》，中华书局 1958 年版，第 175 页。

理地发挥道德的功能。

　　当然,这也并不意味着可以根据特定境遇而随意解释伦理原则,而应当坚持最为根本的伦理价值,也就是在无论什么情况下,都要体现出向"善"的追求,体现出对于他人关系与行为的相互关爱。因而,新闻伦理文化的核心内容就在于紧扣当前现实,从"事情"本身出发去观察与分析伦理现象,叙述伦理事件,寻求解决伦理问题的途径。这样,才能够既坚持高尚的道德理想和社会理想的价值指向作用,又注重现实世界的规定性,将现实性与可能性、"实然"与"应然"较好地结合起来,为社会公众提供合理的伦理规范和价值系统。

第四章　新闻审美文化

任何一个事物,如果用不同的眼光来观看会得到不同的结果。所谓"仁者见仁,智者见智",正是指从伦理("仁")的眼光与从认知("智")的眼光来观察同一事物得到的不同结果。例如同样面对老人的白发,用认知("智")的眼光可以"看"到生命规律的不可抗拒,而用伦理("仁")的眼光则能够看到"老吾老以及人之老"的必要性;诗人则从"高堂明镜悲白发,朝如青丝暮成雪"中引发出茫茫的浩叹。对于同样的新闻事实,观照的目光不同,得到的结果也不会相同。那么,"新闻眼"也能够有审美的"眼睛"吗? 如果有,这一"眼中之眼"又有什么特点呢?

由于长期以来"美"常常被认为是虚幻的、飘忽而神秘的东西,与新闻的真实性追求格格不入,所以新闻中的审美文化现象往往受到漠视甚至否定,认为新闻中不应有审美的眼睛、审美的发现与创造。这自有其历史的原因,如新闻中出现的一些审美现象曾导致新闻属性被破坏等。但是却不可因此而否认新闻文化中的审美现象。事实上,新闻文化不仅要对大量的审美创造成果进行报道,如文艺动态等,从而必须具备审美能力和审美价值评判能力;而且对自然与社会生活中存在的美的发现,也是新闻文化的重要内容,例如对自然景观,一些名胜就是由于新闻媒介的发现与传播而"成名"的。更为重要的是"新闻眼"中不仅应当具备审美之眼,而且还要有一定的审美创造能力。许多新闻记者同时又是著名作家,如海明威;许多摄影记者则又具有很高的艺术摄影水平,使新闻摄影在一些时候与艺术摄影成为一而二、二而一的东西。这又说明新闻文化中的审美创造潜能与成果都不可轻视。"美"作为一个"大观念",在"新闻眼"中应当确立其重要的地位,给予必要的重视。

审美作为人们认识和把握世界的一种重要方式,往往既注重对现实世界中美的事物进行发现和创造,而且还常常以想象、虚构的方式创造另一种世界。这对扩展人的精神世界和创造能力无疑具有重要的作用。但是,在新闻文化中,由于对真实性的要求是与客观事物之真实符合,因而作为审美文化重要内容的虚构性就被逐出新闻审美文化的领域,所以诸凡夸张、变形、幻想等,在新闻文化中少有立足之地。因此,新闻审美文化是对现实存在的事物进行美的发现和表现而形成的独特形态的审美文化。例如对芭蕾舞《天鹅湖》演出的报道,对演员的表演、舞台的总体艺术质量及音乐等进行审美评价,新闻文化本身却不容许进行艺术虚构,或将虚构作为"真实"来表现。当然,新闻媒体如电视、广播,可以对艺术活动直接进行展示,如播出《天鹅湖》全剧,但此时,媒介已成为一种艺术媒介,本身就是审美文化了。所以,新闻文化是以一种现实的、清醒的"眼光"来报道虚构的、激情的审美现象的,虽然在报道中必须进入审美过程,进行审美体验和判断,作出审美评价,但报道结果却必须从审美体验中超脱出来,给予"真实的"、"恰当的"反映与评判。这又说明了新闻文化中审美现象的复杂性。

不仅一切艺术作品、文艺活动是现实存在的,是"美"的,新闻文化必须注视并予以报道,而且在现实世界中本身也存在着"原生态"的美。新闻媒介已能够用音声与色彩直接面对现实世界,因此不仅能够直接传播业已成为艺术作品的音乐、绘画及戏剧、文学等审美文化产品,而且也具备了直接反映现实世界中美的事物的能力。这就要求新闻工作者具有审美感知能力和审美表达能力,如镜头的运用,音声的组织等,对于文字媒介,则要求具有语言艺术能力。另一方面,新闻文化中一些内容与形式相对独立的方面,如版面的安排,节目的编排等,也都要求具有相应的审美创造能力。也就是说,在新闻文化中,既要具有能够从现实世界中"看"到美、"盯住"美的能力,而且还要求能够把发现的美表现出来,具有相应的审美表达本领。这种审美的发现与表现,由于新闻文化特有的时间限制,而提出了特别的要求,同时,也使新闻中的审美文化作品具备了特有的审美价值和审美属性。

由于新闻文化是一种传播文化，因而新闻审美文化作品产生的效应也更为广泛。不仅许多文艺作品通过新闻媒介直接传播而扩大效应，或通过新闻媒介的报道产生巨大的间接效应，而且具有审美特性的新闻作品本身，对于人们的审美需求和审美趣味、审美能力等都产生着极大影响。同时，也能够影响到其他审美领域中的创造活动，使新闻文化中审美的"眼睛"，又成为审美文化中的一只重要的"眼睛"，为人们的审美活动提供了广阔的空间与资源。

所以，无论是从审美发现、审美评判及审美创造诸方面，还是从审美效应上，新闻文化中审美的"眼睛"都具有鲜明的特征，表现出独特的内在规定性和突出品格。研究新闻文化中审美的"眼睛"，同样必须从支配"眼睛"的"目光"与"眼界"，及指向"眼睛"的"观念"入手，从"观"之所"念"到"念"之所"观"，又过渡到对新闻文化中"真"、"善"、"美"三大观念之间的关系作一分析。

一、审美"眼光"

"美"的观念，实质上是关于"美"的"看法"，即怎样"看"才能"看"到"美"，及什么东西是"美"的这一总体的感知结构与框架。新闻文化中"美"的观念，是指新闻文化对于世界事物的审美"眼睛"所"注视"和观照的指向与方面，以及"眼光"的性质。审美活动作为人类精神的一个重要维度，是人对自己的生存局限与生存惯性的超越与突破，是人对世界万物的一种精神性的体悟与理解。新闻文化中之所以离不开审美这一重要"眼睛"，正因为在审美中体现了人之为人的重要特性，而新闻文化作为人类与世界事物发生关系的一种形式，也必然体现出人的本质需求和本质力量。所以，分析新闻文化的审美观念，实际上就是要从新闻这一独特的人类活动中发现人审美地观照世界事物的独特"眼光"和"看法"。

我们认为，新闻文化中"美"的观念主要表现为以下三种：

1. 感性观念

这是指新闻文化在审美地观照世界事物时，首先是从事物的感性方面来进行,并始终注重把握与呈现事物的感性特征。"美学"在西方本来就是指感性之学,研究人的感性经验如何获得一定的秩序和规律,并使人从中体验到某种意义和愉悦感。所谓感性,就主体方面来说,是指人的感觉器官,如眼、耳、鼻、舌、身等的视、听、嗅、味、触等组成的人的感觉能力和感觉经验。对于客体来说,则是指事物直接作用于人的感觉器官的方面,如形、色、声、香、软、硬等特征,为人的感官所觉察,并通过感官反映出来。对于世界事物的审美,首先就表现为对感性的方面的呈现。黑格尔定义"美就是理念的感性显现"①,桑塔耶那说:"如果雅典娜的神殿巴特农不是大理石筑成,王冠不是黄金制造,星星不发光,大海无声息,那还有什么美呢?"②都说明只有从感性方面接近事物,"以全部感觉在对象世界中肯定自己"③,才能够感受到世界事物缤纷万象、声色迷离之美,才能够进入一种审美的状态。

在新闻文化中,所谓"视觉新闻",实质上是要求对事物作出感性观照和感性表达的一种提法,并非仅限于视觉,而是包含了对事物的包括视觉因素在内的可闻、可见、可触、可感的一切感性方面的重视和表现。这种对感性的重视,就能够使新闻文化走入审美的境域。例如英国《卫报》1985年3月3日讯《人口爆炸中的上海》:"早晨6时半,交通高峰时刻。在争先恐后涌上黄浦江渡轮时,数十人被挤倒、践踏,甩在后面。超载得十分危险的渡轮吱吱呀呀地离开码头,当他们抵达彼岸时,又开始等候,这一回是等公共汽车。等他们拼命挤进只有立足之地的人群时,车子已经开动,车门不住地向吊在外面的胳膊和腿猛撞。"这里记者用自己的感性体验对事物的感性方面进行了较为全面的体验,渡轮的吱吱呀呀、吊在车外的胳膊和腿,都把景象的感性内容作了颇为突出的表现,从而起到了一种审美的效果。又如新华社著名军事记者阎吾被人们称为"情景记者",也是指他善于从事物的感性方面来观察、体验和写作新闻。他在《百万大军横渡长江情景》一文中,写道:"(1949年4月)21日黄昏,江北某地

①　(德)黑格尔:《美学》(第一卷),朱光潜译,商务印书馆1984年版,第142页。

②　乔治·桑塔耶那《美感》,中国社会科学出版社1982年版,第52页

③　(德)马克思:《1844年经济学—哲学手稿》,人民出版社1979年版,第79页。

解放军阵地上空，突然升起银光四射的发光弹，顷刻，整个北岸阵地发出了震天动地的雷鸣，从解放军的炮兵阵地上，无数道火线飞向南岸，接着整个南岸国民党匪军的阵地就完全陷于一片火海中。炽烈的炮火映红了江面和天空……"这里，记者同样调动了自己的全部感觉器官，对事物的色、声、光及温度等都作了多方面的感受与体验，并将其较为完整地表现在作品中，从而再现了当时当地的"情景"，给人以丰富的感性冲击。

至于电视、广播及新闻摄影等，更需要直接对事物的感性方面进行呈现，从而显现出某种审美的特征。但是，无论是电视、广播还是摄影报道，虽然从事物的感性方面进行观察和表现，为什么又并非总是具有审美的特征呢？文字新闻也是如此，有时虽然触及事物的感性方面，却也并非必然具有审美属性，这又说明什么问题呢？

这就牵涉到感性本身必须成为审美的感性才能够观照美的事物这一重要问题。厨师需要对蔬菜的颜色、味道等进行观察，但那是对菜的鲜嫩、滋味等特征进行判断，以便决定如何来烹制菜肴；而画家如齐白石对蔬菜感性方面的观察，则注重蔬菜给人带来的美感，人们看齐白石画的蔬菜决不会引起食欲，就是由于在感性经验中具有了一种审美的心态，产生的是审美的快感，是为美感。

所以，感性观念实际上首先要求人们将自己的感性审美化，从一般的生理感觉提升为审美感受。正如马克思所说："忧心忡忡的穷人甚至对最美丽的景色都无动于衷；贩卖矿物的商人只看到矿物的商业价值，而看不到矿物的美和特性。"①要进入审美境界，仅仅具有感性是不够的，还必须具有属人的感性、审美的感性。所谓属人的感性，是指在感性经验中包括了感知、想象、理解、情感等多种心理因素，从而使感性从单纯的生理感觉中解放出来，具有了历史—文化的内涵；所谓审美的感性，则是指人的感性经验的审美化，即意识到感性体验处于一种非实用的，与"日常意识垂直切断"的状态，在与对象融为一体的过程中又保持着某种审美距离，不作出实用的、伦理的现实反应。例如上举两篇新闻作品中，在对轮船吱吱

---

① （德）马克思：《1844年经济学—哲学手稿》，人民出版社1979年版，第79—80页。

呀呀开动的观察中,包含着人的感性,有着对其超载前行的判断及对船上人群的生存状态的理解;而阎吾作品中对炮火的感觉则包含着诸如情感、理解、感知等种种复杂的心理因素。但两者的共同之处则都在于对种种感性经验作出某种静观的、非功利的体验与观察,所以在对事物感性方面的细致把握和丰富呈现中,既深刻、丰富与具体,以富有特色的感性画面打动着人们,又具有一定的文化蕴含,呈现出一定的意义。对于直接呈现事物感性方面的媒介来说,也同样有着必须将其感性方面从功用性处理中解放出来,让感性审美化的问题。如新闻摄影中,对某些事物的观照,就必须从功用性观念中解脱出来后,才能使事物呈现出审美的性质;同样是体育摄影,只有那些凝固着事物某种最突出特征的瞬间,专心注视于其感性方面的作品,才能够具有某种审美的价值,而那些对整个体育比赛全过程作报道的电视新闻却往往很少具有审美特性。

所以说,在新闻文化中对世界事物的感性观念首先是对观察主体自身的感性的人化和审美化,这样才能够把生理感受转化为审美感觉。其次,则是要对事物的感性特征进行全面、准确地把握。因为新闻文化要求对世界事物的原来面目进行真实呈现,所以其感性观念不能够让主体的感性方面片面发展,造成其他审美现象中主体对客体的感性改造,如夸张、变形、想象等,都是主体从自身的感性冲动和感性力量出发造成的对客体的改造。在新闻文化中则要求充分尊重客体的感性特征,始终根据客体的感性方面进行观察和再现。也就是说,主体虽然从某种需要出发,对事物的感性方面进行选择、安排和组织,但是其中事物的感性方面却必须符合事实的实际状况。例如关于上海"人口爆炸"的报道,虽然渗透着记者独特的观察角度,但拥挤的场景却必须是真实的。不过该报道由于过于功利,将感性内容引向简单的解释而削弱了审美性质。在对事物的感性特征进行把握时,注重呈现其感性景象而不强加说明是新闻文化中审美地观照感性的又一重要特点。所谓形象大于思想,感性也往往大于理性。例如在阎吾关于渡江战役的报道中,虽然情景中蕴含着可作概念把握与理解的内容,但是如果都用概念来说明、理解,却又往往不能穷尽其意义与内涵,而审美地观照感性才能使感性现象引发出人们丰富的感受与理解,从而具有审美的价值。而一旦对每种感性现象都用理性加以分析、阐释,则感性经验也就失去了审美的价值。所以,我们强调要始终注重把握并呈现事物的感性特征,就是为了防止理性因素的过分侵入。

2. 生命观念

这是指新闻文化在对世界万物的审美观照中,注重把握事物与人的生命的相关性,并对事物进行生命形式的领悟和表现。从事物的感性特征中体悟到生命是审美文化中的重要观念。感性本身就是基于审美主体的生命性,具有活跃生命力的人才能具有健全的、丰富的感性。所以,中国传统美学以"气"、"生动"、"神"、"骨"等与生命现象紧密相关的范畴来描述审美客体的特征,正是以审美主体感性的生命在审美对象中发现了生命的感性。所以在审美观照中,努力从事物身上发现生命的征象,把握世界事物的具有生机和活力的生命活动状况,才能使"看"出来的世界成为一种生命的世界。

对于本来并不具有生命的感性事物,审美观照中往往从其与生命现象的相似中"赋予"其生命性。例如对山峰、荒原的审美,"数峰无语立斜阳",以"站"看山,以"无语"表示其本可有语,都是将山峰看作是具有生命的;而诸如"沉默的荒原"、"野性的荒原"等则又把生命注入了本无生命的荒原之中。至于处于变化运动着的各种无生命事物,如阎吾笔下的渡江战役中的发光弹、飞动的火线等等,则又从它们的"活"的形态中把握了与生命现象的相似性或同构性,从而获得了审美的生命。在新闻摄影、新闻摄像及新闻录音报道等形式中,也都有注重在无生命的或静态的、或动态的事物中寻找生命的"痕迹"与生命的"活力"的审美眼光,使感性形式中灌注了生命的气韵。例如对被人们的脚印磨光了的青石板街道的摄影或摄像,就能够从光影交错中发现生命存在的某种痕迹,获得生命的感悟;而将这样的画面用于某些新闻摄影、摄像中,就使新闻作品获得了审美的属性。

至于对本身就具有生命、特别是自然界最高生命存在——人的审美,就更加要注重生命的投注与感悟了。新闻作品中对动植物的审美表现,如西方剽悍粗犷的斗牛场面、赛马等等,在诸多记者笔下都获得了生命的力量,像海明威关于斗牛的描写就具有极高的审美价值。至于大如莽莽苍苍的原始森林,小至一花一草,奔驰的骏马,悠然的飞鸟,形形色色的动物世界与植物世界,只要新闻记者以审美的心灵去观照它们,无不焕发出无穷的生机和蓬勃的气象,从而使新闻文化具有了审美的价值。这不仅在各类关于动植物的新闻报道中,而且在关于其他事物的报道中,都有着对自然界生命予以生命的观照与感悟的审美眼光与审美表现。对人的生命观照,则不仅表现于人体的审美,人的劳动、体育等活动中展现出来的生命活力的审美,而且还表现于对与人的活动相关的、凝聚和体现了人的生命力的一切事物的审美。所以说,不仅运动员在完成具有难度的、对生命极限造成冲击的动作时,身体、表情等体现了生命之美,而且被压弯的跳高撑杆、飞驰的标枪等,也同样表现了人的生命力量和生命激情,因而同样成为了审美的对象。人的其他活动中与人有关系事物的审美,如丰收的稻谷、轰鸣的机器等,也同样如此。所以,在新闻作品中对人本身生命存在与生命活力的审美,既是通过人的身体、人的运动及各种活动,又是通过与人的身体、人的运动和各种活动有关的一切事物来进行的。因此从人的服饰、居住,到人的生命活动的各种形式中相关的事物,都无不在审美的眼光下与生命存在获得了深刻的联系,成为生命的表现与象征。可见,在新闻文化中,无论是对非生命体还是对由低到高的各种生命体的审美,都体现出审美的生命观念。

中国美学以生命体的"气"、"骨"、"精神"等概念来作为审美观照的重要对象和内容,切中了生命观念的重要内容,新闻文化审美观照中对此审美传统应当继承和发扬。西方美学中的生命观念则与中国美学有着某种差异,从尼采、狄尔泰、柏格森到卡西尔、苏珊·朗格,都有各具特色而又一脉相承的观念。其中,美国美学家苏珊·朗格的论述具有一定的综合性,值得我们重视。他们的新闻文化审美观念中对生命的共同注重促使我们对生命观念有进一步的了解,有助于更好地阐释审美之眼与提高审美能力。

苏珊·朗格认为,要把握审美对象的生命性,关键在于从中发现生命形式。生命形式的基本特征为有机统一性、运动性、节奏性和生长性。所谓有机统一性是指生命体的每一部分都是极为紧密地联系着,这种联系绝非混杂、简单排列,而是以某种难以说明的内在复杂性和深奥性结合在一起;每种因素都信赖着其他因素,每一种因素都不能脱离整体。这一特征,实际上是生命的一种有机整体观,要求对生命的观照必须把审美对象作为活的、完整的有机生命体来看待,例如体育新闻摄影中,只要表现出运动员整个身心作为完整生命体的状态,就是因为无论表现出哪一部分,都是与生命的整体相联系的。生命形式的第二个基本特征是运动性,生命体不断地消耗不断地吸收,细胞和生命组织都处于不断的死亡和再生的过程中,整个生命都处于不断的死亡和再生的过程中,整个生命体都呈现为一种永不停息的运动。在审美活动中,运动的事物如流水、瀑布之所以容易被视作生命体,正在于其具有生命的这一重要特征。而一些"静"物也被作为生命体来审美观照,则由于其被"看"成有着某种"动势",如山峰被视作"站立"的等。而生命体的运动则更能体现出生命的活力,激发人们的美感。新闻文化的审美观照于此倾注了更多的目光。生命形式的节奏性特征则是指生命现象中一种连续事件的机能性,如生命中最为明显的节奏活动——呼吸与心脏跳动,都表明节奏的本质是紧随前事件完成的后事件的准备,由前过程转化出新的紧张。因此,生命观念还意味着审美活动中对色彩的落差、光影的交错、线条的断续及质料的粗细等种种感性的体验中,领悟到生命的意蕴与生命的美感。生命形式的生长性是说每一个生命体都有着自己生长、发展和消亡的规律,体现为具有方向性的运动。这在审美活动中表现为对于永不停息的变化或持续不断的进程的重视。[①]

　　苏珊·朗格关于生命形式的论述,对于新闻文化的审美观念中关于生命的观念,给出了较为具体、具有操作性和针对性的定向;体现在新闻文化审美的眼睛中,可以看作是观照事物的生命性的着眼点。中国美学中关于生命体之"气"、"骨"、"精神"等特征的表述,则又可以看作是对事物生命性由表及里的"透视"与"体察"。两种思想之间尽管有着差异,但

---

① 参见(美)苏珊·朗格:《情感与形式》,刘大基译,中国社会科学出版社1986年版,第78页。

都深刻地表现出对于生命现象在审美活动中重要意义的重视,以及对于观照方面和观照目光的见解。因此,中西方美学关于生命观念的阐发,又可以在某种较为根本的层面上统一起来,作为新闻文化审美"眼睛"的重要内容。从生命的"观念"来"看"世界事物,就能够既把握住与生命相关的各项内容,又可以进行生命形式的领悟与表现。

3. 心灵观念

对事物发生发展中所蕴含的人的心灵因素的重视,是新闻审美文化最为重要的观念。审美的最高境界和目标是对人的心灵的审美。因为无论是感性事物、生命体,都不足以说明审美的根据在于人的本质,而人之为人最根本的特征就在于人的心灵性。正如黑格尔所说:"一切心灵性的东西都要高于自然产品。"[1]因而,对人的心灵的审美也必然高于对感性事物、生命体的审美。事实上,对任何事物的审美都是"靠心灵所灌注给它的生气"[2],所以心灵对于审美本身的重要作用也证明了心灵对心灵的审美才是审美的最高旨趣。正如车尔尼雪夫斯基所说:"在整个感性世界里,人是最高级的存在物,所以人的性格是我们所能感觉到的世界上最高的美。"对于心灵的审美,实际上就是要"事件、个别人物以及行动的转变和结局所具有的人的旨趣和精神价值,把它表现出来,这就比起原来非艺术的现实世界所能体现的,更为纯粹,也更为鲜明"。[3] 在新闻文化中,对于人的心灵世界的观照与表现,就成为新闻审美文化最为重要的内容,体现于新闻活动的各个过程之中,形成新闻审美文化最为突出的成果。从新闻摄影、摄像对人物富于心灵特征的动作、表情的拍摄,到新闻文字报道中对各类新闻人物心灵世界的挖掘,都产生了大量的新闻审美文化杰作。

新闻审美文化的心灵观念,归根到底还是要使审美眼睛中的人及审美表现后的人必须是"活"的、具有独特的心灵世界的人。显然,这较之观

---

① 　(德)黑格尔:《美学》(第一卷),朱光潜译,商务印书馆 1984 年版,第 37 页。
② 　同上。
③ 　同上。

照人的某种感性方面或生命特征的"活"具有更高的要求。但人的内心世界又是不可见的,需要从人的现实行为与命运中来观照和把握,对人的感性特征和生命特征的观照是通向人的心灵世界的必由之路。

有记者在新闻采访中体会到:"我们接触一个人,还没说几句话,有时扫上几眼,碰上几次目光,就会发现这人是否跟自己合得来;我们走进一个房间,别人都在谈话,我们坐下来,不用插嘴,只听一会儿,就能知道,他们谈论的话题;我们接一个电话,不见其人,只闻其声,聊一会儿,就能对这个人,有个大致的判断;几个人在一起,互相不认识,有时寒暄几句,就能了解各自在社会上的地位。"①这种种现象都表明,人的心灵性内容往往通过某种感性特征,如姿态、表情、眼神、穿着……得到体现。"抓住"这些视觉、听觉、触觉等等得到的感性体验,可以观照到人的心灵的"活"的表现,从而进入其心灵世界。

语言是思想的直接现实,从中可以"直接"观照人物的心灵世界。但语言又往往"言不由衷"、"吞吞吐吐",掩盖心灵现实。"记"者之所以常为"问"者,对采访对象进行语言"侦察"与"透视",目的正在于从"问"中获取人物的心灵信息。所以诸如"激将式"、"错问法"等提问技巧,正是通过特殊方式"逼"出被采访人物的"真心话",从而进入人物的心灵,把握其性格特征。人又总是要做"事",而"事"中往往是有人的,因此,又可以从人物做"事"的行为或在"事"中的表现来观照其心灵世界。而在言、行、事的错综复杂关系中,如言行不一等情况,又可以更为深入地透视人物的心灵。

新闻审美文化的心灵观念之所以要注重感性特征,注重从言语、行为及事件中观照人的心灵表现,归根结底在于人是"活"的,心灵正是通过活生生的生活世界和生存活动中表现出来。但是,这同样也表明,人的心灵本身也是"活"的,有着丰富复杂的内容与富于运动和变化的形态。所以,它既是多种心灵素质的统一整体,又是富有生机和活力的世界。在观照人物的心灵世界时,首先就要注意其丰富性与整体性。例如美国记者特尔·鲍德在《现代巨无霸》中对著名角力师安德烈的观察,从他幼年时的

---

① 蔡平:《在〈冰点〉写人物》,《中国记者》1997年第1期。

梦想与实现梦想后的欢愉,写安德烈性格中上进的一面;从他与朋友们开玩笑的场面,看他性格中自信而又友好的一面;从他最喜欢和孩子们在一起,观察到他性格中和善温柔的一面,等等。通过从各种性格侧面的观察,对这位"巨人"的心灵作了丰富而完整的展现。① 又如法国记者阿尔贝·扎尔卡的《法国总统德斯坦的一天》,通过按时序观察德斯坦一天的生活与工作,同样呈现了德斯坦不同侧面的心灵世界。② 可见,要观察人物内心世界,必须从人物的生存活动中与各方面发生的关系着眼,并重视人物心灵中一些主导性的要素,从而完整而又多侧面地展现其内心世界与性格特征。

人物心灵的丰富性和完整性,又是在充满生机和活力的情感生活与性格冲突中表现出来的。因此,注视"具体活动状态中的情致",捕捉人物情感的运动变化,是透视人物心灵的重要向导。《中国青年报》记者蔡平在采访青岛个体出租汽车司机李高令时,感觉到主管领导和李高令之间有一种很微妙的关系,他们对李既不满意,又不敢当面说,因为他虽是个体户,却又是全国有名的典型,在社会上担任着许多职务。蔡平从李高令与主管领导微妙的情感冲突中把握了李高令心灵的某种方面:"饭桌上,在主管领导和市领导面前,李高令不喝酒,声称自己晚上还要开出租车,但回到家里,却又迟迟不走,我问他晚上开出租是不是说给领导听的,他笑着说'大姐,你真聪明'。""在我离开青岛前,和李高令吃饭,他借着酒劲儿跟我说'你要写了有损我们青岛的话,别怪我不认你这个大姐'"。③ 从李高令复杂的情感变化和情感流露中,蔡平对他的心灵世界作了较为细致的把握。许多新闻作品中都重视以各种手段观察或激发人物情感的自然流露,如新闻摄影、摄像中对人物在放松状态下真情实感流露的追求,像"东方时空·生活空间""讲述老百姓自己的故事"等都是如此。

所以,对人物心灵的观照,在新闻审美文化中,是从感性、生命性向着更高审美境界攀升的重要内容,有着举足轻重的地位。而人的心灵世界

---

① 参见黎信主编:《外国新闻通讯选评》下,长征出版社 1985 年版,第 73—78 页。
② 参见黎信主编:《外国新闻通讯选评》下,长征出版社 1985 年版,第 81—88 页。
③ 蔡平:《在〈冰点〉写人物》,《中国记者》1997 年第 1 期。

是最为复杂多变而又完整统一的,对心灵的观照是体现新闻文化审美能力和审美品位的重要标志。

综上所述,新闻审美文化观念呈现一种递进的关系,最终的追求是对心灵本身的审美;但是三种观念又各具其自身的意义与作用,不可彼此取代。我们认为,新闻文化的审美观念,既是新闻活动中审美发现和审美创造的观念,体现在新闻文化审美创造的全过程中;又是新闻文化对业已成为审美作品的审美文化进行审美鉴赏与判断的观念。在对各种审美文化现象进行新闻报道中,要依据这些观念来确定对象的审美属性,捕捉其魅力和审美特征,从而作准确、全面的报道。事实上,审美鉴赏与审美创造有着内在的、深刻的观念上的统一。所以,对新闻文化中审美观念的反思,可以为新闻文化对"美"的观照、发现与创造提供具有确定性和指向性的"眼光"与"眼界"。

二、美的实践

对"美"的追求在不同领域中有着各具特色的形式与方法。新闻文化关于"美"的观念回答了"在新闻文化中什么样的事物是美的?"这一重要问题。但是,如何寻找、发现"美",并把捕捉到的美的事物以一定的形式表现出来,则是新闻审美文化的又一重要课题。对这一问题的研究,同样必须从新闻文化的审美观念出发,根据新闻文化的特点,作出理论上的总结。方式方法是寓于实践之中,凝结为新闻审美发现与创造的成果的,因此,我们又应当从新闻审美文化的实践出发,把理论的思考与实践的经验紧密结合起来,对新闻文化中求"美"的方式作出深入切实的把握。这样,才能够运用审美观念去寻找、发现现实世界之"美",并在新闻文化中表现与创造现实事物之"美"。

我们认为,新闻文化发现与再现"美"的方式主要有以下三种:

1. 用"陌生化"的方式追寻、发现与再现事物的感性方面与生命特质

新闻的"新",既指"新近",体现时间上的接近性;又指"新异",事物内容上的前所未有、与"众"不同,常常表现为新鲜、新奇、新颖等。正因如

此,在新闻文化中,"适我无非新",世界事物总是给人以新鲜感与新奇感,从而与审美文化对世界事物的感受方式有了某种契合。也就是说,世界事物并非总是一如既往、一成不变的,相反,倒是常常出现一些变化与发展,令人感到惊讶与触动。而这些前所未有的、并非常见的东西,也就是人们不熟悉的、陌生的东西。所以,对于新闻文化而言,以"陌生化"的方式来看待世界,世界才总会有"新"闻。换言之,"陌生化"是新闻文化观看世界的重要方式。

但是,我们在此提出的"陌生化",并非仅指新闻文化发现"新"事物的方法,更主要的是指新闻文化审美地感受事物的方法。对于许多"新"事物,人们往往视而不见,原因在于不能发现其"陌生"的方面;而对于"新事物"本身,人们也往往只有认识、理解而无感受,从而在感受上失去"陌生"之感。而实际上,每一事物都有着自己的特点,都应当给人以不同的感受,在日常习惯中却往往被人们忽略而失去其特点。俄国形式主义理论家什克洛夫斯基说:"为了给生活以感受,为了感受到事物,为了石头就是石头,就存在着我们称这为艺术的东西。艺术的目的是使你对事物的感觉如同你所见的视象那样,而不是如同你所认知的那样艺术的手段是陌生化的手段和给感受以难度和广度的困难形式的手段,因为艺术的感受过程是以自身为目的并且应该伸展下去的;艺术是一种感觉事物变化的方法,已经定形的事物则与艺术毫无关系。"①这里,以审美文化最典范的代表"艺术"为主,说明了审美的手段是要通过"陌生化"使人对世界事物的感受在难度和广度上得到加强,从而恢复对事物的感受能力。例如对某个熟人往往不再注意其容貌,而对于一个陌生人却容易对其相貌有较深感受;所以往往原来觉得很美或很丑的人,一旦熟悉的时间长久,就不再有强烈的感觉。而"陌生化",正是要恢复那种新鲜、新奇的原初感受,从而对事物的感性方面和生命特质有着强烈的感受。

在新闻文化中,"陌生化"往往是通过某种急剧的、突变性的事件引

---

① (法)茨维坦·托多洛夫:《批评的批评》,王东亮、王晨阳译,三联书店1988年版,第15页。译文参照《俄国形式主义文论选》,有改动。

起,并在整个事件中始终保持着"陌生化"的感受过程。例如陈音因在《亲历虚惊》①一文中,描写了自己在北京百盛购物中心购物时,商场突然间漆黑一团,没有人知道发生了什么事的情景。作者在这一突发事件中,激发出了"陌生化"的感受,对事物的感受、观察与体验变得格外敏感,从"隐隐约约看到一个手持对讲机的人在问一楼出了什么事",到对商场中"有些人找不到安全通道干脆以静制动"、"很多人选择上楼方向的电扶梯下楼"及"有的人嘴里咕咕哝哝着说怎么全黑了",描绘了商场中的情景。最后,作者写他"找到一辆出租车,跟司机说:快开。司机说:怎么了? 我说:你看,百盛。""司机就看了一眼,立刻一脚踹在油门上,车飞一样上了长安街。这时百盛仍漆黑一团,从外面看,显得怪可怕的。司机说,不会是有什么危险吧?"从这里的引文显然可以看出,由于突发事件,"百盛"变得"陌生化"了,商场中人、司机等也不再是日常"视而不见"的人,相反却都给作者以强烈的感受和印象,而这些感受和印象又都由于"陌生"而深刻刺激、触动着作者,从而能够被原汁原味地保存下来。新闻史上对突发性事件的报道,无论是以摄影、文字还是其他形式,都往往能够充分注重现场的各种感性现象的呈示,给人以强烈感受,就是由于突发事件带来的"陌生化"激发了感知,对事物本身的感知又由于"异常"强烈从而被保存较多,使事物的审美性质得到了表现。

现实生活中更多的是渐变,人们往往由于习以为常而习焉不察。这就需要用"陌生化"的手段来恢复对事物的感知,所谓"艺术是一种感觉事物变化的方法",正是指审美感知事物要注意抓住事物的变化。新闻记者的新闻敏感常常表现在对事物变化的敏感之中,即善于从"新"与"旧"的对比中发现事物变化的踪迹。新闻敏感并不等于审美敏感,只有在保持对事物本身变化的"陌生化",加强了感受的难度与广度的感知中,才具有了审美的特性。例如从人们服装的变化展现了人们生活质量的提高,虽然看到了事物的变化,但是并不一定具有审美性;而只有始终对服装本身如何变化有着强烈而具体的感受,并把这种感受具体而强烈地保留到新

---

① 参见陈音因:《亲历虚惊》,《中国青年报》1997 年 2 月 27 日第 5 版。

闻作品中,才具有审美的价值。另一方面,对事物变化的感受又往往是通过对某些事物"陌生化"的观察而得到的。例如原《辽宁日报》记者范敬宜到兴城县一个村庄采访,夜晚听到前后农家传来的清脆悦耳的挂钟打点声,钟声此起彼伏,打破了山村的寂静。这一现象在范静宜"陌生化"的感受中,转化为新旧乡村的对比变化的感受,即从某种"陌生"中发现了"变化"。所以,新闻文化对于渐变的感受,既是从熟悉中发现"陌生",从而增强了感受的能力和强度;又是从"陌生"中发现熟悉中的变化,达到一种特殊的审美效果。

"陌生化"的方式要求新闻工作中选择新的角度、途径、方法去观照世界事物。对于特定事物,人们往往倾向于从某种共同的角度与方法来进行观照,或者说用人们都熟悉的角度与方法接触事物,这样往往对事物失去新鲜的感受。例如对中学师生环城远足,人们往往会侧重于从队伍的总体情况、精神风貌来进行观察,这样的新闻报道虽然全面,却也容易失去具体感受。《扬子晚报》记者何玉平则以《追赶队伍的远足者》为题,对一个掉队的女生进行观察,从而产生了"陌生化"的角度,对远足者的一言一行都有了较为具体而深入的感受,恢复了对事物的感性,突出了这位女生的生命活力,从而对环城远足活动有了某种新奇的发现。所以,无论是从记者观察的角度,如以某个特殊人物为观察点;还是从记者观察的途径,如通过某种特殊的方式接近采访对象;抑或观察的方法来看,"陌生化"都是通过新闻工作者改变惯常的思路和感知方式,达到对事物更为深入具体地感知的目的。

"陌生化"的感受和发现事物的方式还必须以"陌生化"的表达方式来对事物进行再现。这是因为,日常习用的词汇、语句、手法往往使独特的、丰富的感受变为一般和单调化,从而在表现中失去"陌生化"的感受。所以,在摄影、摄像中注重选择特别的画面,注重光影交错、镜头运动方式等的独特;在文字报道中注意炼词造句,等等,都是为了使"陌生化"的感受方式在"陌生化"的表达方式中得以展现,达到内容与形式的高度统一。表达方式的"陌生化"常常以"语不惊人死不休"的形式表现出来,其最终目标正是要恰切而突出地表达"陌生化"的感受,而并非单纯地追求形式本身之美。例如合众国际社记者梅里曼·史密斯报道肯尼迪被刺杀的新闻作品题为"历史就在我们眼前爆炸了",就以一种警句式的语言突出了对事件的感受。文中以"这是一个气候宜人、阳光明媚的下午"作为开头,与文章内容形成了强烈对比,更加深了对事件感受的深度和广度。美国记者在报道 1995 年 4 月 19 日美国俄克拉何马市联邦大楼发生的 169 人死亡的惨案时,针对死者中有许多儿童,写出了这样的句子:"发生在俄城的对孩子的屠杀,使每一个美国人都成了孤儿。"将这一惨案对美国人剧烈的心理震撼强烈表现出来。在新闻史上对于形式的创新,也大都是为了表达某种新的感受的方式,所以往往具有特殊的审美价值。

2. 以"在场"的事物呈现"不在场"的东西,扩大新闻作品的审美时间与审美空间

美的事物能够在瞬间显示永恒,以有限表现无限,把人们的精神引入一种无穷的想象世界,使人获得无尽的愉悦与享受。新闻文化的"瞬间"是指新闻文化对短时段的事物的迅捷、灵敏的感知、把握与表达中体现出来的"即时性";新闻文化的"永恒",则是指新闻文化对事物的意义和感发特征的悟解和表达形成的长久性和稳定性的效果与作用。这样,新闻文化的以瞬间显示永恒,实际上是以某些即时性的事物去表现无穷的东西,或者说,是以有限的"在场"的东西去表达无限"不在场"的东西。

"在场",指新闻作品中处理的直接呈现于人们"眼"前的事实。一方面是直接呈现于新闻工作者眼前的,另一方面是新闻作品中表达出来直接呈现于接受者眼前的。这里,我们主要是指新闻工作者要处理的直接呈现于自己眼前的事实。而"不在场",则是指"在场"的东西所包含的内涵与意蕴,以及与"在场"的东西相联系的其他事物。中国古典美学推崇"隐秀",要求"含不尽之意于言外",与"在场"、"不在场"的观点颇有相通之处。所谓"情在词外曰隐,状溢目前曰秀"[①],正是以"在场"的"状溢目前"的鲜明生动的形象,去表现"不在场"的"情在词外"的无穷意蕴。

由于任何一个事物都与世界上的万事万物之间存在着千丝万缕的联

① 　张戒:《岁寒堂诗话》,中华书局 1985 年版,第 6 页。

系,都有着错综复杂的相互作用与相互影响,所以在某种意义上都是集合了无穷的东西于一身。因而一个现实存在物表现为"状溢目前"的"在场"的东西,它的内涵和意蕴则寓于无穷无尽的"不在场"的东西之中。审美文化的关键问题,正在于揭示现实事物的"集合"性质,从看到的"在场"的东西中体会和抓住"不在场"的内涵与意蕴,并通过"在场"的东西显示与展现"不在场"的更为丰富与广大的世界。也就是说,要打破在日常生活之中常常发生的,割裂现实事物与许许多多不在场的东西的联系,孤立地或相对孤立地看待事物的情况,恢复事物之间"秀"与"隐"、"一"与"多"的联系,以事物最为生动、具体的真实面貌,使事物与无穷尽的万事万物的关系得到呈现,从而达到"言('在场')有尽而意('不在场')无穷"的审美效应。[①]

新闻文化是在对现实事物的感知与把握中进入审美境界的。因而,必须从直接呈现于眼前的"目前"事物中,"看"到"不在场"的更为广远、丰富的世界,展示有限事物与无限的世界的联系。例如任何一幅新闻摄影作品,都只能抓住"瞬间"的事物,但这一"瞬间"却有可能转化为"永恒",关键就在于从功利地看待事物属性的日常意识中解脱、超越出来,回到事情本身,从而呈现事物的真实面貌,恢复"在场"的东西与"不在场"的东西的联系。1973年获普利策新闻摄影奖的作品《弹火纷飞的一天》,摄下了1972年6月8日南越飞机向公路上的妇女、儿童投掷凝固汽油弹的情景。画面上呈现的"瞬间"是几个儿童奔逃的情景,其中一位名叫潘氏金淑的少女全身赤裸,显然是由于身上的衣服已经着火,不得不撕掉,处于画面中心的这位少女张开双臂,嘴大张着嘶叫,稍前的一位男孩咧嘴大哭;跟在儿童后面有几名戴着钢盔的士兵,姿态严整而不慌乱;画面的背景是浓烟和火光,横贯整个画面。这里,通过这些"在场"的东西,将战争的残酷、悲惨,普通百姓在战争中的命运,都暴露无遗,并且能够使人思索多方面的问题,从中观察到远远超出画面内容的内涵与意蕴。正因为如此,这幅照片深深打动了被越战这场无休止的、距离遥远的战争弄得麻木

---

① 参见张世英:《超越在场的东西》,《江海学刊》1996年第4期。

了的美国人民,具有了某种"永恒"的价值。以至于在许多年后,仍有人寻找照片上的这位女童,关注她的生存命运。

　　新闻文字作品也能够抓取某种富于感发性和启示性的"在场"的东西,把人引入"不在场"的深远意境之中。美国记者奥莱尔的新闻特写《在柏林》,同样是表现战争的残酷,也是通过对特定情景的描写而传达出来的。文章写的是一列从柏林开出的火车:"在一节车厢里,坐着一位头发灰白的战时后备役老兵,坐在他身旁的是个身体虚弱而多病的老妇人。显然她在独自沉思,旅客们听到她数着:'1,2,3……'两个小姑娘看到这种奇特的举动,指手画脚,不假思虑地嗤笑起来……这时那位灰白头发的战时后备役老兵挺了挺身板,开口了。'小姐,'他说:'当我告诉你们这么可怜的妇人就是我的妻子时,你们大概不会再笑了。我们刚刚失去了三个儿子,他们是在战争中死去的。现在轮到我自己上前线了。在我走之前,我总得把他们的母亲送往疯人院。'车厢里一片寂静,静得可怕。"这段文字当然呈现了希特勒法西斯发动的侵略战争给德国人民带来的深重灾难,但是通过"在场"的东西,人们可以感受、领会和想象到更多的东西。如母亲机械数数的举动中所蕴藏着的无限的生活场景和情感内涵,父亲再上战场的事实则又展示出法西斯的残暴专制……"不在场"的东西既是可以直接把握到的,又具有无穷无尽的想象余地,这正是审美的效能和力量。

　　新闻摄影由于媒介的限制只能选择"瞬间"来表现"永恒",这就要求选择的"在场"的东西能够展现出更多的"不在场"的东西。所以,《弹火纷飞的一天》选取的"瞬间"既不是炮弹爆炸的时刻,也不是救助的场面,而是一个具有代表性的顷刻。德国美学家莱辛认为,画面上叙述的顷刻最好是事物发展到顶点前的顷刻。因为这样的顷刻中人们才可以最充分地体察事物发展的过程,感悟到这一顷刻与其他时间的诸多联系。[①] 这种观点,很富于启发性,从《弹火纷飞的一天》我们还可以感悟到其合理性。但是,莱辛的观点也启发我们,无论是"瞬间"的摄影,还是具有过程的事

---

① 　(德)莱辛:《拉奥孔》朱光潜译,人民文学出版社 1984 年版,第 18—21 页。

件描述的其他新闻媒介,都必须选取具有较大包孕性的、富于内涵和意味的"在场"的东西,才能够充分表现"不在场"的东西。

那么,如何选择"在场"的东西呢? 我们认为,恰恰是要从"不在场"的东西去选择"在场"的东西。也就是说,不能把"在场"的东西仅仅看作是"在场"的东西,相反,总是要看到"在场"的东西中所蕴藏的"不在场"的东西,使"在场"的东西成为联结无数"不在场"的东西的集结点。所以,对"不在场"的追求规范与确定了对"在场"的追求。例如,《在柏林》一文中,记者从"在场"的事实中领会到众多的"不在场"的东西。他没有把"在场"的东西仅仅理解为"在场"的,如报道柏林火车上有一老妇人三个儿子死于战场,她因而发疯,丈夫又上战场。同样也是事实,但是却仅限于"在场"的东西。相反,作者对老妇人数数、后备役老兵诉说、车厢静寂等场面的观察中,分明体会到潜蕴的许许多多"不在场"的东西。"看"到这些"不在场"的东西,才能够选取与之相联系的"在场"的东西。所以,审美的眼光必须超越将事物与其他事物的联系割断,只撷取某种单一方面的做法,如只看到德军战死人数而看不到事件具有的多种意义:母子、父子、夫妻之情、人与战争……而要从一种追寻事物的多种内涵与意义、多种联系与作用、影响的眼光来看待事物。这样,对于"不到顶点"的"瞬间"的选择,对于以事件的效果表现事件的过程与意蕴的典型场景的描绘,以及在时间上有着丰厚的"历史—文化"积淀,与空间上联系广远事物的事实的观照,等等,都可以从对"不在场"的东西的追求中得到解释,即都是由于努力追求"在场"中的"不在场"的东西,才反过来确定了对"在场"的事物的选择。因此,以"在场"呈现"不在场",在新闻审美文化中,要求新闻工作者对于新闻事实的内涵与意蕴有着多方面的追寻,并将这种追寻以"在场"的具体可感、生动鲜活的事实描述表现出来,从而达到"言有尽而意无穷"的审美效果。

3. 以情节编排的方式叙述事实,展现事物发展给人的审美冲击

现实世界中发生的事件形形色色、千姿百态,其曲折奇特、悲欢离合、惊心动魄的情节往往并不亚于文艺作品中的诸多故事。新闻文化在审美地观照与表达世界事物时,要再现事物发展中体现出来的美学特性,必须

在叙事上参照文艺作品中的情节编排模式，突出事件的情感因素和情感效应，才能取得较好的审美效果。

所谓情节编排，是指通过对事件发生发展过程中显示出来的某种连贯一致的情节结构的安排与组织，把事件叙述为特定类型的故事。而故事的类型，在文艺作品中常常被分为传奇、悲剧、喜剧、讽刺故事四大类，分别对应着不同的叙事模式。加拿大文艺理论家诺思罗普·弗莱在《批评的解剖》中，分析了四类故事模式，认为传奇性故事主人公在程度上优于他人，并优于环境；悲剧性故事的主人公在程度上优于他人，但不优于环境；喜剧性故事的主人公既不优于他人也不优于他们的环境；讽刺故事主人则在力量与智力上都劣于故事的作者与读者。[①] 这种解剖方式，虽然尚有不足，但简明扼要地指出了这四种故事类型的特征，对于我们研究新闻文化中的美学故事具有重要的参考价值。

故事中主人公的"优"、"劣"，实际上是叙事者价值情感投射的结果。同一个人在不同人的眼中"好坏"、"优劣"的评价往往是不同的。只有符合叙事者价值观念的人才是"好人"，反之则是"坏人"。通过把价值观念中蕴含的情感投射到事件中的主人公身上，主人公就成了比其他人好（优）或坏（劣）的人。由于情感倾向的不同，在叙事者的"心目"中，凡是具有较高价值者则被置于俯视的地位；而与叙事者具有平等价值关系的，则处于平视。人是一种精神性的存在，对人的价值评价，往往是对他精神世界的评价。所以，仰视、平视、俯视主要是对人的精神世界的"看法"。鲁迅先生定义悲剧为"将人生有价值的东西毁灭给人看"，正是指悲剧主人公有价值的精神世界。明乎此，我们就可以对弗莱的分析作进一步的深入认识：造成不同故事类型的美学特征的主要原因，在于叙事者对故事中人物的精神所倾注的情感作为一种价值投射凝结于叙述之中，表现为对于人物命运的关注和深刻的情感反应。

对于具有作者仰视的某种精神世界的人物战胜各种艰难险阻取得胜利的故事叙述，就形成传奇体的故事，引起的情感反应是惊喜交集的幸运

① （美）华莱士·马丁：《当代叙事学》，北京大学出版社1990年版，第25页。

之感。在新闻文化中,对于某个或某些"好人"战胜貌似强大的"坏人"或恶劣的环境的事件的叙述,常常以传奇故事的形式来展现。如1997年4月16日《扬子晚报》载《男孩耐尔》:"当家住路易斯安那州查尔曼顿市的卡莫罗·耐尔刚满10岁时,他的妈妈患了绝症,她对她的儿子说:'有一天你定会成为一个英雄。'不幸的是第二年妈妈就去世了。耐尔会像他妈妈所希望的吗?"开头一段就以悬念定下了传奇的基调。"1995年10月耐尔与三个小朋友步行去学校,突然,一个男子从树丛中窜出,抓住了其中一个最小的年仅5岁的男孩,并立即将那小男孩扔进了一辆汽车的后座中。事情发生得如此突然,但耐尔的反应非常快,他敏捷地朝男子的要害处狠狠踢了一脚,男子疼得倒地,他又顺势朝他的头部再踢一脚,与此同时他大声呼喊让其他小朋友快跑,自己迅速打开车门,解救了5岁男孩,一起跑向学校。"叙述中充满赞赏、喜悦之情。在叙述凶犯被抓,耐尔一下子出了名后,文章最后一段写道:"耐尔的父亲罗伊·耐尔对他儿子的事迹一点也不感到惊奇,他说:'耐尔一直就是那种乐于帮助和保护邻居孩子的男孩。'而耐尔对自己的所为,也只是淡淡地说:'这是一种本能的反应,我不能让我的小伙伴被坏人绑走。''在如此危险的情况下,耐尔机智勇敢地救了我的小男孩,'那位被救5岁男孩的妈妈说:'他确实是个英雄。'"通过对耐尔的精神世界的叙写和行为的评价完成了传奇故事。值得注意的,除了良好的品德外,机智与勇敢是构成传奇故事的两个重要因素。诸如智斗凶犯、勇擒歹徒等等事件的新闻报道,以及克服困难取得成功的报道,都是传奇型故事的合适内容。

悲剧故事中,具有崇高精神的主人公在恶劣的境遇中遭到失败其至死亡,但是却显示了精神的坚定和伟大,从而使人的灵魂得到净化和升华。其审美效果是从反向激发人对崇高精神境界的追求和对恶势力的憎恶蔑视,产生一种由"痛"到"快"的审美感觉。新闻文化中对各种与黑暗势力、恶劣命运作斗争的英雄人物的事迹叙述,大都纳入悲剧故事的模式来表达。从"生的伟大,死的光荣"的刘胡兰、董存瑞、黄继光……到新时代的张志新、遇罗克、焦裕禄、蒋筑英、张华……新闻文化以浓墨重彩描绘了一幕幕英雄的悲剧和一个个悲剧的英雄。虽然他们在残酷的现实环境中以生命抗争的结果是失去了生命,他们的精神却反而上升到一种难以企及的高度,作为人们的理想追求而受到崇敬。因此,正如在艺术文化中那样,悲剧这一重要审美形态在新闻文化中也有着崇高的地位,是新闻审美文化的精华部分和华彩乐章。在对一些伟大人物死亡的报道中,也常用悲剧叙事模式表达人们的崇敬心情和悲怆情怀。如对国家首脑、大科学家、大艺术家逝世的消息报道。恩格斯所说的"历史的必然要求和这个要求的实际上不可能实现之间的悲剧性的冲突"①,正是这些伟大人物建立了许多丰功伟绩但是却远未实现自己的代表着"历史的必然要求"的理想,所谓"出师未捷身先死,长使英雄泪满襟",他们的死亡成为悲剧性质的最好诠释。典范的例子如关于周恩来总理逝世的许多报道,都是从周总理伟大人格和现实世界中"不可能实现"他的理想的悲剧性冲突中,呈现了周总理逝世的悲剧意义。至于对灾难性事件的报道,也只有凸显出灾难中被毁灭的"历史的必然要求"和具有崇高精神的人物,才能成为悲剧性事件;仅只看到灾难,悲剧的意义反而容易被削弱。因为只有与现实、灾难的抗争与超越中才显示出真正的悲剧精神,那就是在灾难中展示出的人的情怀和理想的崇高雄伟,是任何灾难都不能毁灭的。所以,才能于悲痛中见壮烈,从恐惧哀悯中得到净化与升华。

　　喜剧型故事中的主人公虽然既不优于他人也不优于他们的环境,却在某种境遇中竭力表现自己显得比现实世界优越,结果却落入某种突转的矛盾冲突之中,其失败所引起的就是使人发笑的效果。新闻文化对现实世界中具有喜剧性的事件的情节编排,表现为对貌似优越或强大的事物所遭遇的失败的欢乐,从而得到对具有正面价值的事物肯定性的、优越性的情感升腾的愉悦感受。例如合众社的电讯《三岁娃娃被征入伍》"谁也搞不清楚这是怎么一回事儿。——本星期五,居住在纽约市约克城高地的三岁小女孩皮丽·夏普洛收到了应征入伍通知书。""昨天,她像平时那样吃早餐,她边吃边看一张华盛顿征兵处寄来的通知单。根据这张通知单,她得在'从 18 岁生日那天起 30 日内报到入伍。'""尽管小皮丽仍有

---

① （德）马克思、恩格斯:《论文学与艺术》(一),人民文学出版社 1983 年版,第 181 页。

许多年时间考虑这件事,但她已明确表示:'我不去!'"①通过对"应征入
伍通知书"下发至三岁娃娃,并被小皮丽提前拒绝的讲述,使国家兵役机
关貌似强大、实则乖谬的性质得到暴露,从而产生了强烈的喜剧效果。

　　讽刺性故事的主人公尽管受到叙事者的"俯视",但是却有可能在现
实中获取胜利,不过无论其胜败,却又都可以通过事情的发展暴露出其内
在的不合理的负价值特征。黄远生的新闻名篇《外交部之厨子》,从民国
外交部余厨子的发迹与富贵气势透视晚清及民国社会,其中写余厨子由
于掌握了"本部管库差事,全部财政出纳之权",而受到许多官员的尊崇乃
至谄媚,只有"汪大燮氏自外部司员历跻侍郎,未尝受此厨子分文馈进,时
厨子稍惮之"。在一次宴会上,汪"方及门,遥见厨子方辉煌翎顶,与众客
跄济于一堂,愕然不能举步。厨子见汪大人来,则亦面发赪而口嗫嚅,仓
卒中避入侧室。汪亦未遑久留,退而告人,谓今日余厨子尚是给我面子,
可为荣幸。北京旧官场中传以为笑也"。对余厨子与汪大燮分别感到对
方压力的描写,将旧官场的腐败与虚荣的底蕴揭露无余,起到了深刻的讽
刺效果。新闻工作者对于社会黑暗现实与恶势力的观察与描写,当精神
上能够对其加以蔑视,洞悉其虚弱、低劣的本质时,就能够作出讽刺性的
叙事。

　　从广义上来看,传奇、讽刺都属于喜剧性的范畴。传奇型故事以好人
的胜利呈现出欢乐,而讽刺则是以冷笑表现出对坏人坏事的蔑视,喜剧性
故事强调一种突如其来的优越感,产生于对象从貌似强大突然显示为弱
小。三者都统一于对于反面事物的蔑视和正面事物必胜的强烈感受之
中,只不过所处理的情境有着一定的差异,而在内在的根本的审美精神上
是一致的。所以,我们又可以悲剧、喜剧这两个美学范畴统一来透视叙事
中情节编排的审美特征。

　　无论是哪一种情节模式,新闻文化的审美叙事都要求叙事者倾注强
烈的情感于其中,发现现实中人的情感和命运起伏中的某些突变与激变

---

① 《三岁娃娃将被征入伍》,见黎信主编:《外国新闻通讯选评》(上),长征出版社 1984 年版,第
319 页。

因素,重视事物发展的戏剧性,通过情节编排显示作者的情感倾向和审美体验。在新闻文化的其他形式中,则又可以通过对事物所属的故事类型的认知,发掘其审美意蕴,作出某种综述或评论。例如马克思在著名的《路易·波拿巴的雾月十八日》一文中,以"黑格尔在某个地方说过,一切伟大的世界历史事变和人物,可以说都出现两次。他忘记补充一点:第一次是作为悲剧出现,第二次是作为笑剧出现"①。对于路易·波拿巴政变事件进行了美学批判,"说明法国阶级斗争怎样造成了一种条件和局势,使得一个平庸可笑的人物有可能扮演了英雄的角色"②。从而从对新闻事件的评论中呈现出审美的激情和意蕴。因此,在新闻文化中,对事件的审美认识和把握,需要将事件的总体美学特征揭示出来,突出地加以叙述与评判。

三、审美歧途

新闻文化与审美文化之间的交合部分为新闻审美文化。所以新闻审美文化所占据的审美领域是有限的,必须具有新闻的全部规定性。一旦跨越了两者之间的界线,新闻审美文化就容易走入歧途。而在新闻审美文化的本身,由于审美能力或审美趣味的限制,也会使新闻审美文化造成失误。因此,必须从审美的新闻性和新闻的审美性两方面防止新闻审美文化走入误区。我们认为,新闻审美文化中的误区主要表现为以下几种现象:

1. 背离新闻真实性的原则,以想象与激情改造现实事物

新闻中的审美是对现实存在的事物的审美。一些不正确的审美观念认为美是一种虚幻的主观实在,现实事物只有经过主观改造才能具有美的性质,因此在审美上企图走一种捷径,不去努力寻找和发现现实事物中

---

① (德)马克思:《路易·波拿巴的雾月十八日》,《马克思恩格斯选集》(第一卷),人民出版社1972年版,第603页。
② (德)马克思:《路易·波拿巴的雾月十八日》,《马克思恩格斯选集》(第一卷),人民出版社1972年版,第599页。

的美,而以一种主观制造的方式来表现美。这在艺术创作中是必要的,也是能够充分体现审美创造才能的。但是在新闻文化中却不允许以虚构来代替现实,以激情代替观察。何况,那种走捷径的做法,也往往将其他审美领域中现成的艺术创造成果,移花接木地掺入新闻文化之中,所以在艺术创造上也往往是低能的。

所谓"合理想象",即对于事件中的一些部分以想象来填充。实际上是以其他审美领域特别是艺术领域中一些艺术惯例,来补充事件发生发展过程中的审美感悟。其中,有的是对一些风光景物、具体器物的描写,由于当时当地未能加以审美观照而在以后用想象来代替,有的是对事件中诸如人物的感觉、心理,以及无法考知的一些行为过程的叙述中加以想象,以使叙事获得某种审美效果,这都造成了"真中有假",尽管事件的总体上是真实的,却由于细节的虚假而失去了新闻性。50 年代新华社发表的一篇报道《马特洛索夫式的英雄黄继光》,事件是真实的,但报道中描写黄继光牺牲前的刹那间却进行了"合理想象",记者写黄继光"每一次轻微的呼吸都会引起胸腔剧烈的疼痛","黄继光又醒来了,这不是敌人的机枪把他吵醒的,而是为了胜利而战斗的强烈意志把他唤醒了"……都是出自用其他艺术创作中的同类描写来代替对事实的考察与寻求。当时新闻界为此进行了一场讨论,最后著名记者华山以《文学不能代替现实》[①]一文对讨论作了总结,强调"任何以虚构代替深入发掘材料和苦心组织材料的做法都必须坚决反对",对坚持新闻的根本特点,防止错误地以艺术创作代替报道事实进行了深刻的论述。我们认为,这对于新闻审美文化中的"艺术创作"现象是很好的针砭。至于那些对事件的情节进行偷置倒换,想象成分大于现实存在的事实的作品,只是"假中有真",成为完全失去了新闻价值的"假新闻",虽然可能新奇有趣、生动具体及曲折动人,但反而会造成很大的危害:作为新闻作品失去了可信性,作为艺术作品也不能够进入纯粹的艺术创造领域,成为一种没有价值的文化产品。

以激情扭曲现实事物,往往是由于新闻工作者以激情的体验代替客

---

① 　华山:《文学不能代替现实》,新华社《新闻业务》1958 年第 18 期。

观观察的结果,使新闻事实中的一些因素被夸大变形。西方新闻学界对消灭"闪闪发光的空话"所作的规定,正是基于激情的驱使容易造成滥用形容词,以"非常"、"极端"、"很"……之类的词汇描述事物,从而造成事实描写的失真,损害新闻作品的准确性。因此,尽管叙述中的情感色彩不可能消除,但是新闻工作者却应注意不能够以情感来扭曲事实,而只能以情感评价和判断事实的性质。例如中国古代历史写作中的"春秋笔法",讲究以一字寓褒贬,体现作者的情感态度,如将大臣杀君写作"弑其君",就表明了对事件性质的看法,但是并不随意在"弑"前滥加诸如"无比残暴"、"极其残忍"这类的形容词,而严格以事实说话。这种严谨的态度是值得新闻文化借鉴的。

所以说,新闻文化中的审美想象与激情必得严格控制,防止对现实事物的扭曲改造,而要求努力寻找与发现现实事物之中的美,并按其本来的样子进行再现。

2. 追求审美的永恒性而失却了新闻的当下性,使新闻作品减少了对当前世界的现实意义,成为单纯的艺术品

一篇新闻作品可以成为历史的永久记录,也可以成为艺术作品而具有永恒价值,但首先却必须是新闻,对当下时刻的现实世界发生作用和影响。一些新闻作品由于片面追求审美价值而削弱与降低了新闻价值,就为追求永恒而失却了当下。

新闻审美文化要注视事物的感性、生命性与心灵特征,首先要把事物从与现实背景的功利性联系中分离出来进行观照。例如对一名政治家某种面部表情的特写照片,较之将此政治家放置于某个宏大的群众场面中拍摄往往更具有审美的效果。其原因就在于集中对这位人物的富有感性、生命性和心灵特征的方面进行审美观照,较之单纯说明他在干什么事能够激发更多的审美感悟。但是,不能直接说明某种面容的时空背景与现实联系的照片往往却又失去了新闻的价值。因此,并非审美地表现当下现实事物的作品都能够成为新闻作品。例如有的摄影记者拍摄的人物照片,虽然具有很高的审美价值,但是人们从中既看不出,也无法提问"五个 W 和一个 H",这就失去了新闻价值,只能作为单纯的艺术作品。新闻

作品在关于自然风光、民俗风情、人文景观等方面的审美表现中,都容易产生这种现象。

新闻摄影不过只是突出地表现了这种现象,在新闻文化的其他类型作品中也有同类现象发生。例如在对某一事件的审美表现中,对事实中激动人心的东西的重视和突出表现,常常使事件获得较高的审美价值,这需要超越对事件所作的现实解释,引发出人们对"不在场"的深远内涵与意蕴的理解与感悟。但是,过分追求"不在场",往往又会造成对"在场"的诸多现实关系的忽略。例如关于日食的报道,有人精心描绘日食的奇异而又美丽的景象发生发展的全过程,这自然具有了审美的价值;对日食现象所蕴含的"不在场"的东西的追求,则又将人们的目光引向整个宇宙、自然的深处,从而使"瞬间"与"永恒"、有限与无限统一了起来。但是同时日食对当时当地的人们的现实影响却遭到了忽视,从而降低了其新闻价值。

因此,新闻审美文化中,为了防止过分追求审美性而忽视新闻性,必须注意在事物与现实世界"背景"的联系中,表现事物的审美特征。这种联系倘若过于直接、功利或功用,则容易使新闻文化失去审美性;但是若切断太多,使新闻审美文化的表现对象与现实背景之间缺乏关联,则削弱了新闻性。如何审慎地处理好两者之间的关系,既要根据新闻文化自身的格局需要,又要根据现实世界中人们对新闻文化的主要需求来作出决定。

3. 滥用审美手段造成强烈刺激,强制性地灌注某种价值观念与理念

法西斯主义新闻学信奉"谎言重复千遍就会成为真理",殊不知即使是真理重复千遍也会令人生厌,祥林嫂式的新闻宣传只会产生反效果。因此,新闻文化中就出现了把谎言打扮得美丽,真话包装得精致的现象。但是,即使是真理,随意涂抹太多的审美油彩,以一种虚假俗艳的姿态去取悦和征服受众时,也往往失去了真理的原来形象,反而招致抵制与反感。赤身裸体的真理拥有更为强健的生命力和美感。在新闻文化中,不是用事实本身说话,而是外加审美手段,以比喻、抒情、景物描写等煽情手段来强制推行某种价值观念与理念的做法,就会造成审美的歧途。

新闻要用事实说话,同样也必须从事实中审美。在新闻文化中却有

着为了作者的某种需要，而以审美的手段来从外部装点事实的做法。例如"文革"期间，新闻作品不是以"东风万里红旗飘，六亿神州尽舜尧"之类的诗句开头，就是以"春风送暖，嫩草抽芽"之类的景物描写来形成气氛，或是以抒情性语句来领起全篇或作结尾。表现在新闻语言上的"假、大、空"往往是为了煽情的需要，以艺术的手段硬贴到新闻事件上，使新闻用事实说话变成了用浮华美丽的词句说话。这种外加的审美手段本身由于缺少感性的、具有生命性和心灵性的事实为根源，也往往流于僵硬、单调、重复，并表现为对形容词的滥用，如"最"字的泛滥与重叠就是突出的例子。这种作者为了某种需要，强加于新闻作品事实叙述之上的审美手段的运用，有时能够起到把观念"审美化"的作用，造成某种新闻巫术，产生出迷狂与陶醉。但唯其如此，才造成极大的危害。这实际上是"魔弹论"在实践上的一种变种，即用审美的手段把新闻传播的"子弹"制造为富有魔力的"魔弹"，使受众心甘情愿地"中弹"。

这里，当然不是说新闻文化的审美手段不能用来宣传、倡导某种价值观念和理念。事实上，新闻审美文化对现实事物的审美选择、观照与表现中总是或隐或显地体现出某种观念，对受众起着潜移默化的作用。只是新闻审美文化应当对现实事物进行审美，而不是使审美成为某种观念的传声筒。换言之，审美地表现出来的观念应当从对事实的审美发现过程中得出来，而不能强给观念穿上审美的外衣或使审美变成对观念的演绎。正如马克思在讨论美学问题时所说的，应当莎士比亚化，即从现实生活本身审美地得出对某种观念的认识和把握，而不能席勒式地把个人变成时代精神单纯的传声筒，以感性形象演绎某种理性观念。马克思的观点虽然是针对艺术领域的审美活动，对新闻文化中审美活动的误区同样具有深刻的启示作用。所以，对于真理无须包装，但可以从真理本身去发现美。在新闻文化中真理与美又同是寓于事实之中的，因而审美地观照事物中的真理，是走出滥用审美手段粉饰某种观念的唯一途径。

4. 以低下的审美情趣去观照与表现事物，制造劣质的新闻审美文化产品

审美情趣有高下之分，雅俗之别。新闻文化由于是一种交往文化、公

共文化,因此更为注重审美上的通俗效果,努力为更多的受众提供审美享受。但是通俗并不等于媚俗和低俗,在通俗的形式中照样可以体现出高超的审美境界,许多新闻审美文化名篇都可以证明这一点。而由于审美能力和审美情趣上的差异,一些新闻工作者在现实世界中追寻、发现、选择与表现具有审美特征的事物时,往往走入媚俗与低俗的误区,显示出不健康的审美情趣;恶劣者甚至拿肉麻当有趣,在受众中产生不良影响,败坏了新闻审美文化的声誉,以致使人对新闻文化追求趣味性与娱乐性等审美特性表现出反感和厌恶。

　　西方的"黄色新闻"就常常迎合受众的低级趣味,用色情、凶杀之类的耸人听闻乃至刺激人欲的货色来招揽读者。美国新闻学家埃德温·埃莫里和迈柯·埃莫里在他们合著的《报界与美国》一书中指出,黄色新闻"用一种尖声嚎叫、矫揉造作、耸人听闻、不负责任的新闻堵塞普遍人赖以获得新闻的报道。这种新闻把高尚的生活戏剧变成了廉价的闹剧"①。生活中虽然有严肃的正剧、崇高的悲剧、欢快的喜剧,却也有着低俗的闹剧。问题不在于是否看到生活中的闹剧,而在于以怎样的审美眼光来观照这些闹剧,以怎样的审美手段来表现这些闹剧。所以对"高尚的生活"的审美表现并不一定就是高尚的,而闹剧要不变成"廉价的"就需要高超的审美眼光。黄色新闻中的错误倾向正在于审美情趣的低下而不在于观照什么样的生活内容。

　　由于低下的审美情趣认为新闻审美文化的感性观念就是要造成感官刺激,忽视对感性本身的审美陶冶,所以往往着意渲染事实中最能刺激人们感官的成分。西方黄色新闻中对一些血腥场面的精心描绘、犯罪细节的刻画等,其主要目的就是为了刺激受众的感官,并认为刺激愈强,则审美效应愈大,从而丧失了审美的引导与净化功能。另一方面,又往往把审美对生命的观照简化为对欲望的表现,忽视对人的心灵的考察,从而造成对人欲的突出表现。这不仅在西方新闻界存在,中国一些地摊小报、"法

---

① 《社会新闻——社会的镜子》,见黎信主编:《外国新闻通讯选评》(上),长征出版社 1984 年版,第 379 页。

制新闻"等为了迎合受众,也常常出现这些不良的倾向。其内在原因,正在于审美趣味的低下。

对于文艺现象的报道中,新闻工作者审美鉴赏能力、审美趣味的高低也起着重要的作用。一些新闻工作者把低劣之作捧为杰作,新闻媒体中"大师"、"大家"等满天飞,却往往如过眼烟云,一去无踪迹。但是却对受众产生了不正确的审美引导,影响了全社会的审美氛围的形成和审美水平的提高。因此,如何在高雅艺术普及化及提高受众的审美能力上下功夫,是新闻审美文化的一个重要课题。对于一些文艺明星的生活情节的审美化描写中,一些新闻作品由于审美趣味较低,着意描绘其生活中不健康的方面,由于明星在艺术上的重大影响而使其生活方式对新闻受众产生影响。对诸如富豪赠财宝、权贵赏别墅之类,津津乐道。明星的某些错误想法与说法,也照本实录,赞赏有加。而这些现象的出现,与在审美领域中对心灵升华的淡漠不能不说有着密切的关系。所以,要提高新闻作品的审美品位,必须提高新闻工作者的审美能力和审美情趣,以正确的审美观念观照现实事物,才能造出高质量的审美文化产品。

四、通观"真、善、美"

有歌曰:"借我、借我一双慧眼吧,让我把这纷扰看个清清楚楚、明明白白、真真切切。"世事纷扰,往往"真""假"难辨,"善""恶"混杂,"美""丑"莫分;新闻文化以认知的慧眼试图"真真切切"地看清"真""假",用伦理的慧眼寻求"明明白白"地分辨"善""恶",以审美的慧眼努力"清清楚楚"地认定"美""丑"。三"双"慧眼各具功用,缺一不可,同时却又"合"为一双,相辅相成。那么,这三"双"慧眼之间有着怎样的关系呢?

新闻文化作为"借"给受众的一双"慧眼",观照事物的范围几乎无远弗届。但是却又有自己的规定性,不仅在观照事物的深度和强度上有着特定的界限,而且在运用某种"眼光"时,也必须从自身的特质出发,从而使"眼光"本身也有着新闻文化的特点。换言之,无论是什么样的"慧眼",

在新闻文化中都必须变成"新闻眼",才能服务于新闻文化的特定任务和目的,成为新闻文化组成部分。所以,新闻文化中的"真"、"善"、"美"三种"眼光",首先是统一于"新闻眼"之中,作为"新闻眼"的主要组成部分而存在的。

"真"、"善"、"美"的统一是人类的理想追求。三者之间也有着内在的统一,因为人的知、情、意本身就不可截然分离,作为人的精神世界的有机组成部分,是相互融合、相互渗透的;但是,三者之间又有着不可通约的关系,即一种价值系统不可完全归结为另一种,反之亦然。新闻文化的基点是求真,因而新闻伦理文化与审美文化都必须在此规定性下发展。在这一前提下,新闻认知文化、伦理文化与审美文化具有各自的发展方向和价值追求。对新闻作品的文化品质的评判必须依据各自特定的价值取向,按照不同的价值系统来进行,否则,就容易造成"以尺子量重量"的错误,无法正确判定新闻作品的文化价值。对新闻文化中三种不同"眼光"的区分,其意义正在于揭示各自特有的取向、范围和作用,以便正确地运用。

无论是辨善还是审美的"眼光",在新闻文化中都必须从现实事物的真实性出发。但是"真"的并非一定是"善"的,相反,对事实本身的伦理判断,并不能靠对事实的认知来达到,而必须用伦理的"眼睛"来分辨。例如对同样的事实,不同的新闻工作者就其真相如何可以达到共同的认识,但是对事实伦理方面、伦理意义的判断却可能迥然不同。新闻媒体中常就某些事实展开讨论,虽然大家认知了共同的事实,对事实的伦理性质却有着不同的看法,有时甚至是针锋相对的看法。如对于"贵族学校"、"打破铁饭碗"等问题的讨论,事实判断("真"与"假")就不能完全代替伦理价值判断("善"与"恶")。同样的道理,事实判断也不能完全代替审美价值判断,虽然伦理、审美判断都必须以事实判断为基础。

在"善"与"美"之间,也有着复杂的关系。中国古典美学往往倾向于将审美伦理化,认为"善"即是"美"。这当然有其深刻性,人们对于"善"的事物往往更容易进行审美接受,而没有什么心理上的障碍。但是,一件"善"事的新闻报道却并不必然产生美感,而只有进行审美的观照与审美的表现才能够具有审美属性,所以,"善"与"美"并不能简单等同。更为重要的,是美的领域远较善的领域广大,许多审美现象并不能用伦理观念进行诠释,例如西方的一些黄色新闻,运用艺术手段进行细致描写,突出表现某些犯罪事件,虽然具有一定的审美价值,却失去了伦理价值甚至可能具有负面的伦理价值。因此,对于新闻文化中三种不同的观照世界的"眼睛",首先必须尊重其各自的特性,划定它们之间的某种疆界,这样才能更好地发挥各自的作用。

另一方面,新闻文化中三种不同的文化种类虽然为现实人生开辟了不同的生存意义空间,但由于人的生存活动的因缘整体性和相关性,三者之间又有着相互激发、相互生成、相互作用的关系。对新闻事实的深入认知得到的"是怎样",常常自然地引出"应怎样"的问题;而"应怎样"又必须根据"是怎样"来作出回答。例如"见死不救"的事实报道中,必然蕴藏着新闻工作者的伦理情感与伦理评判;而对于"应怎样"的伦理思考,又要从对事实的具体分析与描述中得出。伦理的观念又往往促成对事实的深入认知。对于"善"、"恶"现象,人们的追根究底,更多的是出于强烈的伦理情感。同时,新闻文化要回答"应怎样",也需要对"是怎样"本身作出切合实际的认知。在伦理情怀与审美冲动之间也常有深刻的联系,对于"善"、"恶"的情感反应,如果能够加以观照与表现,就具有了审美性质。特别是由于心灵性因素在伦理文化中的重要地位,对"善"、"恶"的动机、意向、愿望等心灵因素的观照与表现,使新闻伦理文化与审美文化达到一种自然的交合。例如对焦裕禄、孔繁森等"好干部"、"好榜样"的报道,新闻工作者都自然而然地产生了审美的冲动,进行了审美的观照与表现,使他们的事迹呈现出了慷慨悲歌的审美风貌。"美"又常常启动着"善"的追求。例如新闻文化中关于自然风光、人文景观的美的表现,关于社会生活中美的事物的展示,对弘扬环境伦理、社会公德等等有着极大的推动作用。同时,也启发新闻工作者更多地重视有关的伦理问题,吸引伦理的目光进入审美的领域。即使是低劣的新闻审美文化产品,如追求感官刺激、生理欲望等低级趣味的作品,也容易激发其他的新闻工作者重视其中的伦理弊端,并加以纠正。更为重要的,是"美"的事物吸引新闻文化目光的同时,对"美"的追求与向往自然地引起对现实世界中"应该"如何向"美"靠拢与融合为一的思考,从而促使从某些方面发现与叙述现实世界中的伦理现象。"美"对于求"真"也具有较强的推动作用。李泽厚所说的"以美启真"①现象在新闻文化中也不鲜见。许多学者提出的新闻价值的"趣味性",如果从一个较大的角度来看,实质上是一种审美性;但审美性并不限于趣味性,而具有更为宽广的内涵。构成新闻价值的与其说是趣味性,不如说在更多的时候表现为审美性。对于具有审美性的事物的兴趣,并不单单导向审美,在新闻文化中更导向认知,即对事实真实性的追求。在认知过程中一些审美因素也会引导认知的具体与深化。而新闻作品在表述上由于要按美的规律进行造型,所以对事实的追寻与观察也要适应表述的需要,进行选择、安排与组织,从而使呈现出来的"真"也有着"美"启动的印迹。

新闻文化中"真"、"善"、"美"的相互激发、相互启动与相互作用,从根本上看,是由于人在生存活动中,对"真"、"善"、"美"的追求是统一为一个整体的。新闻文化由于覆盖了人的整个生存境域,因此,在新闻文化中,人们同样既要求真,又要趋善,还要爱美,使"真"、"善"、"美"在新闻文化中形成为一个系统,在系统中相互联系与相互作用。这样,我们又应当以系统的眼光看待新闻文化中"真"、"善"、"美"的相互关系,使它们保持某种协调、和谐的结构,促进整个社会的文化生态的和谐发展。

新闻文化中"真"、"善"、"美"的调和与统一,在不同的情况下有着不同的立足点和归结点。在新闻文化的整体格局中,各种媒体如电视、电台、报刊之间的竞争与互补,使它们各自吸取其他媒体的长处,使自身获得某种较有内在统一的结构,其中对认知、伦理、审美诸文化领域的协调安排,就是要建构一种均衡稳定系统的要求的反应。各种媒体对自身系统结构的调整,有助于找到自己的合理位置,如突出某个方面以显示自身特点,同时又发展其他方面以求全面发展;各个媒体的自我调整,又有助于新闻文化总体系统格局的形成,在各个媒体中畸轻畸重的认知、伦理与

---

① 李泽厚:《美学四讲》,《美的历程》,安徽文艺出版社1994年版,第485页。

审美文化,却通过整个新闻文化的合理布局而得到协调发展;更为重要的
是新闻文化在观照与反映现实世界的各种事物时,要注意"真"、"善"、
"美"在现实世界中的系统关系,防止某个领域的片面发展造成对其他领
域的忽视与损害。例如在一个只重伦理文化的社会中,新闻文化偏重于
对人、对社会作伦理的观照与表现,就容易忽视社会中存在的其他现象,
如人们对事实的轻视,对审美追求的放弃与淡漠等。在"文革"时期内,这
种现象就十分突出。虽然其产生原因十分复杂,但新闻文化却必须予以
重视。再如在加快经济发展的过程中,一些新闻媒体片面突出物质文明
建设的报道,而对关乎人们精神文明的伦理、审美文化却有所忽视。这些
现象的出现,都要求新闻文化从哲学层面上反思"真"、"善"、"美"之间的
系统关系,以形成价值追求的"智慧",在使新闻文化本身和谐发展的同
时,引导社会的整体文化得到健康发展。

第五章　新闻中的科学文化与人文文化

从一个更广的角度来看,新闻中的伦理文化与审美文化同样是人们认知世界事物的特定形式,都可以归结为认知文化。但是,由于认识、知识的观念长期以来总是与"科学"的观念相联系,而把伦理、审美活动与认识活动区分开来,因而,造成了人类观察世界事物的两种不同的取向、方法和态度,形成两种不同的"眼睛",那就是科学文化与人文文化的"眼睛"。在"新闻眼"中,科学观念与人文观念占据着重要的地位,发挥着重要的作用。

科学作为一种文化基础和形式,早已树立了牢固的权威,成为评判人们认识和知识的尺度。新闻文化作为一种交往文化,首先就在于新闻文化发展出了人类的一种崭新的交往方式,拓展了人们的交往关系,形成了巨大的交往空间,而这又与新闻文化作为一种媒介文化是分不开的。新闻媒介正是现代科技日益发展的成果。因而,在新闻文化中,科学文化首先就有着某种决定性的、构成性的作用,在某种意义上,可以说,新闻文化乃是科技文化发达的产物,本身就是科技文化的一部分。因此,也必然具有科学文化的基本特征和重要功能。更为重要的,新闻文化由于与科学文化的密切关系,自始就接受和坚持着科学文化的观念。以科学文化的观念观察世界事物,成为衡量新闻文化认知成果的重要价值标准。在新闻文化中,我们要重视的也就不仅是新闻文化中的科技内容,以及新闻文化的科技传播,而主要是新闻文化中以科学的观念来观察世界事物的精神、态度、方法和手段,简言之,就是"新闻眼"秉持的科学的"眼睛"。

那么,什么是科学呢?许多思想家和科学家都曾为科学下过种种定义,这里我们不拟加以讨论。自然科学的成就已经使科学的观念进入人类生活的一切领域之中,科学,也成为人们对世界事物的一种极为重要的观察方式和求知手段。因此,在这里我们采用广义的科学概念,那就是指以理性的手段对确实的对象进行客观、准确认识的活动及其成果。所以,在自然科学之外,人们又发展出了社会科学。在科学的"眼睛"面前,世界是不依赖于人和人的主观意识而存在的。这不仅是因为科学揭示了人类存在以前已具有了广阔无垠的物质世界,而且还证明了世界并非人的精神创造;更为重要的是,在科学文化的视野中,人本身首先也是一种物质性的存在,人的意识、心理同样必须作为一种客观的对象来加以认识,人类社会的运动、发展等也应当进行科学的研究。所以,在科学的眼睛中,世界是没有人出席的世界。

与之相对,人文文化则是以人为中心的文化。这种文化始终注视着人,尊重人本身,以人为价值的取舍标准,在人文文化的视野中,世界是与人不可分割地联系在一起的,人与世界之间是一种"共在"的关系,在这种关系中,人又占有着至高无上的地位,是人赋予世界以价值和意义。因此在人文文化中,更为重视的是人的生活世界。由德国哲学家胡塞尔提出的"生活世界"概念,指的是人们日常生活的世界,即人所直接经验的周围世界。在生活世界中,人所看到的是一幅有人出席的、有目的、有意义、有价值的图画,与科学文化的那幅没有人出席的、没有目的、意义的世界图景形成了鲜明的对照。因此,人文文化的"眼睛"中更多地融入了人之为人所具有的情感、意志和愿望,充满了人的心灵特征。新闻文化作为交往文化,也就不能不具有对人的世界本身的关注,因而人文的"眼睛"是不可或缺的。

美国哲学家威廉·詹姆斯按性情气质把哲学家分为两类,一种是"硬心肠"的哲学家,把宇宙人生都看作与自身没有意义关系;一种是"软心肠"的哲学家,把一切事物都看成与自身有着意义关系。新闻中的科学文化与人文文化,正可以看作两种不同"心肠"所产生的哲学观念的体现。新闻中的科学文化,要求着新闻活动中的"硬心肠",即排除与自身的意义关系及价值联系,而予以理性的冷静考察;而新闻中的人文文化,则要求着以"软心肠"来观察世界事物,始终保持着对人的关切,着力沟通人际关系及人与世界之间的关系。这两种不同的文化观念所形成的不同的"新闻眼",在新闻文化中所具有的独特作用,以及两者之间的关系,都值得我们重视和深思。

一、科学观念与人文观念

新闻文化中的科学观念十分突出和鲜明,并已成为新闻文化的重要价值标准,那就是:客观、公正、准确。而新闻文化中的人文观念则往往隐而不彰,但又通过某种形式顽强地表现出来,例如关于新闻的社会责任等问题的探讨,如果放置在人文文化的视野中来考察,就可以得到某种更为贴切的阐释。新闻中两种不同的文化观念形成的不同的"眼睛"的内在构造的不同,可以由分析科学观念与人文观念的差异来加以阐释,从而对新闻文化的特征作出更为明确的把握。

1. 客观性与主观性

所谓"客观",实际上就是指把事物当作"客体"来"观"。新闻文化的"客观性"观念,正是科学主义文化的产物。这种观念在把世界事物看作是不依赖于人而存在的自在客体时,实质上就是要把作为观察者的认识"主体"排除在"主体"所观察到的世界之外。所以,虽然在"客观性"观念中已必然地有着"主—客"关系,但是主体对客体的作用和客体对主体的反作用是被严格排斥的,而是假设着以客体本身的尺度去认识客体。这样,客观性又意味着"客—观",即主体本身也要求被作为客体,如客体一样观察客体,"主—客"关系实质上被变为"客—客"关系,即所谓"以物观物"。也就是说,科学中的客观性观念要求把观察中的"主体"排除掉,而任何以观察者的自我为中心的主观性,都会对观察对象造成损害。换句话说,就是要排除培根所指出的"族类假象",而以宇宙本身的尺度去测量宇宙。

新闻文化以求真为最高指归,要求再现事实,就必须做到消除新闻工作者观察事实时的主观性,以达到对客观事实本来面目的把握。这意味着新闻工作者尽管懂得自己存在于这个世界上,新闻事实对自己与自己对事实都或多或少地施加了某种影响和作用，但却要努力地消除这些影响和作用，从而使观察到的结果无限地逼近事实本来的情状。在新闻文化中，对自然界和人文景观的观察固然容易排除主体的影响和作用，例如对于月蚀的观察、陨石的观察，无论新闻工作者具有什么样的性情气质，属于哪个国家或社会阶层，都不会改变和影响观察的对象，对观测的事实的描述也可以在最为基本和主要的方面保持一致，只要把每个人的主体感受加以排除，就可以达到某种"客观"、"真实"的认识。对于建筑物、科技产品等人类创造的物质文化的观察与描述也可以做到这一点。但是，新闻文化观察的对象更多的是与人相关，包括人与物、人与人之间的关系的社会生活，在这样的观察中，新闻工作者本身就存在于社会系统之内，难以做到像自然科学观察月球一样，观察主体既不会影响月球的轨道，月球对观察主体施加的影响与作用也可以加以排除，从而得出客观的认识。相反，新闻工作者本身所具有的精神世界，本身所属的社会关系，都会与社会系统发生种种关系。例如某一事实中人物的行为激起新闻工作者的爱憎情感、造成的社会影响，都会对新闻工作者产生巨大的作用，造成观察结果的偏差。但是，这并不意味着新闻工作者在对关于人类社会自身的报道中可以放弃客观性的原则。相反，新闻文化的客观性观念正要求尽可能排除观察的对象作为客体对于主体而产生的反作用，例如决不能因为观察对象是自己的仇人，就故意加重他罪恶的砝码，新闻工作者自己的爱憎必须加以排除，回归到对事实本身的认识。

新闻文化的"公正"观念，正是要求对新闻工作者个人所具有的价值情感和偏见加以排除，而保持一种价值上的中立，即只尊重事实本身，从事实出发并回到事实。因此，新闻文化的"公正"观念，要求新闻工作者在观察和表述新闻事实时，必须保持清醒的头脑，对事实进行冷静的观察和思考，消除个人的喜恶偏好对观察结果产生的影响。这种价值中立，也可以表述为一种"平视"的态度，即对于对象的平等相待，中止对于对象的价值评价和价值情感投射。所谓"记者的舌头是缩在后面的"，正是指记者必须首先消除自己的"先入之见"和预先带有的框框，而首先对事实本身进行冷静的观察。日本作家井上靖在描述新闻记者时曾说"记者不承认权威……在他们看来,政治家也好,艺术家也好,学者也好,所有的知名人士,都是普通人"。这正是一种对对象"平视"的眼光。既不崇拜任何对象,同时也不应鄙视任何对象,而只是采取一种客观的态度,公正地再现事实的真相,才能够达到新闻文化的"客观性"要求。在对包括人和物在内的复杂的社会系统、生活世界进行认知时,要做到价值上的中立,即所谓"公正",不偏不倚地反映客观事实的真实情况,显然是一个更加困难的要求。

在人文的"眼睛"中,人本身的投入是一个必要的条件,认识主体不可避免地要把自己的好恶偏爱、喜怒哀乐注入自己的认识活动之中,这就必然造成认识活动中的某种"主观性"。新闻文化作为一定的社会集团、阶级、党派的耳目喉舌,更是反映着特定的人群的主观愿望和要求,体现出特定的利益关系。美国当代哲学家理查·罗蒂从人类活动方式上揭示了"协同性"与"客观性"的区别和联系,他以协同性指示着社群中人们在兴趣、目标、标准等方面的一致性,客观性则指真理有独立于或外在于社会和人类的客观存在性。也就是说,协同性在人类的认识活动中同样占据着重要的地位。我们认为,新闻文化由于代表着一定的社会集团的利益,所以必然就具有"协同性"的认知特征;当新闻工作者以"协同性"的观念去观照世界事物时,追求的是与社会现实和社会实践相关的带有价值判断的认识,这时,新闻工作者并非置身于事外的旁观者,只去寻求一种使自己脱离了周围实际的人,不把自己当成某个其他实在的或想象的团体中的一员,使自己获得某种客观性的认识,相反,却是在某种客观性的基础上,寻求一种协同性的、带有一定社会集团价值观念的认识。

这样,新闻工作者与所观察的对象之间,也就不再是"主—客"关系或"客—客"关系,而是表现为"主—主"关系。这是因为新闻工作者本身也无法脱离整个社会系统及其规律,必然要使自己参与到社会系统的相互作用之中,这样,新闻工作者的主观性在关于社会生活的认识中也就无法完全消除,难以做到一种超然的、价值中立的"客观"。首先,这是因为新闻认识主体对认识客体往往产生作用,影响客体本来的状况。新闻工作者在采访活动中与社会中各种人物的接触、提问、交往,本身就对他人本来的状况造成了改变。如采访中提出的问题对被采访者的情绪、行为等产生的影响，新闻作品发表对客体的干预，发展中的新闻事实被新闻工作者的活动造成某种变化。所以，作为"主—主"关系，新闻工作者与认知对象之间的相互作用促使了客体不能保持本来的面目。其次，新闻认知的客体对新闻工作者的主观世界也会产生反作用。由于新闻工作者本身就属于某一特定的社会群体、阶层与阶级，因而，当认知客体是社会系统时，客体本身的状况又会以种种方式影响到新闻工作者的认识活动。所以，在新闻文化中，认识活动带有某种主观性是必然的。

其实，新闻文化中的"主观性"并非是必须驱逐的恶魔。新闻工作者之所以关注某些事实、忽略某些事实，本身就带着社会的、个人的种种价值观念。新闻工作者作为有情感的活生生的人，也必然要将自己的主体特征带入到认识活动中。尤为重要的，由于新闻工作者更多的面对的是人，所以在新闻文化中必然要体现着以人为中心的人文观念，人与人之间的认识关系中也更多地带有着人之为人的感受、理解和把握。新闻人文文化的"主观性"观念，就要求新闻工作者对于认识对象有一种价值认识和主观感受，体现出新闻工作者本人的某种主观判断。这种以人为中心、以人为尺度的认识和评价，能够更好地展示认识对象的人性特征，并建立和弘扬某种做人的标准、伦理的规范和审美的追求，与科学观念的"客观性"相比较，自有其不可替代的作用。

2. 理性与非理性

在科学文化的观念中，理性是一种基本的观念。科学探索不满足于感性认识，而是要形成理性认识，即对发生和形成事实的原因或根据进行把握。新闻文化求"真"同样要对新闻事实的原因、根据、趋势和规律等方面进行探究，力求"透过现象看本质"，逆溯事实的真实的来龙去脉，把握事实之间因果链条的内在联结，这就需要人们运用理性的观念，以逻辑推理为基本方法，通过概念、判断、推理等思维活动，揭示出事物的内在本质和特性。因此，对事实的客观性、公正性的观照，固然要消除新闻工作者的情感和意志的影响，而对事实作进一步的深入了解，就更要启动理性的思维工具，运用概念、判断和推理等方法，把握事实的本质和规律，使对事实的认识进入更高的层次。

新闻文化的科学观念要求新闻工作者对事实的本质和规律进行把握,这就首先要求新闻工作者以较为准确的概念来对事实进行理性认识。由于大千世界的事物之间既存在着复杂的联系,又有着质的区别,为了从众多的事物中发现、选择、表述和传播新闻,就必须明辨事物之间的内在差异,从而突出新闻事实与一般事实及其他事实之间的本质区别,确定事实的特性和本质。简单地说,记者用概念来观察和分析事物,实际上是用给事物命名的方法,使事物被分门别类,从而掌握事实的本质特性。例如在对美国宇航员于 1969 年 7 月 20 日登上月球的新闻报道中,美联社记者在题为《美国宇航员登上月球》的报道中,以"美国星际航行员阿姆斯特朗今天晚上格林威治时间 2 时 26 分成了第一个登上月球的人"作导语,而合众国际社播发的报道同一事件的新闻中所用的导语则为"人类登上了月球!"一个所用概念是"美国星际宇航员阿姆斯特朗",一个则是"人类",何者内涵更为准确、贴切,更能表达事件的本质,一望可知。记者在对事实命名的过程中,实际上是通过某种概念来更为严密、深入地把握事实。诸如某"模式",某"现象"等概念的提出,本身便是对事实作出的某种抽象和概括。而对一些概念的精确化表达,如以"犯罪嫌疑人"代"罪犯"等,则表现了新闻记者思维和观察事实的更为理性的态度。反之,对于一些概念的错误运用,特别是表现在一些重要事实上,则会造成对事实本身的歪曲和失真反映。大如"文革"时对知识分子以"红"、"专"概念划分等,小如对一些事实运用概念不准等,都在新闻工作中有过沉痛的教训。

新闻文化为了求取事实之间的因果关系及事物发展的规律,还需要以判断和推理等智力形式来观察和认知事物,达到对事物的理性认识。新闻工作者在以概念来分析事物之间的差异,掌握事物的本质特征的过程中,通过对不同事物的概念之间的联系和关系的把握,对事物的状况和性质进行断定,形成判断。而通过对某些判断的分析和综合再引出新的判断,就能够反映事物之间的内在联系和发展趋势,由已知的情况合乎规律地推出未知的东西,这就是推理。科学的理性观念显示出来的智力特征,主要就通过判断和推理表现出来。在新闻文化中,新闻评论中对各种新闻事实的分析就常常运用了理性的判断与推理的方法,在对事件的解释性报道中也比比皆是,即使在对各种事实的叙述和再现中,也不可避免地有着判断和推理,隐含于叙事的模式结构之中,使事实之间的关系以及事实的发展趋势、规律清楚地显现出来。

因而,新闻文化中科学的理性观念主要在于概念、判断、推理的有机运用,三者之间是相互联系,交相为用的。概念是浓缩了的判断,判断是展开了的概念,推理则是判断之间矛盾关系的展开;同时,概念和推断又总是推理活动的结果。通过理性的观察和分析,新闻文化可以超越对世界事物的感性认识而进入到理性认识,从丰富复杂、纷纭变化的事实形态中得到某种本质和规律的认识;能够从一切情绪的迷茫和各种权威的迷信中解脱出来,遵循着理性的准则,实事求是地把握事实的本来面目。但是,正如人的精神世界中不仅有着理性而且也有着本能、感觉和意志等非理性因素一样,世界事物本身也决非仅以某种抽象的概念和简明的规律就能够完全把握的。特别是在对人本身的精神生活和人类社会的认识中,超越理性的非理性观念更能接近和描述对象。因而,人文观念与科学观念强调理性迥然异趣,它更为强调在对世界事物的认识中运用非理性的因素。在新闻文化中,非理性的观念也同样有着重要的作用,与理性观念注重概念、判断、推理等认识不同,非理性观念更注重感悟、形象、直觉、情感等认识。

新闻文化对于世界事物的把握,首先是从新闻工作者对于世界事物的主观感受出发的。这种主观感受,并不总是要上升为理性,因为经过理性的过滤和筛选,感性内容往往被榨干和缩减。保持感性的丰富性和新鲜活泼的冲击力,新闻工作者对于事实往往可以获得更为充盈与具体的认识。特别是新闻文化作为交往文化,所面对的对象往往是人类的生活世界,需要对人、对社会有某种很强的感悟能力,而且新闻文化的成果,又是与人进行交往的,因此也需要传达人所共有的感受与领悟。

这就需要注重对世界事物形象性的把握,力求传达世界中形形色色的人与事。在新闻审美文化中我们已经讨论了形象在新闻中的重要作用,这里只要再强调作为非理性因素的形象思维,在认识世界过程中有着其独特的、不可替代的作用。直觉作为对事物一种不假思索只根据瞬间印象而刹那得出的灵光一闪式的认识,虽然有时不够准确,但是却能够产生出认识主体的意向与认识对象之间的某种最佳的契合。许多新闻工作者在面对一些事实时,往往由于特殊的敏感而发现其中蕴含着的巨大的新闻价值,其实正是由于新闻工作者潜在的意向,即对事物的一种特定的意识指向,处于一种被瞬间激活的状态之中,所以能够一下子"切中"事实的某种特定本质。这在采访、观察、选择和叙述事实的整个过程中都有所表现。

情感的投入乃至激情的状态在新闻工作中尤为重要。采访过程中,新闻工作者与被采访者之间作为"主—主"之间关系,难以避免地有着情感上的沟通、抵触、交锋乃至冲突。如何处理好与采访对象之间的情感关系,最大限度地"挖"出新闻,本身就是一个重要的课题。而新闻工作者与世界事物特别是社会人生的事物之间,总是存在着情感上的关系,对于事实中人的情感和精神世界的认识,只能通过一种情感体验和理解的方式来进行。换句话说,只有在"人同此心"的基础上,追踪探寻"心同此理",才能够把握认识对象的精神世界,才能够对事实发生发展的因由,从人作为主体的动机、精神方面来作出认识。另一方面,对世界人生的认识,总是带有着价值的判别评断,这与认识主体的情感有着重要的关系。能爱才能憎,爱憎情感都隐含在对事物的价值判断之中,但却是对事物进行价值判断的前提和关键所在。无论是伦理认识还是审美认识,都出自于认识主体强烈的情感意向,新闻文化对于形形色色人物情感的观照与再现,无不与新闻工作者对于人物情感的性质与价值评判有关。因而,情感认识使得新闻工作者面对的不是一种中性的、没有温度的世界,而是有着多种意义、价值,有冷有热,有着喜怒哀乐的丰富世界。人作为"感情的动物"体验着世界,世界作为人的世界体现出感情,从而使新闻文化具有丰厚的情感意蕴。

因而,非理性观念在新闻文化中同样有着重要的作用,其重要性在于新闻文化对于"人就是人的世界"①"人是人的最高本质"②的认识和表现，从而使新闻文化本身作为"人的世界"的一部分，能够更好地表现出"人的最高本质"。

3. 准确性与模糊性

新闻文化对准确性的要求尽管到处被强调，但是对于这一观念本身却往往缺乏必要的反思。其实，准确性观念正是科学文化的重要观念，新闻中的准确性观念乃是新闻文化科学观念的体现。科学文化中对认识的不确定性、不规则性等因素着力排除，要求以一种精密、简明、通用、确切的语言来描述对象，这就造成了一种准确性或精确性的观念，对于任何对象的观察与描述，都必须以一种确切无疑、不会产生歧义和误解的方式来进行，其最高标志便是使用数学的语言，以数量关系表述事物。而对于事物的性质、特征、规律等的描述，如若不能以数字表示，也必须使用规范、严格、精密的科学语言来表达，消除日常语言常常具有的多义性、灵活性和任意性，而以十分严密和精确的方式，规范和通用性的语言来进行表达。

新闻文化中对事件发生之时、地等"五个 W"的准确性要求，就体现了科学观念中感知观察世界的确定性和精确性的要求。在能够以数字表示的事实方面中，必须以准确的数字来表述，其他的事实因素也应当运用严密、准确的语言来表达。随着事实的发展和变化，对事实整体的描述和表达也要求能够把握确切的、实在的重要因素，以科学语言进行表达。例如在对战争、灾祸、重大政治事件等的报道中，不仅对时间、地点以及一些重要因素必须以数字准确地进行表述，而且对于事件中人的行为、事件的发展过程、事件中各种因素之间的关系，等等，都要求用大多数人都能理解的通用的语言方式，准确、严格的信息符号来进行表达。这样，新闻文化的语言才能够突破空间的限制，在世界范围内传播关于重大事件的信

---

① （德）马克恩：《〈黑格尔法哲学批判〉导言》，《马克思恩格斯选集》（第一卷），人民出版社 1972 年版，第 1 页。

② （德）马克恩：《〈黑格尔法哲学批判〉导言》，《马克思恩格斯选集》（第一卷），人民出版社 1972 年版，第 9 页。

息;而信息符号本身的科学化、准确化,又能够使新闻为更为广大的受众有效地接收。

但是,无论新闻文化如何要求准确精切,对任何对象却并不能完全适用。这是因为许多事实都难以运用某种准确精切的语言来表达,如"笑"、"美"、"热"等,如果运用科学语言表述,则其中所包含的很多人的主观感受的差异反而被消除了,求准确反而导致不准确。对于社会、人生,更由于"人心难测",用工具性的尺度无法测量人的精神世界和生活实践,所以准确性的要求也难以用准确的语言来实现,相反,却必须使用日常语言或文学语言。换句话说,对于科学观念的准确性,要求"用'精确的量'的概念去表达某一事物的'质',将这一事物严格地'定位'到别的点上去考察";而作为人来面对世界,特别是面对由人本身构成的生活世界,却往往会出现这样的情况,"你似乎已经把某一事物的'质'限制到毋庸置疑的'点'上了,然而,偏偏又留下一个'网眼'","你越是对这些问题缩小'包围圈',它们就越发显得'调皮'"。① 这就说明,对于人文的"眼睛"来说,模糊性是更为重要的观念。

所谓模糊性观念,是指在观察和体验事物时,"不自觉地扩大'包围圈',不是在一个'精确点'上敲定某一事物的'质',而是在较为宽泛、可以变通、可以伸缩的范围内考察事物,用'一定范围的量'来表示事物的质"②。简而言之,这是一种以逃避确定性,采用灵活性态度来把握不确定的感受的方法。因而,采取多义的、含蓄的诗意语言及日常语言来描述对象,就成为模糊性观念观照事物的重要途径。

在新闻文化中,无论是对时间、空间及其他可用数字来表达的事实因素的观察掌握,还是对一些难以量化手段的把握,都必须能够准确地用数字表示,定出精确的"点"。相反,新闻报道中,如对时间用"近来"、"日前"、"……以来"等模糊观察的方法,对于特定的对象,倒常常可以达到准确的效果。观察人物的行为,体验人物的精神世界,掌握事件的整体,就

---

① 何永康:《红楼美学》,北岳文艺出版社 1994 年版,第 154 页。
② 何永康:《红楼美学》,北岳文艺出版社 1994 年版,第 155 页。

需要用模糊观察、模糊体验的方法。例如对某一人物的"笑"，是"冷笑"、"大笑"、"坏笑"……的判定；对人物精神气质的把握，是"儒雅"、"粗俗"、"潇洒"……的认识，都需要新闻工作者以自己的心灵从某种特定的方面，以"一定范围的量"，以不确定性的心态去感悟这种不确定的因素。而对于事件的整体，不时过分拘泥于细节，斤斤于某些"点"上的精确，反而会"捡了芝麻丢了西瓜"，不能对事件的整体作出一种宏观的、大体则有、定体则无的把握，从而也就难以判明事件的真实内涵和意义。所以，从"亚特兰大的财神战胜了雅典的智慧女神"的总体把握中，能够对 1996 年奥运会的申办结果作出一种较为准确的判断，但仅仅去计量申办中的细枝末节却无法得出这一结论。

　　因而，新闻中的科学观念和人文观念有着各自的内在规定性和鲜明的特点，形成了新闻观照世界的两种基本"眼光"和重要角度。"科学之眼"和"人文之眼"都是新闻文化认识与观察世界时所必需的。其中，"科学之眼"专注于外部世界，新闻工作者是以客体的尺度去探测事物的原貌，采取的是理性的、精确的眼光；"人文之眼"则注目于人自身的世界，以主体的内在尺度去探测事物，充分展示人的世界的特性，采取的是情感和意志的、"模糊"的眼光。

二、科学方法与人文方法

　　科学文化和人文文化的发展，已形成了较为稳定和有效的方法。这种方法，当然仍是由各自独特的观念所规范和引导的，但是方法本身却又成为观念的实现途径和运作规程，所以又有着其自身的价值和意义。如果说，新闻中的科学观念和人文观念是"新闻眼"的视觉系统的话，其内在构造固然决定着"新闻眼"能看什么和如何看，但是"新闻眼"实际上观看的方式与程序，以及视觉系统的具体运作，对其最终看到什么，对视觉系统本身又有着某种反作用。因此，对新闻文化中科学方法与人文方法的研究，可以更为清楚地观察两种文化观念在新闻文化中的作用。

1. 描述与解释

新闻文化崇尚事实,反对臆想、猜测和编造。这也是科学文化的重要特征。对于事实,最为重要的首先在于观察,即弄清楚事实到底是"怎么样"的。在科学文化中,观察的方法占据着重要的地位。只有在现实中确实存在,可以用科学手段进行把握的东西,才能够成为科学的对象;因而,科学文化将自己的主要精力放在实地考察、收集实证材料上,集中注意力来观察外部世界的真实存在的事物。新闻文化对于世界事物,正是采取这样一种科学的方法,以客观观察的态度来掌握可见、可触的事实,即使是无法直接观察的事实,也必须经过可以证实的、直接把握到的事实来进行一种"还原"观察。现代科学被称为事实科学正因其总是要求从事实出发,而新闻文化的从事实出发的方法与态度,则是现代科学方法的体现。

对观察结果的陈述和分析即成为对事实的描述。新闻文化要求呈现事实的"怎么样",主要是通过对客观事实的观察和描述而实现的。这种描述,在科学文化中要求消除主体的价值判断,准确地再现事实的本来面目。新闻文化对事实的描述,首先也要求还事实以本来面目,防止因新闻工作者本人所具有的倾向性而扭曲事实,因而同样要求着一种准确无误的描述。那么,新闻文化是如何运用描述方法的呢?

这在诸多新闻写作书籍中讲述颇丰,这里从科学方法的角度撮要言之。在西方新闻界备受推崇的"客观报道"实际上即是对科学中描述方法的一种应用。它要求记者只向读者提供事实,不发任何议论,反对在新闻中夹叙夹议,不能掺入个人的见解,只把新闻报道的事实发生的时间、地点、人物、情况和原因交待清楚就行了。如果报道的事实牵涉到几种不同的意见,记者也要不偏不倚,写出各方面的看法。而这样的"客观报道",正如同科学中对观察到的事实的全部加以客观的记录,既不放过主要的环节、重要的方面,对于某些于观察主体不利的事实也要加以注视,记录在案,以备研究,决不因为有碍于科学研究者的主观意图或愿望而有意忽视或删除。所以,这和新闻文化中,描述的方法表现为对事实的排列组合上按照事实之间的现实关系,或事实的各个侧面、不同层面的关系,新闻事实与背景事实的关系等,以此来对事实本身进行描述,从而突出事实的描述也是异曲同工的。科学在对事实的实证研究中,无论是作出何种假设与推理,都必须有强硬的事实作为依据,否则就会将其坚决排除于认识范围之外;而对一种事实的研究,既通过此一事实本身,又要通过相关事实进行,如此就需要对事实本身的各个层面与侧面,及事实背后的事实等加以研究,从而描述出事实的本来面目。新闻文化中的描述方法,其最终目的,正在于复现事实的本来面目。

这种注重客观呈现的描述方法,实质上是基于科学文化的客观性观念,所以要求对象本身的实在性、确定性和可观察性。在新闻文化中,无论对自然现象还是社会现象,都要求描述客观事实,即通过对记者直接观察到的事实的描述,呈现事实的真相。因而,与科学文化一样,新闻文化反对将未经确定的东西作为事实加以描述,对于某些假设和传说中的东西,以及作为人们错觉和幻觉而存在的东西,新闻文化都必须把它排除出自己的认识视野。诸如尼斯湖水怪、"水变油"、气功等一些神秘现象的报道,新疆喀纳斯湖水怪、神秘的 2012 预言等在新闻史上虽然不乏其例,但是却成为严肃的新闻工作者反对的现象,正如"伪科学"成为科学家反对的现象一样,只能从反面证明描述的方法必须以一种客观冷静的观察为先导,以世界事物的实在性、可知性为特征,才能获得关于事实的确切的知识。

然而,新闻文化面对的主要是人的世界,各种各样的事实中,由于"人心隔肚皮",对于人的精神世界的观察与再现就有着特殊的困难。因此,新闻中的人文文化要求着一种描述方法之外的解释的方法。虽然新闻工作者面对的事实具有许多可见、可触的方面,然而描述了事实"怎么样"之后还要追问"为什么",这与事中人的精神世界有着密切的关系。但精神世界充满的是目的、价值、规范等不可见的因素,而且这些要素处于不断的变化之中,因而严格意义上的观察在这里是不可能的。新闻记者可以直接就事实向当事人及相关人进行采访,察其言而观其行,但是,对于他们的精神世界却无法进行观察,因而其言行是否为精神世界的直接表现就无从确定。正因如此,要对事实追问"为什么",就必须进入一种理解的过程,进入一个内在的世界——"世界之中的世界"。

有人呼吁"理解万岁",正因为在人与人之间光靠客观的相互观察和审视难以彼此了解对方的心灵,从而也就无法达到沟通和协调。新闻文化作为交往文化,建立起人与人之间的沟通和理解是一项重要的功能。而这首先需要新闻工作者对于新闻事实中关涉的人的理解。由于新闻文化面对的主要是人们的生活世界,直接地源于人们的日常经验,因而对人们的一切生存欲望、需要、目的、爱好等等都要加以关注。在生活所呈现的"怎么样"面前,既要问"为什么",又要探寻"应是怎样的",达成人与人之间的某种共识。这些,都必须以理解为前提,经由理解而达到对事实的解释。

那么,这是否就是指"解释性新闻"呢? 我们认为,"解释性新闻"虽然着重回答新闻事实"为什么"会发生,以及事实的本质与意义,因而需要新闻工作者挖掘"新闻背后的新闻",并作出一种主观的阐释与判断,但是它仍然可以是科学方法的产物,即通过对"在场"事实背后的更多的"不在场"的事实的"描述",来解释事实的发生原因及本质、意义。而基于人与人之间的理解而作出的解释,则更注重对事实之中人的精神世界,以及事实对人的精神、生活世界的价值关系的考察。换句话说,它更多地问某个或某些人"为什么"这样做? 会产生怎样的影响,具有什么意义? 等等。因此,通常所说的"解释性新闻",只有当它是以人与人之间的理解为基础而对事实"为什么"作出叙述时,才是我们这里所说的,借用西方人文科学"解释学"概念的解释方法。

这种方法假定面对同样的事情,具有"人同此心,心同此理"的共同的人类本质,因而一个人可以根据自己的内心体验去观察他人在同样条件下所产生的精神活动,否则,人与人之间就不可能产生相互理解。新闻工作者面对许多新闻事实时,都要面对事件中人物的行为动机、内在情感以及性格特征等进行考察。人物的言行举止、一颦一笑,仅用描述的方法是难以把握其内在的精神依据的。而新闻工作者作为采访者,与被采访者或相视而笑,莫逆于心;或言语不合,话不投机;或提出的某个问题激怒了对方,如此等等,都充满了双方之间的交流、理解的过程,无论是何种情况,新闻工作者都可以从中体察观察对象的内心世界,因而对事件中人物的精神世界可以有所解释，并寓于新闻叙事之中。那种纯客观的描述，是无法表现哪怕写人物的"高兴"、"愤怒"、"悲哀"等情绪的，而如果对人物的情绪都无法理解，则无法深入到事实发生的"为什么"之中。这样的理解，需要的不仅是新闻工作者理性的观察与分析，而且还应有情感、意志乃至于想象等非理性的因素的投入，即需要有新闻工作者对于事实本身的体验。新闻工作者在多数情况下都必须直接面对新闻事实，并且置身其中，因而可以直接体验事实，对事实之中激起自己种种精神反应的东西直接加以把握，"如鱼饮水，冷暖自知"地感受和理解事实的含义和价值；这就需要一种全身心的投入，并把投入时得到的感受完整地加以保留，如此才能看清和阐明事实对于人的精神世界、生活世界的关系。一些新闻工作者所采写的具有现场感和情意贯注、形象生动的现场特写、人物特写等，大都是以写对事件的理解与对人物的理解为重要方法的。而这种理解，在整个新闻活动中，从采访、观察到叙事的整个过程中都表现出来。如采访中对问题及提问方式的选择，首先就要考虑被采访者的心理特征，并在对其心理特征理解的基础上进一步深入其内心世界，触及事情的核心部分。而在新闻叙事中，无论是文字写作中对人物某种行为、表情等的强调，还是电视镜头"抓"住的人物的言行等，都是以着力表现人物的精神世界、提示事件的含义为主的。因而，理解的方法在新闻文化中同样占据着重要的地位。

运用新闻媒介的手段将新闻工作者对于新闻事实的理解表达出来，就是解释。解释是理解的技术化的表现，因而我们把基于理解而作出的叙述称之为解释的方法。

2. 透视与感悟

在新闻文化中，对于各类事实的报道与分析都有着某种追根究底的意向，以及对事情的本质与规律的追寻。这就需要一种"透过现象看实质"，抓住结果求原因的特殊的、具有"穿透力"的眼光。这种眼光观照世界事物，采用的就是透视的方法，即不仅描述构成事实的各种要素，客观呈现事物的本来面目，而且要求从事实的外部进入内部，从事实的现在追溯其过去，揭示其影响和发展。新闻体裁中的"深度报道"，包括解释性新闻、事件性通讯、新闻分析、新闻综述、新闻故事、特稿等，或以叙事形式，或以详述形式，都力求揭示事实之中或之下、之后的原因、本质与规律，所以都具有科学文化的透视方法的特征。

关于新闻文化对事实因果关系的呈现，本质与规律的求索，我们业已在"新闻认知文化"一章中作了讨论，这里不再赘述。要特别注意的是，新闻文化求"真"的观念和方法，在很大程度上是与科学文化相通乃至相同的。因而，从透视方法的角度来看，新闻文化中对"为什么"、"会怎样"等问题的探寻，都要力求采用科学的方法，从纷纭错杂的事实形态中，抽取能够代表事物本质的东西，追溯事实的某种终极原因，把握事实发生发展的规律。这样，才可以执一驭万，从变化中掌握某种不变的东西，从复杂中切中核心的要素，从而更好地把握住新闻事实。

新闻文化中人文认识的办法则是感悟性的。所谓感悟，是指以感性的方式去把握新闻事实的感性方面，掌握事实的个别性、差异性，而不是共同性、普遍性，并从中领悟到某种开放的、无限的意义和价值。简单地说，就是以人的主观感受为主去体验、领悟客观世界。新闻文化的审美特性，正表现为对感性、生命性、心灵性的重视，而从感性的领域中，通过追求种种形象的、情感的感受和表达，新闻文化就能够更好地发掘生活世界中一切美好的东西，从而对公众的心灵产生良好的影响。与透视的方法不同，感悟的方法由于首先重视感性而宁愿停留于事物的"表面"，新闻事实的"表面现象"对于人文文化来说具有更重要的意义，因为它可以激发感受力和想象力，使人从中领悟到更为丰富的意义。有关感悟方法的具体实现，我们在讨论新闻伦理文化、审美文化时已有论述，这里不再赘述。

由于感悟方法强烈的主观性，因此不同的新闻工作者对某一相同或相类的事实就产生出不同的"看法"，而这与每个新闻工作者的主观世界有着密切的关系。因此在人文的感悟方法中，就会有对事实观察与叙述的种种"偏见"和"禁忌"。例如对于某一国家制造出巨大威力的核武器，不同的国家的新闻工作者就会作出不同的情感和价值评价，同一国家属于不同集团、有着不同价值观的新闻记者也会有不同的反应。而科学的透视的方法则要求就事实本身作出合乎客观实际的剖析，因此要求消除

"偏见",不承认各种"禁忌",要求"打破砂锅问到底",把事实的原因、本质、规律等弄得一清二楚,在新闻文化中就表现为对事实的不懈追问,努力从时间的纵向上,事实关联的横向上,以及事实的内部核心中把握与叙述新闻事实。

　　3. 计量与估量

　　自然科学中精确定量的描述是一项重要的方法。马克思曾指出:"一种科学只有当它达到了能够运用数学时,才算真正发展了。"利用数学计量的方法对对象进行定量的研究是科学方法的重要标志,对于社会的研究要成为"科学"的,也必然引入数学计量的方法。因此,社会科学实质上就是指用"科学"的眼光来看待整个人类文化世界,对人类世界本身也动用着数学计量的方法来分析研究。所以,就有了经济学、社会学、心理学、历史学等领域中数学方法的引入与运用。通过量化的方法,达到科学所要求的精确性、确定性、简洁性和普遍有效性。这种方法,同样在新闻文化中产生了巨大的影响,成为新闻文化科学特征的重要方面。

　　70 年代以来,西方新闻界有些人倡导采用精确新闻,便是对数学计量方法的大力移用。精确新闻既以"精确"为旨归,其最高目标也必然是数学计量的确定性,因而追求的是一种精确定量的描述。他们要求记者采取社会科学和行为科学的方法,对一些社会现象进行调查研究,取得数据,在对数据进行分析的基础上写出新闻报道。这种新闻观察、选择和表述方法,明显是科学中计量方法的移用。其重要特征:一是数学中统计方法的使用即选定某些特定领域、特定人群,就特定的内容进行数学统计后得出结论;二是应用数学模型研究特定对象,通过对对象量化的特征进行提取概括,应用适当的数学模型进行处理从而接近新闻事实的精确方面。这种"精确新闻",在当代中国新闻文化中也已得到了广泛的应用。在对一些重要新闻事实的调查中,确定社会人群对某些问题、事件的态度,了解某类事实的出现频率,分析社会中某种事实发生、发展状况,等等,数学计量的方法都有着广阔的应用。一些报刊甚至开出专门栏目,对一些新闻"焦点"、"热点"进行调查分析,提供一些数据让受众从中得出自己的结论。例如关于日本侵华战争在当代中国青年心目中的影响,有的报刊从对这段历史的评价、中日关系当前状况及未来发展等方面进行了抽样调查统计,从而以数字来说明问题。这种"精确新闻"的方法,可以贯穿于新闻活动的整个流程之中。首先,可以通过对公众的舆论测验,寻找新闻信息的来源,即以数字计量方法筛选新闻事实;其次,是进行选择性的调查,分析某一问题(包括现象)的根源;最后是用数量分析法,从获得的数据中分析出事实的"精确性"。

　　计量方法的应用,实质是社会科学中数学方法对新闻文化的一种渗透和同化。社会科学对各种社会指标、社会评价及社会预测等方面的量化研究和分析本身就是新闻文化中的重要内容,而新闻文化进一步从新闻本身的角度去选择、分析和表达各种社会现象与社会问题时,采用量化分析的方法可以更为准确地描述对象的状况与特征。所以,在新闻文化中计量方法的运用实际上是就当下某些重要的问题,即具有新闻性的事实,进行社会科学方法的叙述,或从经济学、或从社会学、或从心理学……根据所观察的新闻事实的类型,分别作计量化的分析与描述。而计量方法的运用,其数学模型又与所处理的领域的学科形态有着密切关系。例如对于社会经济问题,简单的如道·琼斯指数、国民生产总值等数量的直接呈现,复杂的如对某类经济现象与问题进行统计调查和量化分析,所采用的数学模型显然要自经济学领域移植而加以通俗解说,以适应处理问题和受众接受的需要。另一方面,对数据的计量本身也要首先确定目标和方法,而这又是数学方法所先行规定的。因此,新闻文化中的计量方法,实质是由自然科学延伸到社会科学中的数学方法在新闻中的应用。

　　这种以数量关系来描述新闻事实的方法从远古的"结绳记事"即可见端倪,而对于"五W"中的数量要求则更进一步。当代新闻文化对于数量描述的重视则不仅关系到对新闻文化本身的效应分析和各项研究中。在这里应当重视的是,新闻文化对受众的调查分析,经过量化的处理而得出某种"精确"的结果,这种结果最终又反馈到新闻文化本身的改造上,造成新闻对自身的内容与形式作适当的调查,以更好地适应受众的需求;另一方面,新闻的受众分析本身又构成新闻文化的重要部分,对某些新闻的量化反映本身就又是新闻。从这个角度来看,新闻文化中的计量方法就有了更深层次的功能与意义。

　　人文办法则更为重视基于以人为中心的生活世界、感性世界的丰富复杂性与无限多义性，因此对于观照对象更多采用的是"估量"的方法而非计量的方法。新闻文化虽然通常要求准确、严密，但是面对人的世界，面对丰富的感性世界，也同样需要某种"估量"的方法。所谓"估量"，指的是根据对象表现出来的某些特征和情况，进行一种大致的、整体的、直觉的把握，从而描述事物的风貌。新闻作品中常有"不可估量的损失"一类说法，其实，这里的"不可估量"正是一种估量。凡是无法以数量关系来确定而必须以某种大概的、诉诸"心灵的天平"衡量的东西，都可视为一种估量。"你问我爱你有多深……月亮代表我的心"，虽然无法以数量表示，却可以心领神会地估量出来。新闻文化中，对于人的精神世界、生活世界中的许多事物，都只能采取估量的方法。即使是"五个 W"中的时间、空间，也常常只能用诸如"早上"、"晚上"、"最近"、"附近"等较为模糊的语言来描述，而对于人物之高矮、美丑等也只能以估量的语言来进行描述。这种估量的方法对于新闻工作者迅速抓住事物的主要特征，表现事物的基本状况等，都有着重要的作用。

　　首先，新闻工作者对于新闻事实新闻价值的判断主要是采用估量的方法。由于世界事物错综复杂，特定的新闻事实的重要性往往难以用数量测量，并且新闻的当下性要求也造成对多数新闻事实无法在以数量计量之后才确定其重要程度。因而，新闻记者对新闻事实的选择就主要靠一种迅速而又准确的估量能力。在这样的估量中，新闻事实对受众的关系并非以数量计算出来，而是通过某种内心的尺度，通过与受众之间的共通或共同的价值观念、评判体系来进行估量。简言之，就是以人为中心来估量新闻事实的新闻价值。其次，对于新闻事实的叙述中，许多事实方面都只能采用估量的方法。例如取得显著成绩、获得较大进步等估量之词，虽然笼统，但却能够使人从总体上把握新闻事实。由于造成某一新闻事实的因素可能十分错综复杂，如果——以数量关系来分析描述，很可能难以给出准确的数据，并且也无法使用数学模型来加以处理，因而必然在考察事实形成发展的"变量"时，略去无关紧要的因素，进行轻重缓急的估量,确定各种因素的不同重要性,从而抓住最为重要的因素,使受众对事实有较为明确的认识和把握。而且,对于事物的发展趋势,事实的总体状况,以及事实的分类研究等,都需要使用估量的方法来进行确定。特别值得重视的,是对新闻事实的价值评判中主要只能采用估量的方法。无论是善恶、美丑还是其他方面的价值判断,都无法仅以数量关系来确定,而只能通过主体自身的尺度,以估量的方法来评定其价值属性及价值等级。因而,新闻文化中最终用以表达估量成果的语言也就带有模糊性和不确定性,但却是在估量的范围内把握住了对象的特征。

新闻文化中的估量方法实际上是人文文化特征的重要体现。如果说科学文化重视真实,强调事实的话,那么人文文化则重视意义和价值。而意义与价值都是诉诸人的内心世界,难以用计量的方法来衡量的。相反,事物的意义往往具有不确定性,只能以估量的方法来进行"意会",从不确定中寻求某种总体的领悟;事物的价值也只有以主体的价值观念来观察和评判,同样只能是大概的、整体的。例如对一些事件的认识,事件的"重要(大)"与否,意义怎样,都只能根据事件与人的关系、新闻记者、受众……来确定。而对一些人物事实的价值评判,也同样如此。正因为是以人为中心而作出的价值或意义评估,所以就带着人的情感、愿望、信仰、气质、欲望……的主观世界特征,而这些特征是无法统一、难以"公约"的,从这个意义上,也可以说估量的方法提供的认识成果具有复杂化和多元化的特征,不同的阶级、民族乃至个体差异,都能造成对相同新闻事实的不同估量。

三、误区与出路

在新闻文化中,有人特别推崇科学的观念与方法,强调"客观、公正、准确",反对新闻记者主观因素的加入;有人则相反,认为新闻是为人而存在并非因人而存在的,因此,决不存在着什么"客观、公正",表面的"客观"只不过是主观意图的一种装扮和手段而已,"公正"的态度后面必然掩藏着利益的关系,所以只承认新闻的主观性(如阶级性、民族性等)而反对新闻的客观性,主张新闻为人所用。这种在新闻理论与实践中经久不衰的论争其实正是科学文化与人文文化的冲突在新闻文化中的表现。其实,作为观察世界事物的不同"眼睛",科学文化与人文文化各有其优长与特点,都能够看到一些重要的方面和内容,同时,却也必然有着各自的弱点和"盲区",一种"眼光"的敏锐必然造成自身的某种薄弱和迟钝。因此,我们不妨分析一下新闻文化中的科学文化与人文文化各自产生的偏颇和误区。

1. 新闻中科学文化的误区

1994 年一个夏日的中午,刚刚荣膺普利策最佳特写摄影奖的美国青年凯文·卡特自杀身亡。究竟是为什么呢?"我被杀人、尸体、愤怒和痛苦的记忆所折磨着……还有饥饿和受伤的儿童。穷凶极恶的疯子、警察和刽子手……"这断断续续的遗言表明,作为代替无数人目击现场的摄影记者,凯文·卡特的"双眼"摄下了太多的苦难和不幸、丑恶和悲剧。只要看看他那幅反映苏丹饥荒的得奖作品,面对那个在走向救护途中奄奄一息的黑人小女孩同向后不远处等待着的秃鹰构成的悲剧性画面,听听凯文·卡特拍完该照后流泪说"想拥抱女儿"的喃喃自语,我们便会知道,凝视着人类的灾难、痛苦和罪恶的双眼,是难以做到永远"客观"、"科学"的。

凯文·卡特的事例凸显了新闻中科学文化的误区和困境。在一些以"客观"、"精确"为目标的新闻摄影记者镜头中,摄下了许多人类灾难照片,可是有些人却忘掉了记录灾难的目的,因此竟有面对可以援手的灾难而从容举起照相机的记者,如西方记者拍摄的僧侣浇汽油自焚的照片,日本记者拍摄的大地震图片,都因丧失了人本身的立场而受到道德的批判与谴责。而在新闻文化的其他种类中,也都不同程度地存在着这样的情况,只不过摄影记者的情况突出地把问题提了出来,新闻记者能够成为一个无动于衷、冷静理智的"以物观物"的旁观者吗?

新闻作为一种文化,是由人创造并且是为了人而创造的。"人生在世",新闻记者也是生存于与自己息息相关的世界上,能够选择的世界事物无不是因为具有某种重要性、某些价值和意义而映入记者双眼之中的。因而,客观事物虽然是存在于新闻工作者之外、不以其意志为转移的,但新闻工作者"注视"、"重视"什么事实却与其意向有关,即与新闻工作者的愿望、爱好、需要、欲求等精神特征相关。所以,无论是以什么方式观照新闻事实,首先需要选择新闻事实,而对新闻事实的选择本身,就表现人之为人的价值观念,即在对新闻事实的选择所表现出来的目标、目的和方向中,我们可以反观新闻工作者选择事实的"眼睛"、"心目"本身的决定性作用。否则,就很难解释对于相同的事实,有的记者"视而不见",而有的记者却予以高度"重视"。换句话说,在对世界事物的观照和选择中,既然是通过人的"眼睛"来看的,视野中的世界也就必然带有人的痕迹。

　　而新闻中的科学文化的客观观念和描述性方法却常常脱离人的世界去追求"真实性"和"确切性"、"精确性",产生出只见物不见人的弊病。上述凯文·卡特的例证中已充分证明,作为人的新闻工作者,在"看"的同时是不能不"想"和"做"的。而那些恪守"客观"、"描述"准则的新闻工作者就容易在把对象作为"客体"来观看,使对象物化的同时,使自己也被物化,因此使人感到一种没有人性温度的、缺乏人间温情的冷漠。这样的新闻活动,对于受众来说也往往激起一些反映。例如在日本神户地震中,受灾者面对"客观"、"冷静"观察、描述的相机和摄像机,就曾产生出强烈的反感情绪,予以激烈的谴责。

　　其实,不仅是对新闻事实的选择中体现出新闻工作者的精神特征,而且在对新闻事实的观察中,人的观察角度和"视力"强弱、"目光"如何,都对客观事物的呈现起着重要的作用。新闻工作者所看到的事实的特征也与他的精神特征有着重要的关系。因此,虽然客观事物的优先性不容否认,但是客观事物在人"眼"前显示出来的特性却与人的"眼睛"有关。明确了这一点,我们就可以看到包含在新闻科学观念和方法中的理性原则与透视方法的局限性和时常走入的误区。那就是在新闻记者的观察、描述过程中,情感、意志等非理性因素的投入,往往融化于理性的观察之中,如果完全排除认识活动与成果中的这种非理性因素,对于世界只着眼于理性的透视,世界事物被条分缕析之后,变成为按照某种特定规律与因果链条组成的整体,虽使人们可以得到某种本质、原因,却失去了对世界事物的丰富多彩的感性认识和价值感受。简单地说,用逻辑思维和实证思维的方式去把握的世界的抽象性和坚硬性使其与人的世界之间产生了疏离,以这样"硬心肠"的态度来对待人类世界,就容易使新闻文化失去"人性"而呈现出理性设计与理性控制的弊端。

　　因此,科学中的精确观念和计量方法力求以准确无误的概念和逻辑演绎来认识和掌握世界,也就造成使世界事物被分解为一串串井井有条的数据和单义、共同的符号体系所组成的图景,反而失去了世界事物的真实面目,即世界事物的感性丰富性及与人的共同存在的关系。由于人对客体的把握中,很难绝对切除与客体的联系与关系,主体对客体之间总是会发生这样那样的相互作用,因此,科学的方法也只能是人的一种生存方式,其中难以排除主体的因素。在新闻活动中,采访与观察等活动更主要的是与社会中的形形色色的人发生关系,其中,记者个人的感受和思考对于新闻事件的呈现起着重要作用,所以,计量之外的估量的价值同样不容忽视。如果仅靠理性观察和数学计量、科学分析,对新闻事实多方面的特征,特别是难以用准确概念、数字计量来表现的特征,就容易忽视与失察;而过分信赖计量方法,甚至可能造成"一连串不准确数据的准确相加"的结果。因为无论是怎样的调查统计,都有着目标设定、对象选择等方面的主观意图,其中已经存在着调查者自己的主观介入和先验设定。而在调查过程中,对象身上呈现出来的主观特性、环境因素,以及调查活动本身造成的主体与客体的关系等,都容易造成调查统计数据本身的"估量"性,因而所谓的准确、精密方法实际上是往往难以做到准确、精切的。正如卡西尔所说:"统计学的各种方法就它们的本性来说就是局限于各种共同现象的。统计学的各种规则并不能用来规定一个单一的事例,而只能处理某些'共同的东西'。"①因而试图以数学的方法来获取"精确新闻",得到的只能是某种"共同的东西",却不能精确地表现和确切地解释个别事实。而新闻的真实,很重要的是特殊事实之真。因此,对新闻中的计量方法与精确观念也应当注意其局限,防止过分依赖和使用而走入误区。

　　从总体上看,新闻中的科学文化还表现在以科学的观念和方法来观

―――――――――――

① (德)恩斯特·卡西尔:《人论》,甘阳译,上海译文出版社1985年版,第251页。

察处理各种自然和社会问题与现象。对于各自的适用领域,这种观念和方法显然可以较好地分析和解释新闻事实,揭示新闻事实的深层本质、特征和因果关系。但是,以科学的方法解决科学问题,以技术的手段解决技术问题,却也容易陷入一种误区,那就是忽视人的维度,忘记科学技术本身只能是手段而非目的,是为人的生存与发展服务的而非人类生活的主宰。因此,在对新闻事实的观察与分析中,容易只从科技本身来分析科技问题,或仅以科技方法来分析社会问题,却忽视人的生存与发展的愿望与需要,忽视人的全面发展与长远发展,造成某种片面性;另一方面,科学无禁区而人文有禁忌,在新闻文化中也要反对只注重客观精确再现新闻事实而无视人文禁忌的做法。小到对某些事件如犯罪案件的报道要从被害者及对受众的影响来考察材料的取舍,大到对有关国家民族利益的事实的报道,都要注意科学观念与方法使用的范围与限制,控制在一个适度的范围内,防止走入误区。

2. 新闻中人文文化的误区

如果说新闻中的科学文化走入误区的主要原因是见物而不见人,将对象物化的同时使主体物化的话,那么新闻中人文文化的误区主要就在于见人而不见物,以主观的世界扭曲、改造甚至代替客观世界。由于中国历史形成的科学精神淡薄、人文传统强大的特征,在新闻文化中对人文观念与方法走入的误区加以反思,就显得尤为重要和紧迫。

这里不妨从新闻界对于气功的报道谈起。与西方新闻界对于许多神秘现象的关注与渲染一样,报道气功也是人对于自身的潜能与可能性的无穷兴趣和欲望的表现。人对于人是最为关注、最有兴趣的。因此在气功的夸张报道中表现出来的种种神奇现象,实质上是人对自身潜能无限开发、无限扩张的欲望的一种幻想和愿望。这种幻想与愿望,经过宗教、哲学、文学等人文传统的熏陶,成为一种可望而不可即的境界,吸引着无数人。正因如此,在对气功新闻报道中,往往就缺乏一种实证的、理性的观察与分析,而以新闻记者自己的愿望和一些受众的内心期待为主导,以一些"气功大师"或真或假的信念与表演为依据,进行虚假的新闻报道。这在新闻界久已为有识之士所揭露批判,但其中表现出来的以人的意念、意向、意想等为中心而观察世界事物的方法却未必得到深刻反思。特别是新闻机构、新闻记者出于某种目的、愿望、爱好、欲求等等,以主观的图景代替、遮掩客观事实的情况在新闻实践中屡屡发生,就更值得我们重视。无论是"大跃进"时的虚假报道,还是"文革"中的"语录新闻",都给我们留下了惨痛的教训,那就是哪怕再善良的愿望,也不能直接用来粉饰现实。新闻中以人为中心的人文文化往往容易走上用"应然"来代售"实然"的情况。这样的新闻作品,往往是以"说话"来组织事实,"事实"只是为了"说话",所以对事实本身的真实性或是忽视,或是漠视、蔑视,成为一种为了主观而强暴客观的新闻赝品。这种以"应然"代替"实然"现象的另一种形式则是人为地设立禁区,以一些人与集团的意志在新闻报道中设立禁区,形成种种禁忌,阻止新闻工作者进入某些事实领域进行观察和采访、报道,造成对一些重大事实的隐藏不报,损害了更多人的知情权利,以及新闻的认知功能。

　　重视情感、欲望、意志等非理性因素在人类活动中的重要作用是人文文化的重要特征,而对于人的精神活动与性格特征的叙述描写中,如何再现人的非理性因素也是一个重要课题。新闻人文文化常常由于不适当地"深入"人物的内心世界而走入误区,即在对新闻事实的叙述中,凭借主观体验和想象来描写人物内心,而这样的描写常常是既不能证实又无从证伪的,因而造成"虚实交融"、真假参半的情况。这说明体验方法若不能限制在一种恰当的范围内,即严格追踪人物的各种行为和表现的基础上,以行为本身来表现心理,从而传达人物性格特征,而是用内心体验来推断人物行为,或在人物不相连贯、联系较少的行为之间补充心理活动,就会造成新闻中的虚拟和虚构。

　　在对新闻事实的叙述描写中,感悟和估量的方法也容易造成对对象的歪曲和变形。由于以主观感受为中心,"物皆著我之色彩",新闻记者本人的情感意志、人格特征等被添加到对新闻事实的描绘中,这样对于相同的新闻事实不同的记者可以有着不相同的叙述,如果否认客观事物的优先性和不以人的意志为转移的外在性,就容易造成对新闻事实本身客观性的否定。一些新闻记者过分依赖自己的主观感悟,以自己的感受为主来观察和叙述事实,最终会失去事实。特别是感悟的方法难以观察到自然与社会的内在秩序和客观规律,排斥外在的必然性,从而观察到的世界事物就难以把握和分析,形成认识上的混乱与迷惑。与此相对应的,是用估量的方法对新闻事实作模糊体验,造成对事实的重要环节和方面的不确切把握,从而使事实本身变得失去确定性,难以再现事实的真面目。

这又是由人文文化对于意义和价值的追求与观照所决定的。由于意义和价值本身的属人特征,所以一切以人为中心、为尺度,这样的感知与认识必然是领悟性和估量性的。而在对新闻事实的意义与价值的观照中,新闻文化走入的误区一是表现为释义上的,即解释中以单义代替事实的多义;一是表现为价值评判上的排他性,用某种单一的价值观念去观照复杂多变的事实。新闻中的人文文化重视考察新闻事实中与人相关的方面,寻求其意义,根据对人的意义的重要性来确定其新闻价值,这是无可非议的。问题是许多事实并非仅有某种单一的意义,而是呈现出多方面的、复杂的意义。有的新闻记者由于视角的单一和视野的褊狭,往往对事实只作单一的解释,而这样的解释本身又常常有意无意地决定着对事实本身的剪裁取舍,如此就使事实从复杂的形态变得简单化,失去了事实的真实性。例如在一起关于博士研究生杀死导师的报道中,许多记者都只从事件的意义是个人主义(研究生)的恶性膨胀造成惨剧的角度来进行报道,无意中使复杂的事实被简化;而另一些记者则从科研机制、科研人员的全面素质、社会环境等方面发现事件的意义,从而对事件的复杂形态具有更多维面的把握。价值观照上的强烈排他性既容易对事实本身的客观性有所损害,又使价值判断本身也失去准确性。如对于先进人物的报道中,以某种单一的价值观评判人物,就容易夸大人物的优点和忽视人物的缺点,以强烈的价值情感来代替客观的观察与叙述。因此,保持一定的"价值中立"的公正态度,防止价值情感的片面倾斜和流溢,对于如实地展示和分析新闻事实和人物是十分必要的。用美好的价值情感代替客观观察的重要原因就是对对象的单一的价值评判,使记者不能做到爱而知其恶,憎而存其善,从而失去了新闻的真实性。因此,尽管在新闻文化中要以人为中心,但是对认识事物时主体影响客体的结果必须有所认识,不能够以这种影响的必然性来否定客体本身自有的实在性,从而通过认识偏差本身来消除这种偏差,以最大限度地逼近真实。

从总体上看,新闻中的人文文化以人为中心来观察和表现世界事物,以人的经验作为对自然、社会进行了解的出发点,并且去感悟、理解和解释世界事物。在这样的观念和方法中,世界事物始终是与人的生存密切相关、息息相通的,因此是人赋予世界事物以意义与价值,并将意义与价值阐发出来。因此,在新闻活动中对新闻事实的选择、观察与叙述的整个流程中,无不带着记者、新闻机构以及受众的主观愿望、期待和欲求、爱好等精神特征。新闻中人文文化也因此而容易导致对新闻事实的客观特性的忽视,或以人的需要、愿望、爱好等出发来取舍新闻事实,而忽视对世界造成重要影响的事实;或以主观世界来理解和感悟客观世界,忽视事物自身的规律与因果关系;或以人为中心来观察、评价新闻事实,忽视事物自身的客观属性,都证明了以人为中心的文化观念的某种局限所造成的目光限制与视线偏向,对此必须要有清醒的认识和深刻的反思。

综上所述,无论是以物为中心的科学文化还是以人为中心的人文文化,在新闻文化中都既有其各自的优长又各具其局限与"盲点",使新闻文化有时走入误区。在这两种文化之间是否也"合则双美,离则两伤"呢?两者各向一极的发展固然可以更为突出地发挥自己的作用,两者之间若是能够寻找到可以沟通与融合的管道,两者协调发挥作用,对于防止各自的偏颇和误区,走向一种新的综合与超越,显然具有重要的意义。在以上的论述中,我们就两种文化之间的连接点已有涉及,这里不妨再略作概括和阐发:首先,无论是以物为中心的科学文化还是以人为中心的人文文化,都是在一种"主—客"关系的框架中观察和处理问题与现象的。所谓"客观",归根到底仍需要有人来观察,经过观察者来呈现。如物体的颜色、声音、形状、气味等必须经过人的眼、耳、触、嗅等感觉器官才能呈现;而事物的种种属性及发展变化,也都是与人相关,随着人的观察角度、认识和实践能力而变化的。西方现象学认为,不能把人的意识想象为一片空泛的海滩,大海可以把随意的内容推送给它;意识不是一个容器,对它被何物充实抱无所谓的态度,相反,客观事物在意识中的呈现是与意识本身相关的。这是因为人的意识活动具有意向性的特征,即总是具有特定的指向和目标,意向意识自身包含与对象的联系,即意识总是关于某物的意识。因此,事物的"客观"呈现、"本来面目"也就总是与认识主体的意向相关,表现了主体的愿望、爱好、需要、欲求等。在新闻文化中,则无论是从对新闻事实的选择、观察的角度和方法,还是从叙述的方式来看,任何宣称"客观"的"看法"都必然带着新闻记者主体的特征。所以,以物为中心的科学文化在新闻中仍体现出人的意识和活动的踪迹,所谓"空山不见人,但闻人语响"的古诗正可用来比拟寓于"客观"之中的"主观"。另一方面,以人为中心的文化也不能不正视"人生在世"的现实存在,对于世界事物及他人的客观存在必须加以注视,对于客观的规律与限制必须正视,唯有如此,人才能真正成为中心。因而,"客观"之中有"主观","主观"之中也无法摆脱"客观",新闻文化中科学文化与人文文化的沟通与融合也就可从这一点上进行认识和把握。其次,人的精神世界是一个完整统一的整体,划分为理性、非理性只不过是表明了人的精神世界的不同偏向,实际上理性与非理性总是交融在一起、相辅相成地起作用的。指向客观的理性,实际上却总是与人的主观情感相关的,其中隐藏着人的种种目的、需要、欲望等等,所以尽管表面看来是无动于衷,内里却仍有情感的起伏和意志的表现,只不过被理性控制起来而已;同样,情感之中也总是有着人类理性的积淀,使情感成为属人的情感。新闻文化在观察和表现世界事物时,也就不能不是情理交融,同时运用理性与非理性因素去认识和掌握新闻事实。最后,新闻文化既讲究客观呈现事实,又必须从浩瀚的事实中选取新闻事实,因而事实一旦成为新闻事实,本身就被赋予了某种价值属性,是谓"新闻价值"。所以,在新闻文化中,事实与价值本身就是统一的。人们常说"新闻以事实说话",殊不知人们选择事实、观察事实与叙述事实,并非要说某些现成的"话",而更主要是从事实中发现了一些"话",说出事实本身就是说"话",因为在对事实的选择、观察与叙述中已经渗透了新闻记者的价值观和世界观。所以并不是"用事实说话",而是说事实就是"说话"——事实与价值的融合与统一成为新闻要说的话;"用事实说话"则可能导致用事实来图解"话"而不是"话"从"事"出。所以,从事实与价值在新闻文化中的统一，我们也可以观照到新闻中科学文化与人文文化的沟通与融合。

那么，科学文化与人文文化在新闻中是如何沟通和融合的呢？

一是科学知识叙事化。在新闻文化中，纯粹的科学技术研究过程运用科学的方法研究新闻事实，通常并不直接呈现出来。科学技术的每一步最新的发展都凝聚着专门的、艰深的知识成果，对于一般受众来说，既无法了解也很难有兴趣去了解，毕竟，科技的发展使大多数领域都专门化了。但是，科技的每一步发展却总是与人的生存有着密切的关系，因而对于新闻文化来说，往往并非纯客观地叙述科技事实，而是从人的生存活动、从人的最为普遍也最为集中的兴趣、欲求、爱好等出发，也就是说，以人为中心来观看与表述科技事实，这样，就将科技知识以"讲故事"即叙事的方法进行呈现，从而以人为中心的，始终带着人的期待、愿望、关切来组织事件，展现出科技与人类的智慧、勇气和人的一切本质力量的关系，呈示科技之中包孕的美和一切魅力。

因此，首先是使科技发展的过程叙事化，通过讲述科学发现、技术进步的故事揭示科技的真实；其次是对科技发展本身从人的角度来进行叙述，展示科技与人的相关性；另外是对科技内容进行形象生动的叙事性描述。例如美国《发现》杂志一篇文章在介绍一项叫作"IBM的分子算盘"的新兴技术时，就是通过讲述发明过程的故事来呈现的："事情始于金泽夫斯基和他在IBM实验室的同事一起摆弄的一台掘进扫描显微镜，该显微镜有极其纤细的探头，能像盲人阅读盲文那样透过物质表面记录原子的存在。当他们发现显微镜的探头还可以像犁一样刮进原子团并留下细微的沟痕后，为了取乐，便很快开始对单个原子如法炮制，他们甚至用35个氙原子拼出了IBM三个英文字母。然后金泽夫斯基和他的几个同事想到用一台隧道扫描显微镜（STM）和一些希基球制作一个能计算的机器。去年11月他们推出了世界上第一台分子算盘。"[①]在这段讲述中不仅有情节，而且有从普通人角度的感受，如对显微镜探头的描述；饶有趣

①　《第八届技术创新〈发现〉奖》，《参考消息》1997年8月4日。

味的因素"为了取乐"也被抓住并表现出来,从而显现了科学技术中的魅力因素。

科学的观念和方法在广泛应用于对社会问题和社会现象的观察与分析时,新闻文化也注意通过对事实的叙述来表明分析研究的结果。也就是说,虽然观点与结论是通过科学方法得出来的,但是这样的观点与结论却可以在叙事的形式中体现出来,而不必以科学研究的形式直接表现出来。尤其因为社会现象直接与人相关,在叙事中的记者的感受和事情本身中人的因素都能够得到体现,所以,新闻文化可以超越一般社会科学把社会现象与社会中的人当作物来研究的做法,将这样研究的结果以人性化的叙事方式体现出来,社会现象本身所含之善恶美丑因素也自然地渗透于对客观研究成果的叙事之中,从而把科学文化与人文文化有机地结合起来。

二是量化分析与质的把握相结合。新闻文化中对计量方法的运用已十分普遍,不仅对各种自然现象、技术器物,而且对社会指数、社会评价等社会现象,对人本身的精神状态、心理意识等等,都有以科学中十分注重的计量方法加以观察与描述的做法。这表明了科学方法向人文文化的渗透。另一方面,量化的方法虽然可以较为准确地描述社会现象乃至人的某些需求、欲望等等,却不能从质的层面深刻地说明和解释问题,揭示新闻事实的意义与价值。这就需要在科学方法中融入人文的理解与解释的方法,从新闻事实的某些计量结果中阐明其本质与特性,价值与意义。当然,更为重要的是在对数据计量目标的设定和获取方法的设计中,往往首先采用了以人为中心的人文观念和方法,充分考虑到社会中人群的特性和人的精神特征、文化构成等方面的因素。所以,对社会和某些特定对象进行计量分析与描述时,在科学方法中往往先定地采用了人文方法。

例如美国《读者文摘》以"你有多诚实"开展了一项计量性的新闻调查。而这一选题的设定本身就是从人出发的。这一调查,在亚洲 3 个超级都市、5 个大城市以及 6 个普通市镇共 14 个城镇中,总计摆放了 140 个皮夹,每地放 10 个。每个皮夹里都有人名、当地住址、电话号码、家庭照片、便条、优惠券,以及折合 10 美元到 50 美元的当地货币现款。通过统计拾皮夹者的归还与否情况来观察各地的诚实状况。在这篇文章中,作者叙述了在各地观察的情况,这是用叙事的方法;统计了各地的归还皮夹与否的数字并列表对比,这是文章采用的计量方法。但是最终得出的结论却并不能从计量的结果中直接体现:"这次'皮夹测试'清楚说明了家庭与宗教对于规范道德行为所起的作用。"并且文中对于亚洲的一些地方特有的风情民俗、人性特点等都作了观察与描写,经过生动的描写,自然地说明事实的本质。而在对计量结果的阶段性分析中,如对男性、女性捡到皮夹的比例,拾获者的性别与归还与否的关联的分析,对"就诚实而言,亚洲的穷国比起生活程度较高的地方并不逊色。诚实与否,与财富或社会地位无关"的揭示,及对在不同区域"掉"的皮夹的归还率的统计中得到的结论,都远远超出了文章最终的结论,而能够从多个方面来透视事实的本质。这样的调查,通过对量化结果的质的分析与总体把握,成功地把人文方法融入了科学方法之中。

三是描述与解释的结合。虽然新闻中需要以准确的概念、实证的态度对事实进行准确的描述,但描述本身就需要对事实的要素进行概括和提炼,总结与剪裁,而这就需要对事实的意义本质有所把握才能够达到。例如美国《时代》周刊在 1958 年曾报道了美国德克萨斯州青年钢琴演奏者万·克里本在莫斯科演出受到热烈欢迎的情况。这样的事实,若是放在 21 世纪,对于《时代》周刊来说可能毫无价值,但是对于当时正处于冷战阶段的苏美来说则意味着"解冻"的成果,特别是对于美国人来说意味着美国文化在苏联的成功,因而事实选择、事实叙述中对克里本受欢迎情况的剪裁等,都显示出了事实本身所蕴含的意义。所以,新闻中科学的描述中往往渗透着人文的理解与解释,只不过往往被"客观报道"的形式所掩盖而已。

总之,新闻文化对科学文化与人文文化的沟通与融合,主要表现为抽象与形象、模糊与确定、理性与感悟等等方面的有机结合。由于新闻媒介本身的科学属性,使新闻文化从总体上还需要防止"物化"的现象。要警惕新闻活动本身对信息的无止境追求中无限索取、征服世界事物产生的弊端;关注受众对媒介的过分依赖而造成的认识了解事物的"过程"被取消而成为媒介所控制、统治下的"物化"产品,使人从主体变成为客体;重视单纯追求发行率、收听、收视率的科学研究"受众"、控制受众的偏向。这就需要为新闻文化向世界事物追根究底的行为设定以人为中心的目标,"物物而不物于物",以人来控制媒介而非相反,从而努力达到新闻文化中科学文化与人文文化更高层面的融合与统一,使新闻文化提升到更高的境界。

第六章　新闻中的传统文化

新闻文化是一种现时文化，"新闻眼"总是紧盯着"目前"的、"最近"的事物。人们常说的"新闻是正在进行着的历史"，新闻要"抓活鱼"，新闻作品是"易碎品"，等等，都突出地强调了新闻文化"只争朝夕"甚至分秒必争地紧抓"现在进行时"的强烈时间观念。"时间"是人们观察与掌握世界的一个"大观念"，因而，新闻文化又成为人们时间意识的一项重要标志。这种对此时此地、此情此景的"及时"把握，对于人们确定世界事物的"现状"有着不可替代的价值。

不过，"现在"是"过去"的延伸，任何事物都有其自身生成、发展的历史。所以，"温故"可以"知新"——"新"闻后面总是隐藏着一些"故"事，特别是随着时间的流逝，"过去"的事实、"过去"的文化，有的湮没无存，有的却在时间的浪潮中被释放出越来越大的能量，造成对"现在"的深刻影响，可以说是"历久"而"弥新"。这就迫使我们在观察"新闻"时溯流而上，追寻其源头活水。另一方面，人类生存的时空条件虽然不断发生变化，使得"现在"总是不同于"过去"，因而"过去"特定时空条件下人类为自身生存发展所开辟的思维路径和实践方法必然有其特定的历史局限；但是，人类生存发展中往往又因为人作为类的存在而面临着相类似的问题，所以，"看"现在又往往要从"过去"中获取"眼光"与"眼界"，要与"过去"交往、对话，从"过去"中获取智慧和教益。也就是说，"新闻眼"中必然存活着"过去"的文化观念，必须将"过去"的文化观念"吸收"、"组织"到"新闻眼"中来。

"活"着的"过去"就是"传统"。传统既有着顽强的生命力，又是动态的、开放的系统，不断地将"过去"融汇到"现在"之中，成为一种"新"的、可再生、可持续的力量。我们在考察新闻文化的时间观念时引入"传统文化"的概念，正是为了说明"活"在"现在"的"过去"的文化观念，如何在观察与把握"现在"时发生重要的作用。

有人将"传统文化"与"文化传统"两个概念相比较，辨析它们的差异在于"传统文化"是属于历史，属于"过去"，而"文化传统"则属于现状，属于"活文化"。[①] 这自有其道理。但我们这里的"传统文化"亦取后一义。其原因即在于我们对"传统"的理解，并且更因为"新闻"中的"传统文化"本身就表明了我们所指的"传统文化"是存活于现在的"活文化"。新闻文化对于"传统文化"的疑问、兴趣、赞美与责难等，都是从对"现在"的观察、把握中产生出的迷惑与透视中产生出来的。因而，新闻文化对"传统"的观察，实是对现状的观察，对自身观察所使用的"新闻眼"本身的观察。换句话说，"传统文化"在新闻中总是在与现状发生关系的情况下被观察与理解的。而"传统文化"又通过这样的观察与理解，在新闻文化之中获得了一种新的生存。随着"现在"的不断推移改变，对同样的一种"传统文化"必然会产生不同的观察与理解，所以"传统文化"又在新闻文化之中不断地被重构，焕发出生机和活力。

任何一个新闻事件，都有其来龙去脉，或多或少地都要追溯事件由来的"过去"。但是，"过去"并不等于"传统"，即便是它与"现在"有着紧密的联系。能够称之为"传统"的东西，总是要经过时间的淘洗，具有经久不变的性质。那么，什么是"传统文化"呢？首先是要能够"化"而为"文"，在历史与现实中留下实际的、深远的影响，进而规范着人们的思维方式和行为方式，成为人们的观念内容。其次是有着较为系统的传承形态，往往影响着、支配着一代人、几代人甚至世代人的观念形态。因而，对于一个新闻事件，追溯其来龙去脉时对以往的事件、背景进行考察、观照固然重要，但只有从事件本身透视其中隐含着的"过去"的文化传承的轨迹与投影，才是以"传统文化"的观念来观照新闻事实。例如对日本右翼势力否定侵华战争的言行，从日本军国主义对中国及亚洲各国侵略的历史事实可以揭

---

① 朱维铮：《音调未定的传统》，辽宁教育出版社1995年版，第14—26页。

露其言行的荒谬与反动;而透视日本侵略及今日右翼势力的反动言行后的观念所自,如日本的某种文化精神等,则深入到了"传统文化"的层面。

因此,我们首先研究新闻文化中关于"传统"的观念,以审视"新闻眼"如何观照新闻事件中的"传统文化"内容;再具体考察新闻文化中表达"传统文化"的方法。

一、"传统"三观

我们总是生活于某些"传统"之中而并不自知,犹如鱼儿生活于水中而若空游无所依,只有脱离水面才能发现水的存在,而人被按进水中才会发现空气的存在一样,人们只有在与"传统"进行分离、挣扎、断裂之时,才能明确地发现"传统"。对于新闻文化来说,"传统"总是存在于"当前"的现实之中,并不一定公开地声明自己的存在。而且,我们观照世界事物的"新闻眼"本身,往往也是由"传统"所铸成锻就的。这就使我们对"传统"的观照具有了双重的困难。但是正因如此,又使我们具有了理解与阐释现实事物中"传统"的可能性——理解和阐释"传统",实际上无非是理解与阐释业已进入我们生活中的"过去"。所以,只要能够意识到"传统"的存在,在自己的"视野"中纳入"传统"的观念,就能够在"新闻眼"中组织和融汇进观照"传统"的眼睛。

"新闻眼"着眼于"现在",观照"传统"是从"现在"来看"过去"。那么,新闻文化观念中关于"传统"的观念有哪些呢?

1. 延续性观念

也可以表述为历时(史)观念。从"现时"发生的新闻事件中,观照到内涵的具有时间上的延续性的社会认知体系、生活方式和物质器用的影响与支配作用。也就是对现实中的事实,需要以"回忆"、"追寻"起来的"历史"的东西来加以理解、阐释和叙述,从而深入地观察新闻事件的真相,说明事件的意义。

传统是历史性的东西,其发生发展需要过程,这就是传统在时间上的延续性。在新闻文化中,只有"活"在具体的、现时的新闻事件中的"过去"

才值得观察审视,这种观察审视,就需要从时间的延续性上来进行。传统"活"在"现在",一方面,因为完全成为"过去"则意味着死亡,一个成为"过去"的人就是死去了的人;另一方面,更表明了没有作为"传统"的"过去",则"现在"将不存在。所以,要用"传统"来说明"现在"的事件。这种说明,又要以"传统"在时间中持续延伸的过程来将"过去"与"现在"连接起来。因而,延续性的观念可以说是观察传统将"过去"织入"现在"中的重要视角。例如对现实生活中的家长制、官僚主义等现象,新闻文化在审视事实时固然要把它们与封建社会的某些传统相联系,但由于这些传统是活生生的、具体的,而不是业已僵死的、抽象的东西,因而对这些传统绵延于漫长的中国历史上的发展过程与绵延不绝的原因,就要给予一定的关注,从而使当今的现实与过去的现实"连接"起来,这样,人们才能够通过新闻的叙述对传统进入现实的过程有所理解。否则,就容易在现实与"过去"之间产生断裂,使人无法理解传统的现实存在,从而也难以真正看清新闻事实的真相与意义。人们常以河流来比拟时间与历史,实际上也是用一种连续不断、永恒绵延的形象来表明事物之间的紧密联系。如果时间的河流中间出现了一段干涸的河床,人们就无法将前后不同时间中的事物连接起来。这时,"传统"既失去了相互之"传",亦无法见其"统"系、头绪。所以,新闻文化对于传统的延续性的观照,实际上是对事物发生、发展过程所具有的延续性的一种整体观照,是对"整合"进现实事件中的"传统"的某种重"新"体验和重"新"经历。即既带着现实的新闻事实所提出的问题,又潜入了时间的深处予以探寻追索,使得新闻事实在纵向上被连续解剖透视。

　　当然,新闻文化在观察某一新闻事实时,不可能也没有必要将这一事实中所蕴含的某些传统文化内容作时间上的全程追溯。"传统"的延续性实际上又表现为某种稳定性、不变性,因而时间的延续或者说历史又被"传统"凝聚、压缩为某种固定的文化形态,形成某种特定的观念,或成为某种特殊的记忆。一旦遭遇到某种特殊情境,某个特定的事实,记忆的闸门就会打开,传统的东西就会突然地涌上心头,刹那之间可以观照久远,延续的时光于瞬时再现。所以,共同性、不变性之中凝结着时间的持续性、绵延性,表现着传统的生生不息的历程。这样,新闻文化对新闻事实的观照中,对"传统"的透视就容易把目光集中在某种不变的、在长时段中共有的现象上。换句话说,就是在观照现象的"重复"出现上下功夫。这不仅因为重复出现的现象本身就内在地包含着某种文化传统顽强的存活能力,从而在时间上必然有其延续性,而且新闻文化从新闻事实中发现它所"重复"、"复制"的事实,往往能由此自"事"而"史"地接触"事"中所蕴含的"传统"内容。例如有人从"大学生被分配看厕所"的新闻事实中,观察到历史上对知识分子("士")不重视甚至蔑视、歧视的现象的重复出现,进而透视中国传统文化中的一种"反智论"的传统。这样的审视是否准确姑且不论,但却是从一种共同性、不变性之中,将历史长程的延续性用"重复"的事实表现出来,深化了对新闻事实的认识。

更进一步的考察可以发现,凡是能够不断地重复出现的某些共同的、不变的东西,必然是在时间之流中历经淘洗而生存下来的。因而,其延续持存、传之久远应与这种传统与现实的适应能力有关。一种传统,必须适应长时段中的各种现实条件才能够进入"现在"的某个新闻事件之中。因而,对产生、生长传统的文化土壤的观察,也是新闻文化观察传统的连续性的重要内容。对"现实"的"重复"出现的观察,主要是透视"当前"现实与业已"过去"的现实之间的延续性。在这样的延续性中,可以看出某种传统的活力或惰性,由此观照连续持存的现实所具有的文化特征。从另一个角度看,某种传统文化渗入当今的新闻事件中,表明这种传统所具有的适应性与实用性,所以才能够一再被现实所接纳并在现实中延续。因而,在对"现实"的延续性观察中,又应始终在"现实"与"传统"的某些共同关系中进行。例如有人在观察德国新纳粹活动猖獗的新闻事件时,既从德国当前的现实与以往的现实境遇的相似性、重复性看其延续性,又从纳粹文化与现实之间的适应关系看其作为一种传统能够延续的原因,这样就能够深入到文化传统的观念层面来认识新闻事件,从而审视到一些较为核心的问题。

总之,从延续性观念上,主要是由在历时存在的文化现象的相同性、重复性上显示出来的传统文化的持存性、适应性中观察新闻事件的深远根源与意蕴,从而将"过去"与"现在"有机地连接与组织起来,以达到以"古"鉴"今",由"今"察"古"的目的。

2. 集体性观念

"传统"的观念总是与人群有关,个人的行为与观念并不称为传统,只有当某种生活经验、行为模式、观念体系体现于集体之中,并表现为集体记忆时,才称得上"传统"。因而,观察新闻事件中的"传统文化"内容,还需要审视这种文化内容是否体现于较为广泛的人群之中,成为集体性的社会实践与社会规范。

新闻文化作为一种交往文化,主要表现为为社会开拓一种公共空间,传播公共意见。因此,新闻文化所指涉的主要是公众,即作为群体的公民,而不是私人;在此意义上,新闻文化又是一种公共文化。新闻文化关注的更多是与公众有关的事物。这样,当新闻文化观照世界事物时,往往自然地带有某种集体观念;从而与"传统文化"所关涉的集体性有着契合点。所以,对于新闻事件中包含着的"传统"的观察,就能够较为自觉地从与公众的关系上进行考察,即看新闻事件中的文化内容是否具有"公有",即集体具有;公认;"公行",即多数人的共同行为规则等性质。只有具有这些性质的文化现象,才可能属于"传统"。那些穿越漫长历史的隧道进入"现在"的文化内容,经过一代代的人们的社会记忆与社会实践,成为了群体相互认同、相互联系的媒介与依据。因而表现到具体事实中,从某一事件的文化集结中,很容易看到传统的文化网络涵盖的广博范围,促使新闻文化之眼深入到新闻事件的丰厚的文化含量中,为新闻事件的根源与意义寻找到深远的背景。由此,新闻事件获得了某种代表性与典型性,更为适应新闻文化作为公共文化的特征。例如,鲁迅先生在《论秦理斋夫人事》一文中,对当时报章披露的秦理斋夫人与子女在秦父的逼迫下服毒自杀的事件进行了透视,就从传统文化"黑暗的吞噬之力,往往胜过孤军"来考察造成悲剧的传统力量所具有的集体性特征,并把批判的锋芒指向"千古美谈"的"殉节"传统本身,由于从"孤军"的覆灭中看到了无边的黑暗,使这一新闻事件的文化内涵凸显出来。

传统文化作为"公有"的生活经验与行为模式,在某类人群中虽然是

"公认"的，经群体认同并成为相互认同的依据，但是，常常也是"百姓日用而不知"，"公行"而并非自觉的。也就是说，公众身处于某些集体记忆之中，却使这种集体记忆成为了"集体无意识"。新闻文化在观照新闻事件中的"传统"内容时，不仅需要"入乎其中"，在集体性中体察文化传统，而且也应"出乎其外"，从某个集体之外来观看这种传统的群体属性。如上述鲁迅先生的文章中，鲁迅固然置身于中国传统的节烈孝义的集体性观念之中，但又从认同这种传统的群属之外来剖析这种传统；于是就能够从秦理斋夫人的家庭、亲属及其他的各种社会关系所组成的无形之网中，看清包围着受害者的文化氛围。这样既发现了传统的集体性，又将这种集体性所指涉的"集体"本身揭示出来。

事实上，传统总是与某些特定的"集体"有着紧密联系，随着某些"集体"的升降沉浮而改变其能量与影响的。不过，既能传而统之，说明它总是在建构某种社会群体的秩序与规范中具有指导作用与支配地位。因而，传统既是"公认"，即群体认同的，又对特定群体的成员有着权威的规范作用，或者说具有优势合法性。新闻文化在面对特定的新闻事件时，关注的是此时此地、此情此景，在现时的情境中审视传统。那么，在新闻事实之中，人的行为受其所属的社会群体何种传统所规范、决定，便是反观这种传统的重要方法。在任何社会，某种程度上，传统往往具有不可轻易改变的、共同遵循的价值导向作用。例如在对中国人礼节的观察中，新闻文化对于不同人群所应共同奉行的内容往往加以突出强调，用以作为"底线"。而这些内容正是传统的集体性的有力体现，规定着大多数人在某种情境下的所作所为，因而是公众所应掌握的"条件性知识"。各种特殊的群体，则又适应着特殊的传统规范。比如新闻媒介对教师、医生的"职业道德"，也常常是从传统出发，指出现时情境中的"应该"与"不应该"。正是对这种"应该"本身，这种"应该"为何种群体"公认"，这种"应该"在群体中的传承过程，以及这种"应该"在"现在进行时"的新闻事实中的表现等方面进行的观照，才能分清某种传统的群属性质，对新闻中传统文化的集体性有明晰、准确的认识。例如在对孔繁森的报道中，通过观察孔繁森在"家"与"国"之间的艰难选择，从他的行为事实中窥见了他所认同的"应该",这种"应该"属于什么样的传统？这样的传统属于怎样的群体？有着什么样的优势合法性？在孔繁森所置身的情境中为何有着强大的支配、规范作用？随着目光的层层推进，把孔繁森人格中的传统文化内涵深刻地揭示了出来。

当然，观察一种传统在特定群体中如何成为权威，在公共文化中如何发挥其权威，建构某种秩序与规范，也都是"新闻眼"在观察新闻事件中的"传统"因子的集体性时所应当予以重视的。

3. 动态性观念

传统是延续的，表明传统有其稳定性、不变性；但传统又是"活"的，在时间的绵延中历经无数过去的"现在"而到达当前的"现在"，面对的每个"现在"又各不相同，因此，在稳定中有变动，在相同中又被不断重新塑造出相异。这就是关于传统的动态性观念。进入到新闻事实中的传统，不仅有着新闻的"现在"对它进行的重新建构，而且在历时性过程中本身就有着发生发展、兴盛衰落的历史，在每一时代中都因时代的特殊要求而产生着变异，所以对新闻事实的观照，又要考察现时存在的传统所经历的发展变化的过程。如此，才能够更好地把握新闻事实中的传统是如何到达现在和如何变成现在状态的，从而更好地把握新闻事实本身。

任何传统都是产生于一定的历史时空之中，有着特定的发生、发展的条件和制约因素。当它进入"现在"的某个事件中时，由于"现在"的条件发生了变化，人们必然要根据自己的生活来理解传统与继承传统。这样，同样的传统，就被不同的"现在"理解与改造为不同的传统。所以，首先应当重视新闻事实发生的"现在"在接纳与改造传统中的作用。任何一个事件都是以"现在"时态来进行的，任何社会行动也都是行动者根据行动当时的情境、条件加以分析、判断后而产生的。传统作为人们的生活的一部分，必须成为适合"现在"的东西，要由"现在"的客观条件加以重新建构，要由人们的生活来改变传统的生命形态本身，这样，传统才会继续存活，才能够不断地动态发展。相反，完全不变的、固定化的传统则必然变成"过去"了的，僵死了的东西。在这个意义上，我们又可以说，只有变动不居、生生不息的文化才能够成为传统，而"天不变道亦不变"的东西则只能沦为遗物,永远无法进入新闻文化之中。所以,如果说延续性观念是就传统的不变性而言的话,那么动态性观念则是就其变者而言的,只不过在变中自有不变者在而已。

"人能弘道,非道弘人。"传统文化之道总是在人们的弘扬与批判中得以延续发展,而并非是传统单向地使人得以不断优化。在关于孔繁森的报道中,固然有着传统的伦理文化对这位优秀干部的人格的熔铸作用,但是时代的要求和个人的生活境遇、工作条件又决定了这些传统文化在孔繁森身上被发扬光大,并赋予了崭新的内涵。因而,这种传统仍然保留着某些合理的内核,却又产生出新的"生长点",创造了新的传统。"孔繁森精神"正是传统在保持稳定的连续性中创造和发展出来的。同样,对于腐败之类的负面现象赖以产生的传统文化的考察,也应注意其在现时条件下的变异与转化,从而更为准确地切中这些传统的病灶而努力割除。

世世代代相传的传统就这样由于不同的时空条件而发生变异,不断地整合进一些新的内容,扬弃一些旧的内容,在每一时代都呈现出不同的形态。此时此地存在于新闻事件中的传统,实际上不仅在"现在"的事件中发生了变异,而且在历时性的发展中早已发生了各式各样的变异。正视这些变异,才能更好地理解此时此地的变异,也才能够对传统进入"现在"的过程作出阐释与叙述,从而对于"现在"的事件与透迤曲折而来的传统两方面都有较为准确的理解。例如一些媒体对亚洲地区所谓"四小龙"的经济奇迹,用儒家文化传统的复兴来进行解释,殊不知不仅进入现代社会后,儒家传统业已发生了变化,而且在历史的长河中,儒家文化的变化渊源已久,任何人都难以指出什么永恒不变的儒家文化传统。因此,当把传统视为一成不变的凝固、抽象的实体时,不仅无法解释现实,而且也无法理解、审视传统本身。

但是,传统的连续性与变异性又是统一于传统的发展之中的。无论是仅从不变还是仅从变来把握传统都会遗失传统。因此,动态性观念还要求我们在动态的发展中,对传统兴衰变化作整体性的观照。只有把握住某种传统的整体结构和特征,才能在动态性中认清进入"现在"的是传统的何种部分与成分,对应着的历史环节是什么,准确、全面地辨别新闻事件中传统的地位与作用。比如亚洲"四小龙"的儒家文化传承中,接纳的是儒家传统的哪些部分,儒家文化是如何发展出这些部分的,看清这些问题,才可以对现实与传统的关系作出较为准确的阐明。另一方面,整体性地掌握传统的动态性特征,可以防止"神龙见首不见尾"式的片面性,而能够从总体特征上说明传统与现实的关系。特别是在整体性的把握中,传统的动态性表现出的在何种情况下变异,何种情况下延续的特点,对于理解在现实事件中传统的延续与变异有着重要的作用。同时,这种长程(时间)的、宏观的观察传统方式,还可以对传统的复杂性、统一性作出把握,防止对传统的实用主义的解释与随意引用。具体到新闻事实中,动态的整体性把握方式,可以综合地审视传统文化在现实中的复杂形态,由进入新闻事实中的某种成分反观某种传统的整体,以整体来阐释与说明部分,就能够较为全面深刻地认识新闻事实与传统的关系,以及进入事实的传统本身。相反,如果对传统的动态发展的整体没有较好的把握,对于新闻事实中的传统很容易"以偏概偏"、"以偏概全",以致无法切中事实的真相。

二、表现方式

"新"与"旧"相反相成,新闻文化不得不常常转向传统文化追问现实事物的究竟。这种追问、对话,实质上就是"传统"与"现状"相互比照、相互依存的过程。通过叩问"传统",求得对新闻事实的深入认识,是新闻文化表达"传统"的主要目的。实现这样的目的,需要采取恰当的方法,才能鉴古而知今,温故而知新,让"过去"告诉"现在"。

1. 新闻文化通过叙述"传统",为"现在"寻找历史的依据,从而阐明"现在"的意义

有人不无玩笑地说,假如把关于各类传统节庆、仪式的报道从各类新闻媒体中除去,那么新闻报道就要失去大量内容了。不仅如此,新闻中对"历史上的今天",各种纪念日的报道,都有从"过去"为"今天"确立意义与价值的意向。不难看出,节日、仪式等与"传统"关联极强,是一种保证传

统延续的重要行为方式,为人们生存的稳定状态和生命意义的连续性的确立提供了重要的象征系统。可以说,每种节日、仪式,都是传统的一种强化记忆的方式,一种温习过去,在身心两方面重新表演、体验与实践传统的方式。通过这种方式,"传统"被有效地引入了"现在",因此,新闻文化对各种节日、仪式的报道,不仅是对"传统"在"现在"继续发生作用,产生"新"事的弘扬;而且由于新闻媒介的报道本身也参与了强化社会记忆的过程,本身也是对传统的一种社会实践方式,从而成为传统进入现实的一个重要的组成部分。作为传承传统的一个重要部分,新闻文化实际上是为现实寻找历史的依据,通过人们对传统的集体记忆和共同理解来说明现实。无论是西方对圣诞节、狂欢节、情人节之类的节日,还是中国对春节、端午节、中秋节等传统节日的新闻报道,都是在传统与现实交汇、碰撞的特殊时刻,从传统中获得了对现实的新的理解。例如,美联社在报道1982年北京人们欢度国庆节、中秋节时,抓住"今天是两个传统节日逢在一起"[1]来探究两种传统在中国人心目中的地位,以此解释现实中中国人的生活状态与精神状态。报道说明"中秋节是全家团聚的日子,很像感恩节。中国人强烈的全家团聚的传统可以追溯到世界上一个最悠久的文明时代的开初";而"共产党的传统则年轻得多。今天是中华人民共和国成立33周年"。接着以"中国的一位大学生说:'中国的力量在于家庭观念。我想,今天如果人人都像爱自己的家庭那样爱我们的祖国,我们就可以取得伟大成就。'"较为巧妙地把两种传统之间的关系阐明了出来,再以节日场景及其他人的话语来表现节日,就把这两个节日、北京人民欢度节日的意义与缘由,有力地表现了出来。可以说,凡是成功的关于节日、仪式的新闻报道,都必须以新闻工作者对其内含的传统文化精神的深刻理解与把握为基础。

其实,对节日、仪式的报道只不过是新闻文化中表达"传统"较为突出和集中的一种形式。由于现实与传统有着千丝万缕的关系,特别是积淀、

---

[1] 《北京人民欢度国庆节、中秋节》,见黎信主编:《外国新闻通讯选评》(上),长征出版社1984年版,第192—193页。

隐藏在人们精神世界与行为方式中的种种传统的因素,使得许多新闻事件中都有着"传统"巨大而无形的身影。因此,要充分地理解与说明新闻事件的因由与内涵,就必须让"传统"现身说法。比如假使不了解一些阿拉伯国家对于女性戴面纱的严格要求的传统,那么也就难以理解为什么有的阿拉伯妇女要求摘下面纱参加工作会成为新闻事件。所以,追溯"传统"是对许多新闻事件进行报道时必须进行的工作。那么,在新闻事件中如何迫使"传统"现身呢?

首先,是在"新"事与"往"事的比较中发现"传统"的踪迹,从而在事物的发展变化的叙述中揭示传统的影响。传统作为一种延续性强,具有惰性与保守性的力量,当现实生活发生改变时,便常常显示出其顽固的存在。新闻记者在观察新闻事件时,当发现新生事物与旧事物之间发生了反差与冲突时,就可以从中透视传统的或隐或显的影响。例如关于婚姻生活的报道中,对于离婚夫妻双方的冲突,对于子女的身心健康,对于单亲家庭,对于独身主义等等新出现的问题和事件,在观察其中的痛苦与挣扎、冲突与斗争时,关于婚姻、家庭的传统观念和模式便自然地进入了视野,而只有弄清"传统"的本来面目,"传统"在其中所起的作用等问题后,才能对这些现象本来是"新"是"旧",哪些代表"新",哪些代表"旧",以及"新的"与"传统的"价值孰高孰低作出自己的判断与评价。

其次,是在重复出现的事实中考察"传统"的存在,通过对"传统"的阐明弄清新闻事实的发生缘由与意义。不仅历史事件会重复出现,一些日常事件也常常重复出现。在对能够成为新闻事件并与较为遥远的"过去"的一些事实相类似或相同的事件的观照中,可以辨认出传统的痕迹。特别是一些"复活"的现象,"重演"的悲剧或喜剧性事件,往往表明某种传统在现实中又产生了巨大的影响;只有把这种传统的本质、生存的土壤和再生的契机考察清楚,才能够对新闻事件作出恰切的说明与叙述。比如一些富裕地区又出现了大造陵墓,大修庙宇等现象;一些"先富起来"的大款又养起了"二奶"甚至公然纳妾;一些学者又打起了研究"国学"的旗号,等等。无论是正面负面,都可以明显地看到以往的传统又重新获得了生命,不把这些事件赖以产生的传统叙述、说明清楚,就无法理解和阐释新闻事件。

再次，是在对现实的深入考察中，从一些突出的、带有普遍性的现象中观察传统的作用。由于传统属于社会记忆和社会实践的结合体，往往成为人们行为的规范性内容，所以在一些突出的、大规模或大比率的新闻事件中，常常可以看出传统的支配作用与引导作用。例如美联社在报道"日本家庭谋杀惨案猛增"①时，通过一些专家之口，揭示了传统的重要作用。"在传统上，日本的家庭谋杀往往是杀人者在自杀前的暴力行动，牺牲者多数是母亲或儿女。"而"母亲杀死孩子，在日本已有漫长的历史……日本母亲认为孩子是她们自己的一部分，这一点在她们自杀前往往给她们造成一种'复杂的心理状态'，于是母亲与儿女同归于尽的惨剧便发生了。"这就通过对普遍出现的"惨剧"的考察，抓住了传统的根源，从而以传统为现实找到了理解与说明的依据，使所叙述的新闻事件得到了"合理的"解释。

2. 从"现在"的实际状况出发来审视传统文化与当代文化的冲突，从而在当代新闻文化中表现传统文化

当代文化是为了适应"现在"的实际状况，回答"当前"的问题，创造"当前"的生活而发展起来的。而传统文化则是为了回答"过去"某一时刻，或是在"过去"某一时刻为了回答一些"永久性"的问题而产生出来的。时移事变，以往的解释往往需要重新思考和斟酌。这不仅是因为当代文化与传统文化之间有了"代沟"，因此难以达成一致，而且更主要是由于持存在现实中的传统以其巨大的惯性力量抵制着新的文化，造成着传统文化与当代文化的冲突。这也可以说是"异代"而"同时"，有如老年人与青年人同时生活在一个世界上，却因不同的价值观念、行为方式而产生了文化冲突。

当社会的现实状况中，传统的惰性力量十分强大，已难以适应人们生存发展的需要，而新的文化力量在传统中受到围剿扼制时，面对剧烈的文

---

① 《日本家庭谋杀惨案猛增》，见黎信主编：《外国新闻通讯选评》(上)，长征出版社 1984 年版，第 343—344 页。

化冲突,人们往往更加深刻地认识传统与现实的关系,更加深刻地洞悉传统文化的本质。在波澜壮阔的"五四"新文化运动中,新闻文化处于一个特殊的地位,面对传统文化与当代先进文化之间的剧烈冲突,人们更为痛切地认识到了传统的特质;激进的反传统反而导致了对传统文化的深刻体认。当时的新闻文化中的许多著名篇章都以对传统的重新认识和重新叙述而深入人心,造成至今不息的影响。例如众所熟知的《新青年》"打倒孔家店"的狂飙,就是建立在对传统的儒家文化与以科学、民主为核心的新文化之间不可调和的冲突的认识基础上而鼓荡起来的。分析"五四"时期的诸多报刊,不难看到传统文化与新文化激烈斗争的痕迹。正是通过对新闻事件的剖析、叙述,努力暴露出传统的不合时宜和对历史进步、民族生存的巨大危害,使传统的诸多方面的真正面目被深刻地揭示了出来。鲁迅先生的大量杂文都是以新文化来烛照出传统的底蕴,而在新文化浸润之下的许多专业新闻记者,则又通过对传统的力量所造成的新闻事件的叙述,例如前引鲁迅先生所分析的秦理斋夫人事件,"用事实说话",表现了传统文化中消极因素对人的毁灭。

当然"五四"乃一个特定的历史时期,传统文化的诸多方面在那时获得了突出、集中的表现。而在大多数情形下,传统文化与当代文化的冲突则又不一定呈现出激烈的形式,有时冲突甚至是潜隐的,"近乎无事的"。例如在日常生活领域中人们衣食住行方面的变化,往往伴随着传统文化观念与新的文化观念的冲突。新的生存方式、生存观念与旧的、传统的经常纠缠在一起,每一次挣脱都要有或轻或重的阵痛。描述这种阵痛,展现其内在的冲突,就可以对传统文化的内容进行揭示。例如中国实行市场经济体制后,与旧的体制相协调的传统文化观念日益与新的文化观念产生冲突,这种冲突有时是激烈的,如民主、法制进程的加快与家长制、官僚主义,"人治"的传统的冲突;有时是静悄悄的,如新的择业观念与以往的追求"铁饭碗"之类的观念的冲突,衣着打扮上的追求个性与追求从众的冲突,等等,都反映了某些传统的文化内容与新的文化形态之间的冲突。无论是哪种情况,只要能够较好地写出如何甩脱传统的"包袱"的过程,就可以把传统文化在新闻事件中的作用揭示出来。

其实,传统文化虽然总是具有保守性、延续性,但并非总是消极的力量,传统文化与新文化之间的冲突中,传统的努力图存的抗争有时具有积极的意义,更能体现出传统文化的某些精华与价值。换句话说,"新"的并非总是好的,"旧"的有时反而更有价值;"新"、"旧"冲突中,"旧"的胜过"新"的往往显示了其价值与力量。这是因为新文化一方面具有先进性和适时性,即有着传统文化所不具备的新的思维、实践与评价事物的方式,另一方面却也存在着未经历史检验而带来的盲目性和暂时性。因此,在传统文化与新文化的冲突中体认传统文化的价值,叙述传统文化的力量所造就的美好事物,是新闻文化表现传统的重要任务。例如,《中国青年报》的《冰点》专刊曾以"北京最后的粪桶"为题,报道几名从北大荒返城的知青回到故乡后却背起了时传祥的粪桶,"在靓女如云的橱窗里,在豪华亮丽的大饭店玻璃墙上,极不相称地反射着他们的影子"。文章通过在当代生活中坚守着一种传统的信念,"背"着时传祥的传统,而与当代文化的一些流行观念相冲突的描写,张扬了这种传统的价值。①《冰点》专刊报道的"乔安山的故事"②,则通过对雷锋当年的战友乔安山坚持在各种环境中继承发扬雷锋精神的事迹的叙述,得出"在多元化的今天,尽管人们的生活理想和行为方式千差万别,但乔安山和他的战友们将永远居于被尊敬的人们之列"的结论,同样表现了在与当代文化的冲突中,优秀的传统文化所呈现出的坚韧、崇高的力量。

因此,在表现传统文化与新文化的冲突时,新闻文化必须摆脱片面的先入为主之"见",而应一切从新闻事实所面对的实际出发来确定"立场",才能够正确对待冲突着的传统文化与当代文化。

3. 新闻文化通过对现实事件的叙述表现传统的创造性转化,从而努力创造新的传统

正如在老年人、中年人、青年人之间既存在着"代沟",又具有共同的

① 参见:李大同:《冰点》,安徽人民出版社 1996 年版,第 1—12 页。

② 参见:李大同:《冰点》,安徽人民出版社 1996 年版,第 142—153 页。

"沟底",有着深刻的、普遍的"沟通"一样,传统文化与新文化在现实生活中也存在着各式各样的对话、交流,因而才能使传统"活"在现实之中。也正如不同的人经过对话、交流,双方都有所改变,老年人接受新生事物,青年人继承优良传统一样,传统文化与新文化经过对话、交流、碰撞、冲击,也发生着新的转化。新文化从传统文化中获取泉源,才能继往开来,而传统文化则要经历新文化的洗礼,被人们创造性地转化后,才能够适应新的时代的要求,具有再生能力和长久的生命力。无论是进入新文化中的传统文化,还是向着新文化转化的传统文化,实质上都是传统文化的创造性转化。新闻文化只有在对现实的把握中表现出传统文化在新的时空条件下的创造性转化,才能够真正弘扬优秀的传统文化。这也是由传统的可塑性所决定的。有人说,真理的身上总是布满了伤痕。这表明任何传统都会被攻击、歪曲与改造而失去一些东西。其实,布满伤痕的真理在传承的过程中又总是被加以治疗、调养,从而增加了新的活力。例如,儒家文化所提倡的义利观念,人际交往观念等,在当前的市场经济条件下是否仍有效力呢? 从一些新闻媒介称道"儒商"的报道中可以看出,在新的历史条件下,儒家伦理可以经过改造成为市场经济伦理原则的一部分。因为市场经济中,仍然是"人无信不立",没有信誉的企业无法立足;人与人之间如果只有尔虞我诈,或只有契约关系,只成为"经济人",则不仅无从维持正常的经济秩序,还会导致人性的失落。因而,对"儒商"的提倡除了有对提高商人的文化素质的期望,还有对儒家文化思想的重新呼唤。但是,如果对儒家文化不加以改造转化,则难以适应新的现实的需要。所以,在新闻文化中又通过具体的新闻事件,表现出儒家文化被实践者创造性转化之后的形态。像"领导干部讲正气"的"正气"与文天祥的《正气歌》所宣扬的儒家文化精神;像"鞠躬尽瘁,死而后已"的勤政为民的精神;像勤俭节约、艰苦奋斗的精神,等等,都与中国传统文化的优良传统血脉相连,而又被注入了新的血液,激发出了新的活力。

毋庸讳言,传统文化中的一些腐朽落后的东西也常常被创造性地转化。诸如"人治"的传统被"现代化"为"法治之中有人治",而与"依法治国"的国策相对抗,传统乡土观念被转化为"地方保护主义"等,则又从反面表现了传统在现实中的再生过程。对此,新闻文化必须在表现传统转化过程的同时,予以批判与揭露,从而遏制这种恶劣的传统的影响。

　　传统文化是人创造出来的,因其传承不绝而成之为传统。所以,每一时代都应为后世创造新的传统。在创造性地转化已有的传统时,实际上已经在传统中加入了新的成分,已经对传统进行了创新。而只要是创新,虽然是在传统的基础上进行的,却也有了与以前所不同的东西。这些东西如果能够传承下去,就成为新的传统。人们常说,新闻是进行着历史,明天的历史。只有具有历史意识,新闻文化才能致力于创造新的传统。中国素有"史官文化"传统,"史官"所记乃是当时的事实,是以为后世存真的态度的实录,故称为"史"官。新闻文化要成为今后的历史,新闻作品要成为今后的传统文化,必须有对历史和文化高度负责的态度,把当时当地的人们的文化创造表现出来,把人们文化创造中最为核心、最为优秀的东西突出出来,努力创立能够使人的生存向着优化方向发展的根本性的东西,这样,就可以"传"而"统"之,规范和指导人们的生活,把"现在"创造为今后的"传统"。

　　事实上,新闻文化在"承亡继绝"地弘扬传统的同时,总是通过对时代的文化中可以成为传统的东西大力传播,而使之具有集体性和优势合法性,并努力在时间上将其延续下去。翻开中外新闻史,可以看到任何时代都有着对于能够代表自己时代精神的东西大力宣扬的新闻文化产品。中国的张思德、刘胡兰、焦裕禄、王进喜、雷锋、孔繁森……几乎每一个人名,都代表着一种精神,一个时代,从而也代表着一种传统。而对于社会生活的各个方面,政治、法律、经济、艺术等领域,日常生活诸内容,凡是有所创新,这种创新又为人类文化提供了新的优秀产品的,则都可以作为以后的传统来加以传播。例如环境保护问题,是人类的科学技术飞速发展后日益突出的新问题,面对这种问题而生发出来的环保文化,通过大面积、长时段的传播,渐渐成为一种新的传统而延续下去。

　　实际上,当新闻文化着力创造新的传统时,已经将"现在"归入于"过去",而这又是从"未来"着眼的。因而,不妨说,新闻文化对新传统的创造是把"过去"织入"未来"的努力。从这个意义上说,"传统"又总是寓于"未来"之中的。这就要求,新闻文化必须始终以人类向着优化方向发展为指向,把"传统"所蕴含的创造性力量充分地显示出来,表达出来。唯有如此,新闻文化才能真正表达"活"在"现在"之中,指向"未来"的"传统"文化。

三、剖析迷误

新闻文化表达"现在"离不开"过去",而在"现在"与"过去"的关系中,"传统"或多或少地总会现身。因此,新闻难以回避时常出入其中的传统文化。王充所谓"知古不知今,谓之陆沉","知今不知古,谓之盲瞽"①,对于新闻工作者观察世界事物来说,同样有着深刻的启示。稍作引申即可发现,只知道事中的"古",与只知道事中的"今",都会看不清新闻事件的真实情况,无法给出准确的叙述。但是即使是"知今"又"知古",如果对"今"、"古"的关系处理不好,不能正确说明传统文化在现实中的地位和作用,也会使新闻文化陷入迷误。

1. 片面地以"传统"解释"现在",而不是以现实解释"现在"

这是一种只见连续、不见断裂的做法。世界上任何事物的发展都有着连续性,所以才会有传统的存在。但是事物并非一成不变,总是不断发展变化着,并且受各种因素的影响,使得不同的时间段内事物的发展又有着断裂性,即前后失去联系,在许多方面截然不同。如果认定某种传统是延续不变地存在于现实世界中,而以传统来理解、说明与叙述新闻事件,就会使新闻文化产生失真现象,造成主观比附、牵强附会的错误。

有的是有意为之,强行撮合的。例如"文革"后期的"批林批孔"、"评法批儒"、"评《水浒》,批宋江"等,都是把关联很少的现实事物与传统文化强作比附,以达到某种政治上的目的,这是不足为训的。有的则是企图从传统文化那里找到钥匙,开启现实事件内在奥秘的大门,而忽略了这种传

---

① 王充:《论衡·谢短篇》,上海人民出版社1974年版,第196页。

统与现实之间有无联系。例如,曾有报纸报道山东省曲阜与淄博经济发展的事迹,在把两地作对比,"挖掘"它们经济发展的内在动因时,竟以"孔子战管子"来作解释;仿佛两地当今互相追赶,竞相加快经济发展,是由于各自承继了当地的文化传统。这就变成了拟于不伦。因为两地的经济发展是在改革开放的背景下,在一系列新的举措中实现的,与孔子、管子的思想文化传统之间即使有联系也是极少的。所以,光注意从"过去"、从"传统"来为"现在"作解释,就难以切中事实的真相。

除了在现实与传统很少关联时,强以传统解释现实造成失真外,即使是现实事件有着很强的传统因素在起作用,如果把现实事件的产生和发展完全归因为传统文化的作用,也会造成错误。因为传统文化虽然绵延不绝,对人们的现实生活造成极大的影响,但是传统文化要产生作用,造成新的事件,却需要一定的现实条件及其他因素的共同加入。仅仅将事情的发生、发展归结到某种传统文化,就会错失其他的条件和因素。例如在前面所举的一些人把新加坡等所谓亚洲"四小龙"的经济奇迹归因于儒家文化传统的作用,就不仅不能说明儒家文化传统为何在以前未能造成经济奇迹,为何未在其他有着儒家文化传统的国家造成经济奇迹,而且对为何能造成这样的经济奇迹也难以说明。所以,虽然不排除儒家文化传统的影响与作用,但是如果不把其他的各种条件与因素揭示出来,这样的解释同样不能够说明事实。

正确的做法当然只能是以现实来阐释"现在"所发生的新闻事件。因为新闻事件只能是由现实所造成的。那么,如何看待新闻事实中传统文化的作用呢?正如前面所述,"传统"是"活"在"现在"的"过去",传统文化正包含在现实之中,是现实的有机部分,否则就不可能用"传统"来解释"现在"的一些现象了。只不过,"传统"是在"过去"就存在过并为公众所广泛认识与实践的东西,所以,在现实之中察觉到"传统"的持存,并把它突出出来,就可以有助于对新闻事件的理解。在新闻文化中,就应注意防止以"过去"来代替"现在"的做法,而应以"现在"中的"过去"和"现在"中的其他东西一起来告诉"现在"发生的新闻事件究竟是为什么与意味着什么。

2. 片面地以新生文化解释当前现实,忽视现实中传统的因素

这又是一种只见事物发展过程中的某种断裂,而忽视事物发展过程的连续性、联系性的做法。在现实事件中,往往表现出新生的某种文化的强烈影响,因此,新闻文化重视新生的文化在现实中的作用,用新生文化来解释新闻事件是有其合理性的。但是,正如世界上没有无源之水,新闻文化在考察新闻事件时,也仍需要对事物发生、发展中"本来"就具有的情状与变化的情状中"传统"的因素予以高度重视。

自近代以来,中国文化受欧风美雨的洗礼日益增多。中国新闻文化也正是在此风潮中发展并蔚然大观的。新时期打破闭关锁国的政策,实行改革开放之后,西方新的文化思潮与文化产品大量进入,使中国社会形态与文化形态发生了巨大的变化,各种新生事物层出不穷。新闻文化在努力抓写新生事物,剖析新生事物之新时,重视西方新文化与中国新文化的巨大作用无可厚非,问题是所有的事物都是在传统的土壤中生长出来的。忽视传统文化的土壤,简单地把新生出现的各种现象归因于新生的、新近引入的文化,往往难以切中事实的本质。例如实行社会主义市场经济体制后,有人把社会上出现的各种丑恶现象都归咎于新的文化的影响。殊不知对于任何文化,人们的接收与否,取舍方面,实行程度与方式等等,都与人们原来具有的"文化—心理"结构有关,也就是与人们的传统文化素质相关。尽管新生的文化可以改变人们的传统观念,但这种改变也是在原来的基础上发生的,忽视传统文化仍然存活在"现在"之中,就难以说明事物的变化。所以,无论是贪污腐败、道德沦丧,还是弄虚作假、唯利是图等,都有着传统的深刻根源。只不过"传统"的东西与新生的东西之间产生了某种"风云际会",生发出了新的事物而已。新闻文化如果只把新闻事件的发生归结为新生文化的影响,就只能使本应引起重视的"传统"溜出视线之外。

对于新的优秀文化对新生事物的重大作用也应作如是观。新的优秀文化之所以能够扎根发芽,正因其与优秀的传统文化产生了亲和力,找到了接收与生长的土壤。例如对张海迪、孔繁森等人物的新闻报道中,既考虑新的优秀文化的决定性的作用,又对自强不息、仁义勇毅等优秀传统文

化的深刻影响作了表现,从而全面、深入地再现了新闻人物的文化人格。

　　3. 片面地以传统为现实的合法性作辩护

　　针对那些泥古不化、死抱传统不放的人,鲁迅先生曾提出一个深刻的疑问:从来如此,便对么? 确实,对于"从来如此"的事物,对于世代相传的传统,人们往往早已生存于其中,不知不觉地予以接受,因而往往觉得"传统的"便是正确的,把"是这样"当成"应如此"。这就是传统具有的"优势合法性",传统中所含有的某种强制机制。由于传统文化历经时间的考验,证明在人们的生存中具有可靠的指导作用,并在规范社会秩序,约束人们的行为,保持社会的稳定中影响深刻,因此,传统往往具有很强的权威性,是权力合法性和社会合法性的重要内容。在这个意义上,传统文化又常常表现出某种程度上的神圣的象征意义,往往不可轻易改变。

　　当现实事物是放置在传统的根基上,具有某种传统的特征时,就容易被体认为具有合法性的存在。在新闻文化中,现实事物呈现了某些令人不满的现象,阻碍社会的进步和人类的发展的,一些人囿于传统的观念,"见怪不怪"地认为都是早已有之的,因而具有存在的合法性与合理性,所以,只要找出造成这些现象的传统,就能够接受和容忍这些现象。这就是用传统为现实的合法性进行辩护。例如对奢靡浪费、民怨沸腾的"吃喝风",有人以中国传统的饮食文化,中国官员传统的生活方式等所谓"传统",来为其寻找合理性与合法性。而对于现实中为何有存活这类传统的土壤,这类传统本身的合法性却避而不谈。特别是当某种代表着进步的力量冲击着现实不合理的东西时,一些人往往以传统作为合法性的依据来反对变革。对此,新闻文化应引起足够的警觉和反思。

　　传统"活"在"现在",必须在"现在"经受重新检验,重新确定其"合法性"。由于"现在"总是不同于"过去",传统的内容在"现在"也总是既有某种"合法性",又有某种"非法性"。因此,考察现实的状况,新闻文化必须从现实本身出发,根据现实的需要来确立价值评判的标准,这样才能完成对"传统"的扬弃,为公众提供新的"传统"。

4. 忽视"传统"本身的发展与更新,以机械的态度观察与表现现实中的"传统"

正如黑格尔所说,尽管传统"通过一切变化因而过去了的东西,结成一条神圣的链子,把前代的创获给我们保存下来,并传给我们","但这种传统并不仅仅是一个管家婆,只把她所接受过来的忠实地保存着,然后毫不改变地保持着并传给后代。它也不像自然的过程那样,在它的形态和形式的无限变化与活动里,仍然永远保持其原始的规律,没有进步。这种传统并不是一尊不动的石像,而是生命洋溢的,有如一道洪流,离开它的源头愈远,它就膨胀得愈大"。① 然而,如果忽视传统变化,"膨胀"或"缩小"的过程,忽视传统的发展和更新,就容易倒"流"为"源",难以切中现实中"传统"的真实面目。

所谓倒"流"为"源",有两种情况。一种是把"流"传到现在,经过发展和更新的传统,完全归结为"源"头的本然状态的"一尊不动的石像"似的传统;一种是把传统当作现实发展之"源",而忽视传统之"流"需要不断地疏浚出新的"流"道,增加进新的"流"量和流速,从而为未来提供新的"源"头。

传统是"传"而为"统"的,在"传"中有着稳定与变化、新与旧的有机结合与相互创生。这是黑格尔以充满诗情的语言所深刻论述的重要内容。但是,由于传统与"过去"的关系,有些人自觉不自觉地总是认为传统是存在于久远的过去的东西。这样,当在现实中发现传统的影踪时,便容易将其归于最初发生出来的过去。如把儒家文化中的"忠孝节义"所造成的"以理杀人"的罪过归结到"孔家店",就忽略了儒家文化中原儒的思想历经世代统治者与思想家的改造,发生了很大的变化,许多"杀人的软刀子"是经过"膨胀"后的传统所锻造成的,而与孔子关系并不大。倒"流"为"源"地"打倒孔家店"并不能解决现实问题及解释现实现象。有人把现代社会中人际关系中的爱归结到原始儒家的"仁爱",把爱国主义精神归结到"尽忠报国"等,都忽略了这些传统本身的流变与更新。而只有以"源"

---

① (德)黑格尔:《哲学史讲演录》(第一卷),贺麟、王太庆译,商务印务馆 1995 年版,第 8 页。

来释"流",以"源"成为"流"的整体来观察新的现实,新闻文化才能更好地表现与说明"传统"。

从"源"到"流","流"又成为新的"源"。如果只固守"流"到"现在"的传统,那么"流"就只能保持本"源"的形态,难以继续发展、更新,变成了一潭死水,无法继续"流"传。新闻文化中常常提出的"保持"某种"传统",常会陷入把"流"当成"源"的误区。只有在现时的状况中发展与更新"传统",才能真正使这种传统"传"下去。因此,如何为"传统"加人新的活力,创造性地转化"传统",创造新的"传统",是新闻文化表现传统的重要课题。

第七章　新闻中的未来文化

　　"过去已经过去,未来尚未到来"。如果说已经过去的"过去"在新闻文化中对于观照"现在"有着重要影响,可以通过观照"传统文化"来加以考察的话;那么对尚未到来的"未来"的观察,对于认识"现在"同样有着重要的作用。观古固然可以鉴今,为了看清"当前"需要"向后看";但是如果不能高瞻远瞩,不注重"向前看",同样难以看清"现在"。所谓"人无远虑,必有近忧",这一成语对"远"与"近"、"未来"与"现在"的关系所作的精辟概括,对于我们考察"新闻眼"具有深刻的启示。

　　未来尚未到来,因此并不存在,何谈"未来文化"? 但是,人虽然自"过去"进入"现在",生存在"现在",却既不能总生活在"过去"的光辉或阴影之中,也不能全然生活于"现在",随遇而安,随波逐流。而总是要为"未来"作些打算,对"未来"抱有种种情感与欲望,从而描画出关于"未来"的种种图景,这就形成了关于"未来"的文化。此即我们所谓的"未来文化"。人类历史上不绝于书的关于未来的种种想象、推测,构成了"未来文化"的重要内容。如中国的《周易》,西方的星占学,是以神秘的、宿命的方式去把握未来;中国的"大同"思想,西方的"乌托邦"思想,是用哲学的方式去展望、设计未来;至于各类文艺作品、科学论文,无不存在着对于未来的种种描画。新闻文化包罗万象,一切事物尽收"眼"底,上述种种,均是新闻文化负载的对象。不仅如此,新闻文化本身,更以独特的方式发展着未来文化。小到"天气预报",大到宇宙"未来"之类,均是新闻文化关注与传播的内容;其表现形式更是丰富多彩,影响深远。

　　如果说,以往的社会也有着许多震荡与剧变的话,那么比起现代社会来其变化的范围、速率及影响都不可相提并论。随着社会的发展,人们的生存世界产生了一种美国学者托夫勒所说的"未来的震荡"。即由于变化的潮流汹涌澎湃，"现在"迅速被改变，"未来"似乎急速地向人们走来。这股变化的潮流"来势如此迅猛，直接影响到我们整个的时间概念，从根本上革新了我们日常生活的步伐，甚至触动了我们'感知'周围世界的方式。"[①]因而，"如果不把未来作为思想工具，那么要了解我们个人和公众的现实问题将会日渐困难"[②]。在这样的背景下，西方兴起了"未来学"，从各个方面对世界将向何处去，人将向何处去进行研究，探索未来、计划未来、推测未来成为蓬勃兴起的文化景观，"未来"的观念日益深入人心。

　　由于历史及空间的原因，在社会发展的许多方面，西方发达国家与发展中及经济不发达国家之间存在着"时间差"。发达国家"现在"的许多东西，都是其他国家所追求的"未来"。这种"时差"把"未来"活生生地摆在了许多人面前。特别是新闻文化本身的高速发展，使得一地发生的事件可以迅速地甚至"同时"传播到全球，从而在"同时"中把"不同时"现象突出地展现出来。"未来"成为具体可感的东西。所以，毋宁可以说，新闻中未来文化的兴盛几乎成为了全球性的现象。另一方面，由于社会联系的日益紧密，不同地域、不同国家之间发生的事件，也可以迅即影响到全球范围，造成人们对于未来的强烈意识。诸如东欧、苏联的剧变，德国的统一，海湾战争，等等，都迅速地改变着人们对于"未来"的看法，形成对于"未来"的急切期待。例如当海湾局势突然紧张时，人们不禁要探询，下一步会怎样？战火燃起，后果又会如何？各种事件的及时、广泛传播，使世界越来越像一部充满悬念的小说，激发着人们永无穷尽的对于"未来"的探求欲望。这种对"以后会怎样"的关切，指向的"未来"世界又总是与新闻事件的特征与性质密切相关，使人们的视线能够由"此"（时，地）及"彼"（将来）地延伸，渺无涯际。

　　作为一种现时文化，"新闻眼"注视的是"现在"。但从某种意义上说，"现在"又总是指向"未来"，并要由"未来"来规定的。新闻在描述"现在"

① （美）阿尔温·托夫勒：《未来的震荡》，四川人民出版社 1985 年版，第 13 页。
② （美）阿尔温·托夫勒：《未来的震荡》，四川人民出版社 1985 年版，第 4 页。

如何后,又要面对"未来"将会如何的问题。所以,新闻文化又总是包含着指向"未来"的东西。如果说,"现在"发生的新闻事件是"已知"、"现实"的话,那么,新闻文化总是要从"已知"中探求"未知",从"现实"中审视"可能"。德国哲学家布洛赫以"S(主词)是 P(谓词)"表示对"现在"的事物的观察与描述,以"S 尚未是 P"表示对"尚未"(Not Yet)的"未来"的考察,认为前一个公式使人用静态的眼光和态度看事物,必导致只关注"现在",不能把目光投向未来;后一公式则是把握尚未生成、正在成长发展的事物,其目光是动态的、开放性的,因此具有重要的价值。^① 这种看法对于新闻文化也有着深刻的启示。因为世界事物是不停地处于运动变化之中的,要把握事物的全貌,就不仅要看到"已知"的"现实",而且要从"未知"、"可能"中反观"现在"。这样才能获得对事物的新视界、新眼光,使"现在"通过"未来"而得到揭示。

一、悲观·乐观·达观

"未来"无法直接观察。"过去"是曾经看见的,"现在"是正在看见的,未来则只能从人的"主观"出发,通过看"现在"来"预见"。因此,对于"未来"的观照中,人自己的内心世界的憧憬、祈盼、恐惧、忧患……生发出的关于"未来"的种种图景是观照的对"象";人的心态、情绪、信仰、经验等是观看的"主观"条件。那么,考察新闻文化关于"未来"的观念,就可以从人们"看"到的"未来"的图景及其与人的主观世界的关系上来进行。无论是"未来"的图景还是主观的情感都是直接出之于人们的"观念",因而对于未来的设想,对未来的态度,就统一为对"未来"的观念。正如蒙田所说,"情感驱使我们追求未来"^②。一方面,"看"到的未来是由对于未来的情意生发出来的,另一方面,未来的图景又造成、深化着这种情意。所以,我们就可以从对未来的"看法"所引起的情感意志来考察新闻文化关于"未

---

① 参见《当代西方著名哲学家评传》(九),"布洛赫"条,山东人民出版社 1996 年版,第 201 页。
② (法)蒙田:《蒙田随笔全集》(上),潘丽珍等译,译林出版社 1996 年版,第 12 页。

来"的观念。乐、悲、"悲乐圆融"的三种情感意志所导出的乐观、悲观、达观,就是关于"未来"的基本观念。正如悲剧、喜剧、正剧分别是从"未来"的结局中看某种力量、某种可能性的"命运"一样,通常的所谓乐观、悲观、达观,也是指人们对于"未来"的"前途"、"命运"的"看法"。新闻文化关于"未来"的观念正是由这三种基本观念组成的。

1. 乐观

又可称作"信心观"、"希望观"、"进步(化)观"①。就是"看"到"未来"比现在进步的前景,用某种希望和向往勾画出一种理想的蓝图,坚信世界将要按照这一蓝图去变化发展,由此而对"未来"产生出一种欢乐的情绪。常见的"展望未来,我们充满信心"一类的新闻话语,就体现了乐观的观念。

凡是文化产品,都寄寓着人们的理想与希望;相信这种理想与希望能够实现,对于"未来"所持的就是乐观的观念。理想与希望,总是由对"现在"的不满或不满足而产生的。安徒生的《卖火柴的小女孩》,在饥寒中渴望饱暖,在困苦中渴求关爱;旅行在沙漠中的人则往往会见到海市蜃楼。新闻文化作为一种现时文化,总是从对现实的观察中寻求未来的理想与希望。中国50年代新闻媒介大肆宣扬的"楼上楼下,电灯电话"的理想前景,在90年代已成为普遍的现实,难以再作为对未来的希望,就是因为新的现实中产生了新的匮乏与需求,从而必须产生新的理想与希望。

新闻在对"现在"事实的描述中,由于世界事物的绵延变化,往往必须追问以后将会怎样。这就造成了追踪报道、连续报道等形式。但是人们若不满足于仅仅停留在某些特定事实发展的注意上,而希望观察事物发展的"远景",就自然形成对于"未来"的眺望与审视。乐观的目光下,"新闻眼"看到的"好"的事实将会向着更"好"的方向发展,这种更"好"的图景即包含着新闻人的希望与理想;即使是不那么"好"或者竟是"坏"的事实,在乐观的目光下,新闻作品也会从未来的美好图景中对"当前"的现实予以新的观照。因此,克服困难,战胜险阻,就可以将一切不利因素化而为

---

① 贺麟:《乐观与悲观》,《文化与人生》,商务印书馆1988年版,第107—114页。

达到理想与希望目标的必要步骤。在新闻文化中,前者表现为对于正面、积极现象的报道指向更为美好的理想境界,后者则表现为在各种形式的艰难险阻中,仍然以理想之光照亮"未来"的途程。

在新闻作品中,理想与希望虽然是从现实的土壤上生长出来的,却必须超越现实、高于现实,因而与现实有着一定的距离。由于距离的不同,理想与希望又可以分为不同的形态。一种是与现实距离极大,在时间上设定在遥远的"未来",在形态上设定为人类追求的最高的、终极的理想;一种是与现实距离虽大,但在时间上可以量度、定位,在形态上表现为一种阶段性、程度性的理想;一种则与现实距离较小,时间设定距离短,这就更多地属于希望。例如在 20 世纪末期关于人类理想社会的设想,关于 21 世纪末的设想,关于 21 世纪初的设想,都分别属于以上三种情况。新闻文化对于人类最高理想的瞩望,是公众关心的重要内容。在某种意义上,只有提供出人类发展的终极理想,才能使人的灵魂寻找到安顿的家园,才能使人们的心灵产生巨大的愉悦与信心。所以,中国新闻文化中对于共产主义理想的宣传,西方新闻文化对于各类"乌托邦"的展望,都表现了新闻文化在设立"未来"时的乐观观念。至于在可以确定的某个时段中,对未来进行设定,其理想则较多地联系着现实的发展,是从现实的某种趋势,现实的某种需求出发而产生的。第三种情况中对"未来"的乐观"看法",则是现实的一些方面的延伸与扩展。所以,新闻文化的"乐观",实际上是从"现在"寻求超越,以"未来"来规定、指导"现在"的"希望观"与"理想观"。这就要求新闻工作者具有远大的理想和美好的希望,善于从现实中发现代表着理想与希望的事物,看到这些事物所具有的发展、前进的力量,从而描述出理想与希望的"现实"前景。

乐观总是伴随着对于"未来"的信心,因此又可以叫作"信心观"。信心源于信仰和对历史规律的洞察。确认某种价值的终极性才能够产生对这种价值的信仰,因此,新闻文化首先要对事物的善恶、美丑、真伪进行评判,确立至高的价值目标。只有信仰某种价值,对其实现的前景才能产生欢乐的感受。所以,新闻文化在描述"未来"时,首先要树立正确的信仰,以信仰来引导人们展望"未来"。中国新闻界对于共产主义理想的大力宣传,就是为了使广大人民群众树立牢固的信仰,从而对前途充满信心。信仰使人产生信念,生发信心,但是要使人们的信心坚定不移,还必须揭示出历史的规律,也就是善必战胜恶,美必代替丑,真必揭穿假的信念,只有表现为历史的必然规律,才能为人们的乐观"看法"提供基础。如解放战争中,新华社对于国民党军队必败,人民必胜的种种观察,很多都是根据历史发展的规律,从各个方面透视了"未来"的前景所必然实现的原因,从而加强了人民群众对解放战争最后胜利的信心。

　　相信"未来"一定比"现在"好,实际上就是认为人类文化是不断进步的,所以,乐观又可称作"进步观"或"进化观"。"假如一个人能够在变动生长的过程中,看出发展的阶段,进步的程序,他就会养成一种逐渐向上、日新不已的乐观态度"。① 新闻文化注视的是"现在"、"未来"的进步与否,要从"过去"到"现在"是否有进步,以及"现在"是否有着指向进步的力量来观察,新闻文化既要从宏观上看到人类历史的进步,其中存在的退化、循环等总的来看小于进步,因而进步是"大趋势";又要从与新闻事件相联系的各种事实中发现进步的轨迹,从而对新闻中所关注的"未来"的进步作出描画。"进步观"还要求着对于特定的观察方面作优化发展的目标设计。所谓"我欲仁,仁斯至矣",表明对于进步的追求本身就包含着一种进步,即对"现在"的超越。新闻文化对于"未来"的"乐观",主要是由对"未来"进步目标的设定,和向着目标前进的方法的传播而表现出来的。"如果……将会……","将……但有……为条件"这样的思维结构表现在乐观的看法中,就是进步目标与进步手段的某种设想与探索。新闻文化的乐观观念,因而总是以美好的进步前景来鼓舞人们改变现状,自觉向着进步的目标来迈进的。在这方面,我们只要接触新闻媒介,几乎随处可见关于国家政治、经济、文化发展的远景目标与近期规划的报道,关于社会生活将要出现的新进步,关于人们日常生活各个方面的优化发展的报道等,它们都是以种种进步的目标和方案使人们倾向于未来的新事物,从而向人们提供希望的信息和前进的动力。

---

① 贺麟:《乐观与悲观》,《文化与人生》,商务印书馆 1988 年版,第 112 页。

2. 悲观

又可称作"怀疑观"、"忧患观"、"失(绝)望观"、"退化观"。这种观念观照"未来"时,看到的是比"现在"退化的景象,美好的事物随着时间的推移逐渐消失,因而对"未来"失去希望乃至于绝望,产生出悲哀的情绪。

古代寓言"杞人忧天"[①]表现了对事情的"未来"从最坏的方面去着眼的悲观观念。可是,天不会塌下来,并不能表明杞人之忧毫无价值。那就是看到事物向坏的方面去发展的可能性,把这种可能性用"天倾"的具体图景表现出来,就形成了对于"未来"的悲观看法。当今,世界各国媒体报道的世界上核武器的存量足以炸毁几十个地球,稍有不慎即会引起人类的毁灭性灾难;自然环境的破坏造成人类生存状况的恶化,将来会使人类无家可归;科学发展所引起的"道高一尺,魔高一丈",如此等等。这些报道,都以鲜明的"未来"图景为人类敲响了一记警钟,从而呈现出悲观看法的深刻性和不可忽视的价值力量。

"后不如今"的悲观,是因为从"今"中看到了向"后"发展中出现的"坏"的可能性。也就是说,首先是从"现在"看到种种艰难险阻,种种丑恶罪孽,而这些负面的、"坏"的事物又仍将向"未来"发展下去,所以"未来"的景象可以在"现在"就看到。新闻文化在注视"现在"时,从"当前"的事实观察其长远的发展趋势,从各种可能性中进行选择,悲观的目光所凝注、重视的主要是向"坏"的方向发展的可能性。以这种可能性为因果链条,将"未来"的悲惨图景与当前的事实连接起来,形成一个"顺理成章"、"势所必至"的完整"事件",以至于人们在这样完整的叙述中,看到"未来"似乎已经向"现在"走来。比如西方媒体在"克隆"技术成功时,预言有人将能"克隆"出大量的希特勒式的恶魔而把世界变成地狱,就以逼真的景象让人们直"观""未来"的悲惨前景。而这种可能性又似乎具有不容置疑的因果性力量,因为它在"前景"与"现实"之间的"可能性"中"敲定"了观察者最为重视的方面。在新闻文化中,对于各种社会丑恶现象,如犯罪、腐败等的报道,可以看到随着时代的发展,作恶犯罪的目标更大,手段更

① 列御寇:《列子·天瑞》,中华书局1985年版,第11页。

"先进"的现象。因此,对于"未来"的发展前景,就容易产生"恶"的力量将更为强大的看法。另一方面,代表着"历史必然要求"的事物,从现实向着"未来"发展的过程中,并不一定能够取得胜利,现实中两种力量的对比悬殊,很容易造成"这个要求实际上不能实现"的悲剧。对于新生的先进力量悲剧命运的预感与预见,也就成为"后不如今"的悲观观念的重要来源。

人类历史的每一次进步,都要付出一定的代价,失去一些美好的事物。例如随着书写工具的进步,中国人对书法艺术的掌握普遍退化。看到进步,这是乐观;而看到退步,就成为悲观。从人的个体生存来看,既有从小到大的蓬勃向上的发育成熟,又有从衰老走向死亡的过程,任何事物、任何文化,也都有着类似的历程。看到这一历程的后半段,人对自己的人生,对于事物的发展,文化的前途,就会产生悲凉情绪、不祥的预感和阴冷的想象。每当时代面临某种转折,社会发生剧变之时,新闻文化中曾经有过的末世之感,或者"世纪末"情绪,便分外强烈。那些以旧有的文化为生命的人,当这种文化将遭衰落、消亡的命运之际,对于"未来"的观望,便充满了悲观的情绪,这情绪通过新闻文化传播开来,人们看到的"未来"就是每况愈下,日渐阴暗的"未来"。所以,对于退化的必然趋势的把握是悲观观念的重要内容。

天有春夏秋冬,月有阴晴圆缺。时间的推移中事物的变化、发展常常表现出某种循环性,对于"未来"将在"循环"中重演"过去"的黑暗的看法,是悲观观念的又一视角。当某种不良传统"根枯叶烂心不死",对其在"未来"将重演某种历史的悲剧的预测,以及对其仍将循环下去、周期性重复的观察,便使得新闻文化具有了一种深沉的忧患意识。鲁迅先生透视当时的各种重复出现的历史悲剧后,就曾经从循环的角度对"未来"作了具有忧患意识的展望,从而警醒人们的心灵。

"悲观"常常与"失望"或"绝望"相联。对"未来"失去某种"希望"或变得"绝望",是悲观之"悲"的根源。其实,无论是"希望"还是"失望"、"绝望",都表明人总是"望"着些什么。因此,悲观并非没有理想的追求,只不过看到理想在"未来"必然破灭;也不是没有价值的评判,只是看到价值在"未来"的颠覆。乐观、悲观,犹如同一钱币的两面,共同拥有着、护持着某种价值与理想。但是,悲观观念对于"未来"持的却是一种"怀疑观",失去了实现理想的信心。这种怀疑往往能够深入事物的本质,从堂皇中看出虚伪,从平静中看出险恶,从兴盛中看出危机。例如,当企业打破"铁饭碗",实行下岗分流时,新闻媒介看到了下岗工人生活困难,社会不稳定因素增多的前景;当企业进行股份制改造,建立现代企业制度之时,有新闻媒介提醒可能出现的新的不公平现象,以及国有资产流失现象等。这种对"未来"可能出现的负面现象的怀疑与忧虑,正是从反面提出了对"未来"的警诫和忠告,起着某种补偏救弊的作用。所谓能信方能疑,悲观的怀疑实际上内含着某种深刻的对价值与理想的坚信。这是我们在考察悲观时所不能忽视的。所以,即使是宇宙将"大灭绝"的悲观预言,人类将被自己所消灭的危言耸听,也会激起人们对自然的深入探索,对于自己行为的目的性与反目的性的反思。正如悲剧有着"净化"作用,能够使人的精神得到升华一样,悲观的怀疑也可以使"新闻眼"变得更加明亮,在对"未来"的"失望"中因为"减"去了一些东西而得到更加宽广的视野,"于不疑处有疑",看到另一种"前景",从而为新闻中的未来文化开拓了一片特别的天地。

3. 达观

这是一种超越了悲观、乐观,又综合了悲观、乐观的"悲乐圆融",即以一种理性的态度来观看世界事物的眼光。既从"未来"中看到必然的进步,也不忽视"未来"的退化;既有"信心",又保持着"怀疑",既有深深的"失望",又仍存某种"希望"而不至于"绝望"。所以,在悲、乐情绪的融合、撞击中,"悲喜交加"后产生了超出悲喜的一种通达、超脱的观照,即站在对世界事物的简单二极判断之上,来"观"看世界事物的"未来"命运。

在"达观"的观念中,超出简单的好、坏判断,来看"未来"实际应有的前景,就需要以理智来调节情感,对于"未来"呈现的图景,既有忧患,也有欣幸,"成固可喜,败亦欣然","也无风雨也无晴",获得一种超然的态度。其实,对于新闻文化来说,以"悲"来"观"未来与以"乐"来"观"未来,主要是由对"现在"的观照所激发产生的。"重视""现在"的坏的方面及其发展的可能,就易对未来的"前景"悲观;而"重视""现在"的好的方面及其发展的可能,就易对未来的"前景"乐观。但是由"现在"引起的悲乐情绪在很大程度上又支配、决定了观看"未来"的眼光和"看"到的"未来"的"前景"。所以,新闻文化中达观的观念,实际上就是在对"现在"的好、坏方面全面观照之后所产生的一种情感上的调适和平衡。"困难与优势同在,挑战与机遇并存",新闻媒体中近来常见的这两句话,就表现了一种超出了简单的悲、乐情绪之上的较为理性的情感。以这样的新的心态去展望未来,就是达观的情感基础。因此,达观又总是与超然联系在一起。

超然意味着"无执",既指不简单地执着于悲、喜情感,又是指对世界事物的价值评判。坏的就是坏的,好的就是好的,看不到"坏"中有"好","好"中有"坏",在一定的条件下,"好""坏"还可以相互转化,是一种"执"。由于这种"执",所以对未来的前景不是悲观,就是乐观。"无执"则意味着破除片面地执着于某种情绪来观照事物的做法,而以一种较为灵活机变的态度,从事物发展变化中和各种制约条件中来观照其"未来"。这就要求新闻文化从"现在"推断"未来"时,不可"执"于自己的某种情绪,如从"信心观"中执着地相信"未来"一定将如何好,或从"怀疑观"中只看到事物"未来"会如何坏,而应考虑和观照多方面的可能性,在多种可能性中把握某种最为"现实"的可能。实际上,这已相当于一种辩证的思维方式,即看到事物之间的矛盾对立,并考察矛盾的双方在一定条件下的转化,从而在一种新的综合与统一中观察其"未来"的发展。因此,达观的观念,又是对"未来"的某种宏观的、全面的看法,是防止对事物的发展变化执于一端的看法,它能灵活地从各种侧面打量现实的各种状况与发展态势,进行综合的、整体的把握。由此,达到对悲观与乐观的双重肯定和双重否定,在"否定之否定"中使自己的精神上升到新的境界。

新闻工作者面对的大千世界充满了矛盾与冲突。正是从矛盾与冲突中新闻发现了值得重视的事实,而这样的矛盾与冲突将向何处去,即未来会怎样,也就成为新闻文化的题中应有之义。只偏重矛盾冲突的某一方面,就会产生某种偏"执"。达观观念要求新闻工作者同时把握矛盾的两个方面,消除价值判断上"非此即彼"的简单观念,既看到同一事物内部的矛盾,又看到事物之间的矛盾;既看到矛盾的解决,又看到矛盾将会有的新的发展。这样,新闻文化在观照"未来"时,就可以既看到"希望",又预计"失望";既看到无法避免的某种美好事物的衰亡,又看到新生的优秀文化的曙光。

因此,达观实际上又可以分为两种倾向,一种是看到未来仍是乐观与悲观并存,但乐观大于悲观,所以产生出基于乐观的达观;一种是看到的未来是悲观大于乐观,但从悲观中获得对世相的洞察,扬弃了片面乐观,从而产生了对于未来的达观。

总的来看,作为观察"未来"的"新闻眼",三种观念在深层次上是相通的。无论采取哪种观念,都有着情感的驱使,因而具有理想和价值的观察框架。看到理想在"未来"将变为现实,是乐观,反之则为悲观;而达观统摄悲观、乐观,是在一个更高的视点与更广的视野上观照"未来"。没有悲观作为基础,即看不到"未来"变坏的可能,则也不存在乐观;没有对"未来"的乐观计划,当然也就无所谓理想破灭的悲观。所以,悲观、乐观、达观在"新闻眼"中虽有各其独特的功能,但三者又是相互为用,需要通体加以勾连的。

二、描画"未来"

"未来"实际上是"未知"与"可能"的世界。如何从"现实"中观察"可能",从"已知"中探索"未知",寻找到两者之间的结合点,是新闻未来文化的重要课题。"未来"尚未出现,要在"现在"就呈现出来,形成一种文化形态,就需要把虚幻的变成为"实在"的,将人心营构之象变为可以识知的具体对象,从而得以通过新闻媒介传播开去。在这方面,新闻未来文化的主要特征是虚构。但这种虚构要作为"新闻",又必须是在人们的现实世界中确实能够"看到"的;所以虚构又不能脱离现实。正是在对现实与虚构的距离的跨跃中,新闻文化描画出了独特的未来景观,形成了较为固定的方法。

1. 根据某种事物在现实中产生和发展的规律,作出对事物未来情况的预测

一叶落而知天下秋,人们在从"现在"展望"未来"时,总是想使自己的

预测符合"未来"的实际情况。如何在"一叶落"与"天下秋"之间寻找到必然的联系就成为重要的问题。正如各地电视台的"天气预报"节目总是要从卫星云图、季节特点等方面来预测未来的天气情况一样,对于未来的各种预测都既要从现实中寻求依据,又要符合事物发生发展的规律。不同于预言,预测未来应当具有相当大程度的准确性。这种准确性,就建立在对于事物发展变化的规律的把握上;而预言主要出自于无法言明的预感及神秘的征兆,所以更多受偶然性与不可衡量因素的制约。预测之所以为"测",就在于以现实状况的某些可以测量的东西,通过规律化的发展公式表现出来。因此,预测总是与科学的观念与方法相关。

对于自然界的研究,可以通过科学公式来预测其未来的情况。例如对"厄尔尼诺现象"的预测,"彗木相撞"的预测等,新闻文化主要是借助于科学文化中某些规律的发现和一些实际情况的掌握而作出的。在这样的预测中,科学对事物发展规律的掌握情况,直接地影响着预测结果的准确性。例如对地震的预测,就因为科学尚难以完全掌握其规律而难以准确预报。对于科学自身的未来,对于与人的活动有关的一切现象的预测,也都是借鉴了科学的方法。例如对于人类何时能够征服癌症?人类能够在宇宙中"走"多远?诸如此类的问题,既要从当前科技发展的现状出发,又要从科学本身的发展规律出发。在这些预测中,凡是与人的因素关系密切、偶然性因素与不可知因素较多的事件,其预测的准确性、命中率就会降低。对于社会现象,诸如经济、文化、社会等方面的发展,人们的预测也引入了许多科学的方法。在社会科学中,经济学、社会学等学科业已引入了自然科学的计量方法,因此在估定经济增长、社会发展时,都以现实的"指数"代入某种理论模型来进行计算,从而得出未来的数据。例如关于物价指数的预测、国民生产总值的预测等,都以某种数字形式明确地标示出来。这样的预测,业已成为新闻文化的重要内容。人们以可预见的未来作为"现在"的参考指数,从而帮助自己体认现实与确立生活目标。

新闻文化面临的预测领域十分广阔,所需要掌握的关于各种事物发生发展的规律也就漫无际涯。对于那些属于专门领域的事实的预测,新闻文化主要借助于各个领域中的专家,不必要也不可能掌握各种专业学

科的全部知识。但是,对于各种生活现象的和事物发展一般规律的把握,
却是新闻工作者所应当着力注意的。这就要重视从现实中寻求和发现某
种新的"趋势"和"可能性";而要获得较为准确的"可能性",并预测出其
"未来"的情况,就必须对现实的多方面制约因素进行多视角、多层面的考
察,以一种开放的、动态的思维方式对待"现实性"中存在的多种"可能
性",根据事物发展变化的一般规律,筛选出较大的"可能性"。所以,观
察、研究、分析、判断是预测必不可少的环节,分析、判断又是基于对事物
变化规律的把握。对于人们的社会生活领域,当然是难以用科学的方法
确定某种计量模型的。这主要是由于一些重要的变量难以把握,特别是
人的精神领域和关涉到某种文化独特性的问题,都使预测难以建立在"硬
性"的科学基础上。这时,通常所谓的"人情世故"的通达,就成为把握事
物发展趋势的重要手段。所谓"人情",主要是指对人的情感发展逻辑的
把握,例如社会不公严重时,必然导致普遍的愤怒情绪而造成社会的动
荡,这是单纯的经济增长指数难以把握和解释的。"世故"则是指对某种
文化、社会内部机制的深入了解,诸如社会的风俗习惯,文化模式,组织方
式,等等,都是新闻工作者所应掌握的东西。只有建立在对"人情世故"的
洞悉基础上,才可以对掌握的现实状况的未来发展作出较为准确的预测。
美国经济学家威廉·奥弗霍尔特常驻香港,多年来就近并多次实地观察、
研究中国,堪称"中国通"。1989 年春夏之交的政治风波以后,在西方一
片反华声中,奥弗霍尔特独树一帜,撰文说,不论人们怎样讨厌中国,最终
摘取桂冠,成为 20 世纪英雄的,将是邓小平;不论人们怎么赞扬(前苏联
总统)戈尔巴乔夫,戈氏最终会失败,要下台。当时,西方没有一家报纸愿
意登载这篇文章,直到一年以后,1990 年 6 月美国的《国际先驱论坛报》
才发表了他的文章,立刻引起很大反响。① 奥氏准确的预测,正是建立在
对于中国国情的深入了解之上而作出的。所以,要对社会现象进行预测,
在掌握规律时,不仅应知"物理",还需知人的"情理"和社会的"事理"。

对"理"(规律)的掌握运用是预测的关键,但其中是否排除了悲、乐情

① 参见达洲:《〈中国的崛起〉值得一读》,《瞭望》1996 年第 6 期。

感的作用呢？其实，不仅在对预测对象的选择上，对预测对象的体察上表现出情感的重要性，而且对于"人同此心，心同此理"的社会对象的揣度、沟通后的推测，乃至对于所使用的预测的规律的选择上，都有着观照"未来"所取观念的强烈影响。如乐观者对于自己钟情的对象取进化规律，悲观者则反之。那么，如何保证预测结果的准确性呢？其实，正如我们在第五章所分析过的，自然科学中都有"测不准"的时候，对于社会现象和人的心灵现象，"测不准"的时候就更为普遍。对于"现在"尚且很难测准，对于不能直接量测，而只能"推测"的"未来"，更无法避免失准。我们所需要的是在确立情感向度的同时，努力确立对于事物的规律的把握。

2. 从对现实状况的观察中确立理想，为未来设定前景目标

人总是要"向前看"。"向前看"又总是为了"向前进"。向前进步不能漫无目的，需要设立某种理想的目标，对"未来"作出计划。这样才能使"未来"变为"将来"——将要来临的"现实"。

新闻文化也负有这一重要使命。无论是对人类整体的理想的树立与宣传，还是对距离人们的生活可望而又可即的具体理想的设定，在新闻文化中都占据着重要的分量。没有"前途"、"未来"的民族是没有"希望"的民族，将不会存在；没有"前途"、"未来"的人，则无法生存。新闻文化作为"文化"，总要为人们提供某种价值与理想，从而也就必须为人们提供"未来"。事实上，如果去掉关于"未来"的知识，新闻文化不仅将失去大量的内容，而且也将失去自身的目标。纵览中国新闻史，从晚清的改良派报刊，辛亥革命时期鼓吹革命的报刊，"五四"时期的新文化运动中的报刊……几乎每一时代，都有着特定的关于"未来"的理想与设计。正是这些理想与设计，为各种报刊确定了灵魂和方向，而这些报刊又为广大受众的灵魂筑建了栖居的家园。

不同的时代，虽然可能有着某种共同的人类"未来"的总目标，但是由于现实状况的不同，人们对于可以"预见"的"未来"，却总有着不同的设计。新闻文化作为一种现时文化，观察现时的世界事物，审视现实的状况是其主要着眼点。正是从现时的现实状况中发现需要改进、革新和重新创造的东西，人们才会为"未来"设计种种前景和方案。新闻文化在观照现时的同时，

又力求超越现时,因此,在对现实的状况进行观察、考虑、评价之后,形成改变现状的意愿,产生对"未来"的规划,设计出"未来"的方案。换句话说,新闻文化设计的"未来",首先是从"现在"的匮缺、贫乏、"落后"……而产生的不满中激发出来的。因而,与"现在"对照,就具有较强的针对性。例如解放战争时期关于解放全中国,建立新中国的种种设想;新中国成立后,关于国家繁荣富强的设想;改革开放以后,实现生活奔小康的设想,都是针对各个"现时"所面临的境遇,所处的现状而确定的。

从现实走到理想的目标需要经过一段时间历程和实践历程,因而需要考虑如何设定向着目标迈进的方案。新闻文化在展示"未来"的理想远景时,也要提供走向未来的方案。改良、革命、改革开放……这些不同时期的口号,不同时期的新闻文化的核心内容,正是一种总体上的向着"未来"的理想目标前进的方案。这些方案中,又包含着若干具体的、贯彻到各个环节的分方案。在宣传总方案以及分方案的同时,新闻文化本身也会提出一些具有可操作性的方案,但它更侧重于对"现在"实行的方案的后果进行及时报道,以实践的事实来调整方案,纠正一些方案的盲目性和片面性,寻求更为可行的方案,以向着理想的目标迈进。尽管"条条大路通罗马",但哪一条最近,所花代价最小,却是值得加以考察的,否则,南其辕而北其辙,也许永远也到达不了罗马。从这个意义上来看,在改革开放中,各种方案和措施纷纷出台,新闻媒介对各种方案与措施的实践效果的及时报道,就有着重要的作用。因此,新闻文化不仅确立目标,还确立了向着目标前进的道路。

目标虽然相同,道路却有多条。比较通向"未来"的方案要考察实行每种方案所需的代价。这是因为"在取得文化进步的过程中,往往要人付出辛勤以至艰苦的劳动,包含着人的体力、智力的付出,在一些情况下,还必然涉及对人的现有的生命存在状况的文化质量的暂时的破坏,对人们在漫长的岁月中辛苦建设和积累起来的文化成果的破坏以至部分的毁灭"。① 也就是说,进步总要付出代价。那么,考察向着"未来"的"进步"

---

① 李鹏程:《当代文化哲学沉思》,人民出版社 1994 年版,第 390 页。

与付出的代价之间的关系,就成为确定方案是否合理的主要方法。新闻媒介在观察发展现代化过程中出现的环境破坏、文明破碎,发展市场经济过程中产生的金钱至上、人情淡漠等现象时,通过权衡得失,对一些急功近利反而失去长远和大多数人利益的做法进行了批评,从而促进着新的方案的产生和形成。

另一方面,在设定理想目标的过程中,"还因为人们对文化价值的理解不同,而对文化目的的设定存在着领域和方面的偏好"。[①] 有的人将富裕设定为"未来"的理想目标,有的人把文化的发达设为理想,有的人则视公平为最重要,从而对"未来"难以达成一个共同的目标体系。"新闻眼"的目光观照着人类生活的全部领域,将各种领域关于"未来"的"看"法纳入自己的视野。但是,不同的目标既有相辅相成的一面,又有产生冲突的一面,这就要求新闻文化在为"未来"提供理想的目标时,根据现实的要求确立某种中心目标,并且在各种目标之间建立和谐的关系,使各种不同的理想共同"合奏"起美妙的理想之歌。总之,"凡事预则立",新闻文化通过目标的设定和方案的设计,可将社会引向"未来"的理想境界。

3. 通过把"未来"引入"现在",使"未来"成为评判、干预"现在"的重要力量

如果说新闻文化通过设计理想目标和方案,把"现在"引向了"未来"的话,那么对于"未来"前景的种种描画,就把"未来"纳入了"现在"。这样,"未来"与"现在"之间就产生了对比,"未来"积极地评判、干预着"现在"。

这是因为在关于"未来"的观照中寄寓着人们的价值理想。乐观观念看到的"未来"的光辉前景固然是其希望所寄,悲观观念看到的悲剧性结局同样包含着理想的破灭,价值的毁灭;而达观只不过是用不简单确定价值的命运来固守价值。因此,"新闻眼"看到的"未来"前景,实质上是对自身价值理想的一种反观。

乌托邦思想在构思理想的"未来"方面曾起到过非常重要的作用。后

---

① 　李鹏程:《当代文化哲学沉思》,人民出版社 1994 版,第 392 页。

来人们去除掉其中所含的空想、虚无等义,把关于"未来"的美好设想统称为乌托邦。我们由此可以把乐观观念所观照的"未来"前景称为乌托邦。乌托邦一旦被创造出来,就从"未来"进入到了"现在",这时,与乌托邦的美好景象相比,现实中的缺陷就更加暴露无遗,所以,乌托邦著作本来就是用来对现实进行批判的一种方式。新闻文化中,关于未来的种种美好设想,在未能实现之前,都是乌托邦,都是作者理想的具象化。乌托邦进入新闻中,就自然显示了现实中的缺陷与不足,因为新闻描画哪种领域、哪些方面的乌托邦,客观上即构成了对于这种领域、这些方面的某些现状的否定和批判。

人为设想的美好的乌托邦,如果真的实施起来,却并不一定给人带来幸福,就像种下龙种却可能收获跳蚤。基于这样的认识,有的作家创作出了反乌托邦著作,通过批驳乌托邦造成的恶果来批判乌托邦。有人把凡是按照某种趋势发展下去必然造成恶果,而无论其主观愿望善良与否的关于"未来"的设想,统称为反乌托邦。我们这里也沿用这种用法,把悲观观念所看到的悲剧性景象也称之为反乌托邦。西方新闻媒体关于未来宇宙"热寂",地球消亡,科技造成的机器人统治人类,等等,并非都是为了耸人听闻,取得"人咬狗"之效;相反,倒是为把"未来"拉到"现在",让人看看"现在"干的事会导致什么恶果,表现了一种可贵的忧患意识和对现实的批判精神。我国新闻媒体关于人口爆炸、环境恶化等方面景观的反乌托邦描画,同样是对"现在"形成了一种警醒的力量。诸如"但存方寸地,留与子孙耕","我们只有一个地球"之类的口号,都是以一种简捷明快的方法把"未来"与"现在"紧密地结合在一起,评判着现实中一些负面的现象。

无论是乌托邦还是反乌托邦,对于现实都并不止于评价、批判,由于这种"预见"的"未来"被引入了"现在"之中,成为"现在"的一部分,对现实还有着干预、改造作用。①

首先,设想出来的关于"未来"的乌托邦或反乌托邦可以引出它们在

---

① 参见李明华:《论社会认识的特殊性及社会预测的复杂性》,《哲学研究》1994 年第 3 期。

现实中的产生。也就是说，如果没有这些设想，这些乌托邦或反乌托邦在现实中就不会存在。由于新闻文化中对"未来"提出了大量的设想，经过传播，人们就可以从这些关于未来的模型中考察事物发生发展的可能性。特别是当"未来"的前景被"逼真"而具体地展现在人们面前时，人们就可以通过考察可供选择的"未来"而作出现实的回应。许多社会成员对乌托邦思想进行系统的实践，如西方社会中一些成员组织了旨在反对工业社会的各种乌托邦实验，组织乌托邦式的公社，尝试进行新的社会组合程序，如群婚、回到原始的"瓦尔登湖"式的生活、艺术家村落等等。另一方面，一些反乌托邦设想也被一些人视为世界发展的可能性而加以实践。如科学发展可能造成灾难的反乌托邦设想，被一些怀着罪恶欲望的所谓科学怪人、科学狂人所实施。

其次，设想出来的"未来"又可以阻止一些事件的发生。这些事件本来是会发生的，但由于新闻媒介关于"未来"的设想出现在现时态中，对正在发生着的事件本身发生着影响，从而有效地阻止了事件的发生。在这方面，无论是乌托邦还是反乌托邦，由于对现实强烈的批判功能而成为现实的一剂解毒剂。所以，所谓新闻监督，在一些时候也是通过呈现事物发展的向坏的方面转化的可能前景而在现实中激起反抗的力量，从而有效地阻止这种前景的出现。例如新闻媒体关于某些物种将会灭绝的忧虑，就会由于人们普遍的关注而尽可能地阻止此类事件的发生。

当然，新闻媒介关于"未来"的种种推测与预想，当进入"现在"之后，很多时候并不能阻止事情的发生、发展，但是却由于这种推想的干预而使事件发生着量的变化。例如对艾滋病的预测，据世界卫生组织估计，20世纪90年代死于艾滋病的人数可能达到5000万。当这一预测通过新闻媒体传播开来以后，全世界都感到震惊和恐慌。于是人们开始谨慎地对待性行为、吸毒和输血；同时，医学专家和病毒专家高度重视对艾滋病的研究，各国政府也给予这种研究以巨大的财政方面的支持，并开展普遍的预防艾滋病的运动。这就能有效地减少艾滋病的传播与发生，从而使事件的实际发生得到一定的量的改变。

当把"未来"引入"现在"之后，"未来"对于"现在"的评价、批判，可以转化为有效的现实力量,不同程度地改变着"现在",再造着"未来"。

4. 新闻文化通过考察和把握"现在"与"过去"、"未来"的关系,使人的"未来"的生存发展能够向着优化的目标行进

"过去存在吗? 不存在。将来存在吗? 不存在。那么只有现在存在吗? 对,只有现在存在。但是在现在范围之内没有时间的延续吗? 没有。那么时间是不存在的吗? 哎呀,我希望你不要这样唠叨个没完。"哲学家罗素虚拟的对话实在地说明了思考时间问题的复杂性和艰巨性。我们不拟去作抽象的哲学思考,但从这段话中分明可以看出观察"现在"的困难性:不前瞻后顾,看看"过去"和"未来",简直无从找到"现在"。所以"过去"、"现在"、"未来"是绵延不绝、不可分割的。"抽刀断水水更流",截取某一时刻的"现在"来观察,其实是对紧密相连的"过去"与"未来"的观察。

传统文化是一直"活"在"现在"之中的曾有过的文化,它从"过去"指向"现在"、进入"现在",对于它来说,"现在"就是其"未来",所以,传统文化有着自己的未来文化。从这个意义来说,"现在"创造的传统实质上也是指向"未来"的。因而,传统文化与现时文化都可以视作某种形态的未来文化。反过来分析亦可成立:未来文化总是"现在"制造的某种传统,传统文化总是"过去"的现时文化,等等。因此,这里所分析的三种文化之间的关系,只具有相对的性质。时间本身就是变动性与秩序性的统一,自其变者观之,与自其不变者观之都各有道理。但无论如何,新闻作为一种时间意识很强的文化,必须从整体上综合地考虑时间的绵延性与变动性,从而确定新闻的时间意义与内涵的本质。

那么,新闻文化如何把握"过去"、"现在"及"未来"的关系呢? 我们认为,文化作为人类前进的力量与成果,其目标总是指向"未来"的。即使是那些迷恋某种"过去",渴望返回往昔的"黄金时代"的文化产品,其目标也仍是要超越"现在",在"未来"时态回到"过去"。新闻文化作为一种现时文化,对于"现在"的一切观察、分析与判断,都是为了给人们的生存一种参照系,使人们能够"及时"地筹划"未来"。因此,"新闻眼"的着眼点始终落在"现在",视线却总是指向"未来"的。那么,考察"现在"的传统文化,实际上是为了看清"现在"从"过去"接过了什么,"现在"的状况究竟是如

何形成的，从而作好"现在"向"未来"的"过渡"。

　　所以，新闻文化必须以"未来"作为导引来观察"现在"，观察活在"现在"之中的"过去"的传统。只有这样，才能为人的生存向着优化的方向发展作出独特的贡献。

三、"未来"的迷惘

　　关于"未来"的各种幻想、推测、计划……都处于一种未经检验，难以在"现在"证实的境地；关于"未来"而描画的一切图景或多或少都会"失真"；关于"未来"的一切方案或多或少都会有一些"冒险"。这是正常的。但是，由于描画与计划的"未来"在新闻文化中已被纳入了"现在"之中，影响着现实的生活，所以，新闻文化表现"未来"又应努力在可以控制的范围内和限度中避免误区。这就需要对"情感驱使着我们追求未来"的活动进行理性的反思。

　　1. 把主观性当作客观性，对"未来"的前景盲目乐观或悲观

　　对于"未来"的观照，人们总是带着较强的情感，把自己的主观世界描画为"未来"的客观世界。所以，"未来观"总是某种"情绪观"，人不仅凭着情感的冲动去追求未来，而且因着情感的力量创造未来。就此而言，对"未来"的乐观、悲观都是无可非议的。

　　但正如在人的精神世界中情感要以理智来调节，观照"未来"时的主观性也应以对现实世界的客观观照为基础，从而有着某种客观性。特别是新闻文化不同于艺术文化，必须从现实出发去探索"未来"，而不能天马行空地凭着情感驰骋想象。因此，在新闻文化中要防止走入把主观性当作客观性，完全凭自己的主观想象描画"未来"的误区。

　　一种情况是盲目乐观。例如"大跃进"时期，新闻媒介不仅把"超英赶美"，而且把实现共产主义都放置到不远的将来。这种建立在主观愿望之上的乐观，一旦落到现实的地面，就会烟消云散，反而会造成悲观。另一种情况则是盲目悲观。例如抗日战争初期，国民党政府的许多新闻机构，都对抗日战争的前途进行悲观的预言；当今国外一些新闻媒体对于人类

的未来、地球的命运等,也作出了悲观的结论。

"盲目"云云,实际上是指他们描画的"未来"是凭空想象出来的。只要认真考察新中国成立后百废待兴,国民经济、社会发展、文化水平等方面的实际状况,就可以看出过于乐观而且过于接近"现在"时间的"未来"前景的虚幻性;同样,认真观照日本侵华时中国的实际情况,体察中华民族的爱国精神和斗志,分析力量的对比与转化,也不会悲观失望,一蹶不振。

正如鲁迅先生所说,"绝望之为虚妄,正与希望相同"。悲观绝望与希望所描画的前景之所以常常是虚妄的,是因为缺乏现实的依据,未能从现实的状况出发去探索未来。事实上,无论是乐观还是悲观,都对现实有着某种认识,但是在观察现实的时候,却只抓住现实的某些方面,片面地进行夸大、想象,从而形成观察的"盲点"和"盲区",造成盲目性。

要正确地描画"未来",仅仅观察"现实"的状况是不够的,还需要正确地把握事物的发展规律。只有将现实的状况与事物发展的规律正确地结合起来,才能够较为准确地认识事物"未来"的发展。所以,要防止纯凭情感盲目预言未来,理性地认识事物发展的规律是重要的补偏救弊之方。

2. 把可能性当作现实性,造成对现实的不正当干预

新闻中的未来文化提供的是"超时性"的价值理想和世界图景,其发现并展示出来的"未来",只能作为一种"可能性"来为现实提供参照。因为"未来"的"现实"与当前的现实之间有着时间距离,所以,设想出来的"未来"无法与真正的"未来"完全吻合。如果新闻中把当前现实中产生的某种"可能性"完全当作"未来"的"现实性",进而以此对现实进行不正当的干预,就容易走入误区。

例如西方的新闻媒体曾以机器人将统治人类,地球上的大气层将被彻底破坏等预测来干预现实的发展,发出要求停止科技发展的呼吁。中国新闻界也曾以共产主义社会的理想图景中人们的行为规范来要求现实生活中的人们,并以这种"未来"的标准对一切事件进行评价,造成了在"文革"期间普遍产生的道德上的虚伪,以及人与人之间相互关系的空前紧张。简单地说,前一种情况是用某种灾难前景来阻止人们的现实行动,

却没有考虑到人们现在可以"做什么"来防止出现这种结局,例如可以进一步发展出更高的科技来防止科技带来的负面结果。后一种情况则是以"未来"的理想景象让人们现在做"做不到"的事情,用"理想"来硬性地干预"现在"。

所以,新闻文化在以"未来"干预、影响现实时,必须注意"未来"与"现实"之间的距离。如果把时间距离本来应是很远的"未来"用来指导现实,就会造成与现实的巨大冲突,反而导致现实向恶化的方向发展。并不是说把推想出来的"未来"当作必然都是错误的,只要对事物发展的规律有着正确的把握,预测或设想的"未来"总是具有某种客观性和真理性的。但是若将臆想的"未来"当作不可改变的事实,同样会对现实产生不良的影响。各种各样的"大预言"且不论,新闻媒介本身作出的各种关于"未来"的推测与设想,也应当说明只是"可能性"而非"现实性"。否则,灾难预言造成盲目的悲观;乐观预言造成盲目的乐观。由于现实的回应,"未来"往往在人们的努力中发生着改变。所以,新闻文化在预测、设计"未来"时,又要充分考虑到这种预测、设计本身所产生的改变"未来"的现象。这样,才能在用"未来"干预"现在"时,更多地从现实的状况出发,而把"未来"只当作一种参照、一种可能,从而在现实中发展或阻止这种可能。

3. 片面地设计"未来"的理想图景,而忽视人类生活的全面进步

每一个时代、每一个地域中都有着某些特定的问题。新闻文化作为时代的敏感的触觉系统,必然要从现实中发现某种匮乏与需求,愿望与幻想,在设计"未来"时,就会突出某些方面的内容,并将这些内容进行广泛传播。这种关于"未来"的设想,又会被受众反馈为更为强烈的愿望与要求,从而造成关于"未来"的发展的片面认识。但是,一些方面的匮乏,往往与其他方面的欠缺有着密切的联系;一种匮乏的突出常常掩盖着更多问题。新闻观察到的某些方面也许是突出的,但并不一定是重要的。因而,从某种方面"单项突破"地设想"未来",计划"未来",设计走向这样"未来"的方案,就会使未来文化走入误区。另一方面,新闻工作者总是根据自己的价值理想和知识领域来探求"未来"的,因而带有强烈的情感特征

和某种认知偏向。在设计"未来"时,他们就会根据自己的偏好描画理想的蓝图。当这种蓝图被推为"未来"的最佳方案时,对受众也会产生片面的影响。

对现实状况的把握本身往往就表现出主体的价值倾向,所以上述两个方面往往又是统一的。如"有的人视物质财富为文化中最重要的东西,因而把进步的目标主要地设定为财富的经济增长;有的人把秩序和交往规则及道德规范视为基本价值,因而把文化进步主要地看作是制度、秩序和道德规范的建设以及与此相关的人的道德本体的建设;有的人把精神自由及其创造性活动视为基本价值,故而把文化进步的最高要求设定为人的自我精神修养和艺术境界的提高"①。表现在新闻文化中,或者是价值倾向决定了新闻工作者所看到的现实需求和"未来"景观,或者是对现实状况某些方面的深刻洞悉为新闻工作者确立了价值倾向与对"未来"设想中的偏执。例如,十年动乱造成的国民经济濒临崩溃边缘的状况,使一些新闻工作者将经济发展赶超西方发达国家设定为"未来"的目标,从而在这方面加大宣传,然而却既忽视了经济发展中体制、文化等因素的重要制约,又忽视了人们更为全面的需求。

文化就是人化。人的需求与希望是多方面的,人类的"未来"应当是人的全面发展。因此,新闻文化在设想"未来"之时,就需要从人类生活的整体特征和全面需要上来进行。事实上,正如以上引文所述,不同的人对于"未来"有着不同的设想,新闻文化本身既应重视人类"未来"目标的全面性,更应重视兼收并蓄,集中各种关于"未来"的方案,提供给人们选择;同时,又要对各种方案进行论证,指导人们选择,从而在对不同的"未来"图景进行描画、论证的过程中,提供出较为全面、合理的关于"未来"的总体设想。在这个意义上,马克思和恩格斯在《共产党宣言》中所提出的"每个人的自由发展是一切人的自由发展的条件"的"联合体"②,为全人类提供了一种理想的"未来"的总目标。

---

① 李鹏程:《当代文化哲学沉思》,人民出版社 1994 年版,第 392—393 页。
② (德)马克思和恩格斯:《共产党宣言》,《马克思恩格斯选集》(第一卷)人民出版社 1972 年版,第 273 页。

第八章　新闻中的神圣文化与世俗文化

　　人作为类的存在，其时间观念就表现为历史观念。人们追问历史，探索文化，就要以时间作为"观念"，从各种具体的文化事象上寻求解答。青铜器显出历史的硬度，唐三彩泛着历史的光泽，编钟则传送历史的回声……时间在博物馆中凝成了可触、可见、可闻的实体。发思古之幽情，实则是为了体验人作为类存在所经历的时间之流，获得融入整体、片刻永恒的感受。这样的感受是属于"现在"的。所以，有人说，一切历史都是当代史。对人类历史的时间之流的长程体悟，最终是为了观照"现在"。

　　历史的时间本是绵延不绝，毫无间断的。但是为了在"现在"看清历史的面目，人们要对时间进行切分，人为地为历史分期。这种切分曾有许多方式，各有其不同的认识意向与根据；无论合理与否，都表现了从时间上认识人类文化的努力，是人类时间意识、时间观念的一种体现。如果说，比较抽象地把时间切分为"过去"、"现在"、"未来"来认识宇宙，认识自己的生活世界，表现了人类时间观念的一般特点；那么，为人类历史分期，则表现了对人类社会、人类文化进行认知的历史时间观念的特殊性。新闻文化作为人类掌握自身世界的一种工具，其时间观念中有着人类的历史时间观念的重要内容。分期之后，各个时期的文化特征便被凸显出来，其观念形态以一种强烈的、活跃的态势跃入"现在"的视野之中，成为人们观照当前现实的一种"眼睛"。所以，对历史文化进行分期，又是一种从时间来观照的方式，是把最能体现时间特点的观念纳入"现在"的途径。新闻文化作为现时文化，就通过将历时中的观念纳入共时之中，使之成为"新闻眼"的构成部分。

　　新闻文化的"现在"，正是世界性的现代化浪潮趋向高潮之时，一些发达国家正在由现代向后现代社会过渡,而发展中和不发达国家则经历着从传统社会向现代社会的转型。基于此,我们认同把人类历史分期划为传统或称"前现代"、现代及后现代的方法,通过考察三者在"现在"的具体文化形态来解剖"新闻眼",以更好地说明新闻文化作为一种现时文化的特点。

"传统"、"现代"作为历史分期的概念,一般认为"传统"对于西方,指的是古代和中世纪;对于中国,则是自上古至"五四"之前。作为社会学的概念,传统社会和现代社会的特点主要由生产方式、生产关系、社会结构和意识形态等诸多方面来决定,其中关键性的因素是生产方式;传统社会或前现代社会与现代社会的主要分野在于工业,所以传统社会又可称作"前工业社会","其主要内容是对付自然(game against nature)",而现代社会是工业社会,"它的主要任务是对付制作的世界(game against fabricated nature)"①。作为文化的概念,前现代文化主要是神圣文化,现代文化是世俗文化,后现代文化则是世俗文化的极端形态。② 本论题之内关注的主要是前现代文化与现代文化的观念与方法,而将后现代文化列为专章论述。所以,这里以"世俗文化"指涉现代文化。

所谓神圣文化,是人类为了建立某种普适的、绝对的价值体系而进行的文化创造,集中体现为对于社会所需要的共同的行为规范、道德准则赋予至高无上的价值与绝对的权威。神圣文化起源于神话与宗教。世界历史上各个民族最初的文化形态都是神话与宗教,表现了人类对超越于自然和人本身之上的某些神秘力量与完善境界的追求。人正是由于对自身的有限、无能和缺陷的认识,创造出了理想的、全知全能而又至善永恒的神。在"神"与"圣"身上,投射的是人的价值追求,孟子所谓"大而化之之谓圣,圣而不可知之之谓神"③,正说明了神、圣概念所具有的神秘性质及作为最高道德标准的超越性。西方文化传统中对于上帝的信仰,中国文

---

① (美)丹尼尔·贝尔:《资本主义文化矛盾》,赵一凡等译,三联书店1989年版,第198页。
② 赵敦华:《超越后现代性:神圣文化和世俗文化相结合的一种可能性》,《哲学研究》1994年第11期。
③ 杨伯峻:《孟子译注·尽心章句下》,中华书局1962年版,第334页。

化传统中对于"天"的敬畏,都在人间建立了一系列具有普遍、绝对性质的
价值系统。中国古代最高统治者为"天子",最高伦理规范为"天理",自然
界和人世间最高规律为"天道",都是以"天"的名义把世间的价值体系神
圣化,使人们"替天行道",从而达到"天下大治"。而西方文化中希腊哲学
的理性精神"把价值和价值判断的最高原则以及真善美的统一都归结为
神",希伯莱宗教精神把"宗教伦理化",罗马的法治精神"赋予自然法以神
圣的意义"[①],也都表现出神圣文化实质上是把人间的价值体系改变为
"天"然具有的"天性"、"天道"、"天理",变为至高无上的绝对命令,使"心
中的道德律令"上升至"天上的星空"。神圣是人间观念的某种升华与超
越,显示的是某些价值规范的普遍性与绝对权威性。在这个意义上,我们
可以说,人类文化中的许多内容,确实因其具有某种普遍性、权威性和崇
高性而呈现出神圣的特征。例如共产主义的价值观,敬畏生命的价值观,
等等。因此,神圣文化的观念能穿越漫长的时间之流,从前现代社会进入
到现代社会之中,继续发挥着作用。

　　世俗文化在西方兴起于启蒙运动,以理性主义和人道主义为纲领,对
于"神"统治"人"的状况进行猛烈地抨击,通过深刻揭露和批判宗教,否定
了神圣文化的价值体系。于是世俗的欲求和目的成为文化的主导力量,
一切价值规范都放置到了人的理性法庭上进行审理,知识成为人们认识
自然和改造自然的力量,适应现代工业化生产与世俗社会的文化形态被
创立出来,成为西方社会从前现代向现代转型的根本性的文化资源,并在
现代社会的发展中不断趋于成熟。有些学者认为,中国明清之际也产生
了一场类似的启蒙思潮,对于过去被视为神圣不可侵犯的传统价值观念
"以理杀人"的性质进行了深刻批判,倡导"穿衣吃饭即是人伦物理",憧憬
"有情之天下",认为"人欲即是天理",体现了一种关注世俗世界和世俗欲
望的新的文化精神。但是,这些思想文化的星星之火仍被封建社会的如
漆之夜所吞噬,直到"五四"新文化运动兴起,代表现代精神的世俗文化在

①　赵敦华:《超越后现代性:神圣文化和世俗文化相结合的一种可能性》,《哲学研究》1994 年第
　　11 期。

中国才真正找到了生长的土壤。

所以,神圣文化与世俗文化尽管在不同的民族有着各自的发展道路与独特形态,其内在的精神却是相通的。新闻文化作为人类认识、掌握世界的能力不断扩张和增强的产物,本身就是在现代文化的创造、发展中成熟的,因而具有现代世俗文化的观念与方法。另一方面,神圣文化作为传统又进入了世俗文化之中,在新闻文化中不断表现出其顽强的生命活力。因此,对新闻文化中自历时性承继的观念在现在的共时性的体现形态的考察,就首先自神圣文化与世俗文化开始。

一、观念之异

神圣文化使人们目光向上,仰视天空,把自己的尘世生活看成是某种至高无上的实体的一部分;世俗文化则收回目光,投向人的生存世界,发现了世界和自己。不同的视线和"观点",出自于不同的观念,神圣观念和世俗观念分别观察到世界的不同方面、不同特征,在新闻文化中可以对照起来加以考察。

1. "大我"与"自我"

"大我"观念,指的是从远远大于个别之"小我"的、无所不包而又无所不在的某种价值体系、理想人格出发,来观照现实中由个人的具体行为表现出来的"小我"。也就是说,把个人的人格与行为看成是某种具有普遍性、超出个体意义的价值体系、理想人格的一部分及具体实践。这样,既可由"小"中见"大",看到具体事实的普遍意义与价值;又可在"大"中见"小",从某种普遍的、共同的价值观念来确定具体事实的意义。

新闻所观察的人与事,都是现实而具体的。从"大我"的观念来观察一些事实,可以看到事及事中的人,实际上是"看"到朝着某种远大的目标,怀着某种普遍的价值信念与实践着某种博大而崇高的人格,由此,对于这些事实的意义与价值可以作出更为贴切的考察。就好比宗教仪式中一些人的行为,假如只从仪式中行为的事实来观察,可能只看到其屈起双膝,弯下腰,嘴里喃喃自语;而若从仪式中人的行为所指向的"大我",即某种永恒的终极实体来看,则意味着虔诚的祈祷,是以"小我"向"大我"靠近。其实,不仅宗教生活中人们的行为与人格指向着"大我",在日常生活及各种社会实践中,人们往往也是把自己的行为及心性与某种具有普遍性与崇高性的"大我"联系起来,并为之而供奉"小我"。例如在观察董存瑞、邱少云、雷锋等英雄人物时,如果不把他们的行为与他们为之奋斗的共产主义事业、他们为之献身的人民大众、他们崇尚的理想等联系起来,不仅无法看清他们的行动的意义,而且还无法解释他们的行为动机。

孟子曰:"大而化之之谓圣,圣而不可知之之谓神。""大"而"化"为无有形迹,融化贯通,就可称作"圣";到了不可测度的境界则称为"神"。"神"所体现的"大"已非人所能知,实为人对于自己难以解释、无法企及的事物的无法认知的认识,这在神话与宗教中占据重要地位。这种把某种理想、愿望寄托于某种"神"或"神化"的人形象上的做法,在新闻文化中远未绝迹。一些宗教式的新闻且不论,中国的"气功大师"神话,西方的特异功能报道,均是把某些人看作高于一般芸芸众生的"大我",而使一些人归而附之;政治、文化等方面的新闻报道,亦有此倾向。至于"圣",则是体现了某种至高的、普遍的"大"原则而又可以"化"入不显山、不露水的日常行为之中,因而是普通人都可靠近但较难实现的"大我"。西方有"圣女贞德",护士南丁格尔,德兰修女,等等,都是人们心目中已达到"圣"域的人格的体现者。在中国,对于一些堪为人格楷模的人物的报道,如雷锋、孔繁森等,也都有着从"大我"方向上提升其一言一行所表现出的崇高的价值理想,以及将价值理想融化到全身心的精神境界。因此,尽管不同时代所崇尚的价值理想侧重面不同,但在这些报道中人物所表现出来的人格之"大"已具有"圣"的意味则是共同的。

"大我"消融了"小我",因而往往就否定着"自我"。新闻文化作为一种公共文化,需要对社会需要的普遍的价值观念与行为规范进行宣扬,如果说"公德"只是公众所需的基本道德的话,那么,整个社会还需要某种高于一切公众但又集中了公众的最高利益、最高理想的价值规范,这样的规范也是新闻文化的重要内容。但任何一种普遍的、最高的价值规范,必然要与个体自我的现实利益相冲突,这样价值规范的体现者,也就在很大程度上克制着"自我"。在通常所说的"公"与"私"、"集体"与"个人"、"天理"与"人欲"等等之间,"大我"所取往往是前者,从而压制着后者。因此,新闻文化在考察某种属于全人类或全民族、特殊群体的"大我"时,既需要从具体事实和特定的人物出发,审视其普遍性的意义,又要把具体事实和特定人物当作普遍的、共同的"大我"的一部分,代表或分有了"大我"的规范与准则,体现了"大我"所凝结的价值理想与意义。这样,单一的事件就具有了普遍的意义,典型的人物代表了无穷的内涵。新闻中常以"像一滴水进入大海"之类的话语,表明某些人的精神世界对于普遍与共同的价值理想的认同,实际上正是由"小我"与"大我"的关系所决定的。各种各样的英雄人物、英雄事迹,都是因为体现了"大我"的价值规范与理想而备受新闻文化的关注。

所以,"大我"又可以看成是某种人群的共同理想与价值追求的体现。正如上述,"大我"大可至全人类乃至整个宇宙("宇宙精神"),再"小"也必须体现为较为普遍的人群的集体价值规范。其价值的"大"、"小"在某种意义上正由所代表的群体来决定。新闻文化的目光背后所凝缩的群体的性质也就至关紧要,对于"大我"之"我"是属于什么样的"我们"进行内省,是以"大我"观念观照事物时所应当重视的。

神圣文化的"大我",在西方最典型的体现是上帝,在中国古代则是"天"。无论"大我"以什么方式存在,都要求着人把自己当作永远是向着"大我"祈祷、接近的"小我",一切以"大我"为规范与标准,而人的"自我"则处于被压制的状态中。现代文化的首要任务就是解放人的"自我",用"人"代替"神",用"自我"代替"大我",从而以世俗观念代替神圣观念。因此,新闻文化的世俗观念是从对新闻事实中人的"自我"的观照出发的。在"自我"观念中,个人生机勃勃的创造力得到重视,个体的人格得到尊重,从而具体事实本身独具的价值与意义也能够得到审视与表现。

"自我"观念首先意味着从个体独特的境遇和现实需求出发来观照事实。这就与用某种普遍的、共同的、永久不变的意义与价值体系来观察事实迥然不同。"自我"观念照察的事物有其自身发生、发展的缘由,与事实相关的人是从特定的境遇和现实需求出发来决定做或不做某些事的,而并不总是与某种群体、某种普遍的意义与价值体系相关的。比如商业中的微笑服务，尽管可以上升到对消费者群体的态度乃至"为人民服务"的精神上来考察，但是，对于大部分商家来说，从商业的买方市场形成后，商家为追求利润、商业竞争等现实需求来分析、考察，倒往往更贴近事实。所以，从个人独特境遇和现实需求出发，才能把事实中主体"自我"的动机更为贴切地揭示出来，从而看清事实的真相。相反，如果把一切微笑服务都看作是对"上帝"的真诚"奉献"的话，就会无法理解"笑里藏刀"的"宰客"等现象。

这实际上是把高悬于空际、超越于尘世的某些抽象、空洞的"大我"理念拉回到世俗生活中来，也就是用"俗我"来代替"超我"。人总是有着七情六欲，有着各种层面的需求，"大我"的"超我"往往压抑、掩盖了"自我"的世俗欲求，从而造成对现世生活本身的淡漠。现代的世俗文化首先肯定人的一切欲求的合理性，致力于建设人性的而非神性的世界。新闻文化对于现代生活的观照，当然要根据人的物质文化欲求的日益增长来进行审视，即使是对于以往被视为神圣的事物，也可以从曾被伪装为普遍、共同的利益下看出其代表的某种群体的利益，从神圣的意识形态之下发现其世俗欲求的实质。马克思在《六月革命》等文中，就通过对现实的深刻透视，剥下了一些神圣的抽象词句的堂皇外衣，而呈现其中利益冲突的真相。中国新闻界对于"文革"中诸多事件的反思，也往往如此。对于未被神圣化的世俗生活的观察，新闻文化考察事件中人的"俗我"的需求就更显得重要，从"生活"空间中"讲述老百姓自己的故事"就需要"为市井细民写心"。

如果说，"大我"往往意味着失去"自我"，是一种普遍之"我"的话，那么世俗文化则重视"我之为我，自有我在"的"自我"的个性。因此，现代文化往往与个性解放密不可分。前面我们讨论了"自我"观念总是从特定的现实境遇与需求、人的欲求出发来认识事物，在某种意义上，认识到每个人的现实境遇与欲求的独特性，实质上就是承认每个人都会形成其独特的个性。因此，新闻中的每件事都有其独特之处，正在于是不同时空条件下，不同的因素及不同的人所造成的。另一方面，"环境正是由人来改变的,而教育者本人一定是受教育的"①,所以,环境的改变和人的活动的一致,又要求对于事件中每个人的独特个性予以重视:不仅要注意作为人所具有的各种个性欲求,而且还要重视每个人所特有的行为方式与思维方式呈现出来的个性特征。把独特的"事"与做事的独特的"人"联系起来加以观察,才能使"事"的独特内涵,与"人"的个性都展示出来,并相互阐释。新闻中"特写"的人物,"特写"的事件,往往突出了个性的观察,其他各类新闻作品,如人物通讯、长篇报道等,也十分重视对于个性的观察。

所以,"大我"观念与"自我"观念的主要差异就表现在,一个重视"无我",在普遍性、共同性中观察事物与某种理想的、绝对的意义系统与价值规范的联系,一个重视"有我",在独特性、差异性中观察事物发生、发展的因由与规律;一个重视超越,高悬于现实生活之上,一个重视世俗生活,把一切事物都放置于现实的土壤中来考察;一个重视"共性",一个重视"个性"。新闻文化从这两种观念出发观察事物,所看到的是两种不同的人生图景。

2. 信仰与理性

神圣文化所确立的意义体系与价值系统往往是绝对的、普遍的、最高的,因而具有不容置疑的权威性,使人们笼罩在其光环之下,产生一种崇敬、膜拜、敬仰的情绪,在这样的情绪支配下产生的认识观就是一种"信仰观"。

所谓"信仰",首先要求的是"信",即对于某种意义与价值的坚信不疑。宗教所要求的是绝对的相信,一些道德规范、行为准则要求着普遍的相信;"信仰"的"仰"则是指人们在"心目"中把某种意义与价值放置于最高处,用来指导自己的生活与心性修养。因此,人们的信仰,实际上就是人的"终极关切",每个人信仰的对象不同,也就是"终极关切"的对象不同。那么,新闻文化中的信仰观念,实际上也就是从人的精神生活的深度方面,赋予人的生活以意义与价值的最高规范,来观照世界事物的一种眼光。

---

① (德)马克思:《关于费尔巴哈的提纲》,《马克思恩格斯选集》(第一卷),人民出版社 1972 年版,第 17 页。

　　新闻文化从信仰的观念来观察各类事件，其终极指向是人们信之仰之的某种意义体系和价值系统，即对于某种"神圣"体系的观照。表现为宗教形态，称之为"神"，表现为道德形态，称之为"圣"。在宗教形态上，是对某种超自然的力量的皈依献身；在道德形态上，则是对于某种最高道德规范的信奉。这两种形态在新闻文化中都有所表现，那就是把发生的各种事件或归之于神秘的力量，或归之于崇高的道德规范的作用。前者如关于各种"奇迹"、"灵异"的报道，后者如对于一些特殊事件中道德规范的作用的报道等。而新闻文化中更常见的是对于人们实际生活的报道，这就要求把对信仰的考察范围扩充到社会信仰、政治信仰等实用的领域中来。这些领域中的信仰，对于人们确立生活的方向与目标，指导自己的行为，同样是一种主要的精神指针。无论是在人们生活的哪个部分，对信仰的观察，也就是对人们生活中主要的意义体系与价值系统的考察，永远构成着人类精神生活的主要部分。因此，信仰总是关涉着某种确定不移、百折不回的决心，表现为人对某种价值与意义的完全信赖，甚至是把自己"交给"了这种意义与价值。新闻文化接触的形形色色的人与事中，当事人的信仰如何，在事中会有一定的表现，只要厘清事实所关涉的领域，如政治、社会或道德等就可以从人的言行中观察其所持信仰。如果在一些具有重大影响与深远意义的事实中发现当事人对于某种信仰的坚定决心与笃信实践的态度，那么新闻文化就要进一步考察这种信仰为何能够产生这样的力量，以及这种力量的价值属性如何。总之，人们的信仰总是在对于某些事业、某种生活目标进行努力奋斗的勇气和信心中表现出来的，只有那些矢志不渝、百折不回的实践者，才可谓拥有某种信仰。新闻文化在观察人们的信仰时，就应重视信仰对人所产生的力量在其人生实践中的作用及表现。例如新闻媒介在对一些政治人物如南非的曼德拉，科学领域如居里夫人等的报道中，都有从其艰苦卓绝的生活实践中观察到他们所奉持的信仰的报道。

　　正因为信仰表现为生活的各个领域中的精神指针，所以信仰与各个领域的知识也有着密切的关系。即使是被称作"迷信"的信仰，也总是由某种荒谬、错误的知识所支撑的；而凡是高尚的信仰，则必然是消除了愚昧的成分,消除了盲目性后,从较为牢固的知识基础上建立起来的。一无所知者则一无所言。从信仰与知识的关系中,又可透视信仰的形成及结构,从而观察信仰者的精神世界。新闻文化的神圣观念从信仰着眼观察事件时,就要从某个或某些人物的阅历、经验、知识领域、在具体生活、行为中所表现出来的精神特征中去观察其信仰的形成,以及构成其信仰的有机成分。例如对一些伟大人物、英雄人物的高尚信仰的观照,新闻文化就重视展现他们的成长历程和在具体领域中的事业成就,对其信仰的形成过程,和信仰的组成结构进行观察。唯其如此,才能具体而丰富地展现出他们的信仰所在,以及这种信仰的价值。

但是,信仰又不仅仅是某种坚实的知识,它必然包含着理想和追求。因为信仰总是超越现实而指向更为高远的境界,所以,信仰中的人们总是在渴望着得到现实中无法得到的东西,追求着可"望"而不可"即"或永远难以企及的东西。正因为这样,信仰才总是与神圣的事物相关,才总是与人们对现实利益的舍弃乃至自我牺牲相关,才总是与对现实生活中与信仰相反的东西不顾一切地、义无反顾地排除、斗争相关。所以,新闻文化在观察信仰时,又要进入人们的心灵世界,观察人们理想的"天国",要从人们的行为与处世态度上看其追求的目标与追求本身的强烈程度。只有把信仰中居于最高层面的理想和对理想境界的追求揭示出来,才是真正看清了信仰。从这个意义上来说,信仰又总是在入"迷"般地对理想的"信奉"中,表现出一种强烈而深沉的激情,具有某种非理性的成分。

因此,无论是对于宗教迷狂的信仰,对于某种神圣道德的虔诚信仰,还是对于某种社会意识形态的信仰,在西方启蒙运动中和中国现代思想运动中,都要把它们置于理性的法庭上重新审理。正如康德在《纯粹理性批判》的"序言"中所说:"我们这个时代可以称为批判的时代。没有什么东西能逃避这批判的。宗教企图躲在神圣的后边,法律企图躲在尊严的后边,而结果正引起人们对它们的怀疑,并失去人们对它们真诚尊敬的地位。因为只有经得起理性的自由、公开检查的东西才博得理性的尊敬的。"[1]理性,也就成为现代文化亦即世俗文化的主要观念。

在第五章中我们曾讨论了科学理性,科学作为世俗文化中的重要内容值得重视。这里,我们是在与神圣文化相对立的立场上来讨论理性的,所以,不仅有"人为自然立法"的理论理性,而且还有"人为其行为立法"的实践理性需要研究。新闻文化中,与神圣文化的信仰观念相对立的世俗文化的理性观念,同样是导源于对某种设定为绝对价值体系的信仰的不信任,产生于"上帝死了"之后的"重估一切价值的尝试"。所以,新闻文化中的理性观念,主要表现为对于神圣事物以及其他各种要求人们信奉的价值体系的怀疑。朱谦之说:"哲学最初是一个疑问符(?),对于宇宙间的现象变化,觉得在在可疑,于是由疑问而想出解决的方法,就是哲学。反之宗教最初就是一个赞叹符(!),对于宇宙间的现象变化,觉得在在都是被赞美的对象,仿佛神是高蹯九霄,下视万类,我们是受他的陶冶溶化,我们是不能脱了他独立而自存,因此不自禁地在他面前献颂了。"[2]实际上,这里的"哲学"正相当于理性的观念,而"宗教"显示的则是信仰的观念。

世俗文化的理性观念在新闻中首先表现为对于各种超自然的力量、超现实的想象与理论怀疑。比如西方新闻媒介中常常出现的耸人听闻的"奇迹"、"怪兽"、"神秘现象"之类,中国新闻媒介中关于"辟谷"、"气功"的神奇效应的报道等,都曾被新闻媒介以理性观念提出疑问,并针对各种疑点予以调查采访,还事实以本来面目。这种怀疑的精神,疑问的目光,正出自于理性观念,出自于把一切事实都呈现出来,放置于理性法庭上,进行"自由、公开检查"后才确定其真实性的要求。

新闻文化中的理性观念还要求把一切事实都还原到世俗生活与世俗欲望中进行考察。现实的物质条件、经济基础、社会关系等等,是人们从事任何实践活动的出发点,人的一切行为、思想感情,都应放置到现实生活中加以考察。正如鲁迅先生所说,人不可能拔着自己的头发离开地球,

----

① （德）康德:《纯粹理性批判·序言》,见(加拿大)约翰·华特生选编:《康德哲学原著选读》,韦卓民译,商务印书馆 1987 年版,第 7 页。
② 朱谦之:《文化哲学》,商务印书馆 1990 年版,第 58 页。

现实生活条件的制约是各种事实形成的关键因素。新闻文化在观照各种事实时,不应为一些表面的现象,如冠冕堂皇的口号,正大光明的举止等迷惑,而应努力地考察产生事实的现实土壤、制约事实发展的因素,在世俗生活中找到切实的依据和证明,给出正确的推断。这就是理性的实证的态度。但是世俗生活的状况对于人的欲求并没有决定作用,人本身的世俗欲求也决定着他对生活状况的态度。所以,新闻文化在观照事件时,又要注意当事人在生活中产生的各种愿望、欲求对于事件的作用。经济学中有"经济人",把人看成是经济动物,政治学中有"政治人",把人看成是政治动物,都表明了理性观念对于事情的观察,是建立在对于人的各种世俗欲求的观察上的。相反,对于一些打着所有人的利益的旗号而实则是为了个人或某些群体、阶层的利益而从事的活动,新闻文化的理性观念总是要深入事实本身进行冷静观察,看看究竟在事件中谁是受益者,从而揭示被虚假意识形态掩盖着的某些人的世俗欲望。如此,也就往往能够从某种神圣的信仰中,看出制造信仰者及信仰者实际的功利性,从而对虚假的信仰起到澄明与解蔽作用。

二、表现方法

作为历史时期的概念,神圣文化业已消亡,但作为文化传统,却又融入人们的时间观念之中,成为人们在观照现实时对"当前"历时把握的重要着眼点。神圣文化所发展出来的一系列表现"神圣"的方法,也不断得到应用与发展。但新闻文化较之其他文化形式,又受到更多的限制,如与事实的符合,公众的接受等,都使"大而化之"的"圣"与"圣而不可知"的"神"难以表现,所以新闻文化对于"神圣"的表现,有着自己独特的方法。

世俗文化的发展,其基本形态为科学文化与人文文化,分别以自然、以人为中心,从而与神圣文化以神为中心的观念模式相对抗。因此,尽管在第五章我们已经讨论了新闻文化的人文方法与科学方法,这里又仍将在与神圣文化对比的方向上,对世俗文化整体的特征进行某种把握,总结新闻文化表现"世俗"观念的方法。

1. 演绎与归纳

这既可说作演绎叙事与归纳叙事，又可说成演绎论证与归纳论证。在新闻文化中二者同时具有，但往往是论证被融于叙事之中。所以，我们主要从叙事的角度来考察这两种方法。

朱谦之认为构成宗教之一特殊的方法，就是演绎法，"演绎法是依于信仰而成立，其特色在排成一切思想之最普遍的形式"。[①] 我们认为，不仅宗教，一切神圣文化都有演绎叙事的方法，即由一般原则推到特殊的事情的方法。这用来作为叙事依据的一般原则，"所依据者不是'观察'，而为'信仰'"。[②] 也就是用某种被视为具有普遍、绝对的最高价值，来"推断"事情发展的缘由，从而把各种事实在这种价值体系的统摄下叙述为一个完整的故事。这样的叙事方法，实质上是用人们信仰的某种价值原则，来观察与理解事件的发生发展及最终结果，某件事情发生发展的当事人的动机便成为首要的观察对象。叙事的模式便是：依据某个"大前提"（"神圣的价值体系"），"小前提"（特定的事件），得出"结论"（神圣价值在事件中的实现）。宋代文天祥的《正气歌》，以"天地有正气，杂然赋流形"为"大前提"，叙述一系列历史人物与事件中所蕴含的价值意义："为严将军头，为嵇侍中血，为张睢阳齿，为颜常山舌……"后总结道："是气所磅礴，凛烈万古存。当其贯日月，生死安足论。"表现了演绎叙事的"程式"。

新闻文化表现某种具有普遍、超越、崇高的价值体系时，写作中往往首先通过提炼"主题"的方式，把所要表现的价值体系或价值指向揭示、凸显出来，然后再根据这样的"主题"来选择和组织事实，最终又是在对事实的叙述中印证、强化了"主题"。这样的方法，正是我们以上所述的"演绎法"。神话、宗教以某些超凡的、奇异的事迹来印证幻想与教义，人们对于自己在生活形成和确立的理想的、崇高的、奉之为神圣的价值规范，同样也要求在现实得到实现与验证。这正是新闻文化对于各种英雄、模范、明星等人物进行报道的依据，而这样的报道，所采用的主要就是"演绎叙事"

---

① 朱谦之：《文化哲学》，商务印书馆 1990 年版，第 60 页。
② 朱谦之：《文化哲学》，商务印书馆 1990 年版，第 61 页。

的方法。

魏巍在讲述撰写《谁是最可爱的人》的经过时说:"'谁是最可爱的人'这个主题,是我很久以来就在脑子里翻腾着的一个主题。也就是说是我内心感情的长期积累。"这说明对于价值的崇尚与敬仰,是确立"主题"时的决定性因素;而只有"长期积累"的"内心感情",才能更好地引导对新闻事实的观察和表现。所以,从这一主题出发,魏巍进一步观察"最可爱的人"身上所体现出来的共同点,"即对伟大祖国的爱,对朝鲜人民深刻的同情,和在这个基础上的做一个革命英雄的荣誉心"。于是,魏巍"了解了在党的教育下这样伟大深厚的爱国主义与国际主义的思想感情,就是我们战士英勇无畏的最基本的动力。我想,这不是最本质的东西吗? 这就是最本质的东西。我肯定了它。我一定要反映它。我毫不怀疑。一切其他枝节性的、片面性的、偶然性的东西,都不能改变我对这个问题的认识"。这就为叙事寻找到了一个"大前提",它是作者"肯定了"的,"毫不怀疑"的"最本质的东西"。由此"大前提"出发,"问题的本质找到了。那么,应该怎样反映这个最本质的东西呢?""事实告诉我们:用最能代表一般的典型例子,来说明本质东西,给人的印象是清楚明白的,也会是突出的"。① 从"大前提"的"一般"出发,来选择"典型例子",并以"大前提"中所包含的作者的价值理想贯穿于对所有"典型例子"的组织与理解之中,就形成一个完整的"演绎叙事"结构。在这里,作者所奉为"神圣"的价值信念起到了决定性的、贯穿始终的作用。特别是对于像《谁是最可爱的人》这样描述人物与事件均较多的新闻作品来说,作者的价值理想对于选择"典型"的特殊事件起到的作用是相当重要的。而描写某个英雄人物的新闻,也常常是由作者所信奉的价值理想出发,来选择、组织人物的"事迹"的。

随着社会生活领域的分化与扩展,人们所崇奉的价值理想也日益多元化。对于文艺、体育明星,对于探险家,对于各种心智活动与实践活动的成功者,人们都会由于崇奉某种价值理想、某种精神境界而特别予以关

① 《魏巍:我怎样写〈谁是最可爱的人〉》转引自荣进等编:《中外新闻采写借鉴集成》,浙江教育出版社 1990 年版,第 361—362 页。

注。在对这些人物的报道和宣传中，出现了一种被称为"包装"的现象。其实，所谓"包装"，无非是首先假定某个人物具有"明星"的一切条件，在他（她）身上体现着某种极高的、神秘的、神奇的价值，至于是否真的具有姑且搁置，但是要当成真的具有，也就是说，首先设定了一个趋向于"神圣"的"大前提"。在这个假定的"大前提"下，对"明星"的各种"典型例子"进行精心选择，包括一言一行，似乎都体现着事先设定的某种价值的光芒。如此对"明星""事迹"的选择与组织，就成为了对"明星"的"包装"，"包装"的是也许存在、也许并不存在的某种"神圣"的价值。

所以，在新闻文化中，神圣文化不断地以新的形态出现。但无论是何种形态，都有着"演绎叙事"方法的作用，只是我们不应把同样方法产生出来的新闻作品等量齐观而已。

世俗文化则重视归纳的方法。启蒙哲学家弗兰西斯·培根作为现代归纳法的创始人，对于世俗文化的发展有深远的影响。在世俗文化中，人们逐渐学会用理性精神来对自己实际观察到的事情进行整理，而不是隔着信仰的纱幕寻找印证自己理想的事物。新闻文化的发展，与世俗文化重视收集事实、归纳总结事实的理性方法有着密切的关系。从总的方面来看，新闻文化致力提供各种事实资源，本身就是人们"归纳"的需要；任何一个人都不可能每天把所有的当天新闻看完全，而只是从某个方面的兴趣、需要等出发来对所掌握的新闻进行归纳。新闻文化本身，又总是在适时适量地对某个方面的新闻进行归纳，作出综述，并且通过版面安排、稿件组织等方法"隐性"地作出归纳。这里，我们着重讨论的则是新闻文化在特定事实的报道中所采取的叙事方法，当在世俗文化的方向上进行时，往往也是一种"归纳叙事"。

所谓"归纳叙事"，是指对于事实的叙述，根据的是事实本身的发生发展，从事实本身的发生发展过程中，发现和呈现事实的意义与规律，从而将事实的因由叙述出来。它并非在开头就选择某个"主题"、某种目的来选择事实，而是通过把"看"到的事实排列出来寻找其内在联系，真正弄清事实发生发展的过程。在新闻文化中，主要表现为对某些事实的关注是通过"跟踪"事态的发展来探求其中的奥妙，而不是带着某种价值信念来选择与此信念相关的事实。说白了，也就是"事实先行"而不是"主题先行"。

因此，归纳叙事首先要注重收集事实，让事实本身的差异与联系显示出事实的意义，并得出对事实的判断。例如联邦德国记者扬·弗里泽在1979年12月27日阿富汗发生政变后，即迅速乘印度航空公司的波音飞机进入阿富汗采访。当时，苏联军队在阿富汗实行严密的新闻封锁，因而扬·弗里泽的采访受阻。但是，他却通过对喀布尔机场的情况进行收集归纳后得出了对于事情的判断。在《喀布尔机场见闻》的报道中，扬·弗里泽收集了"忿忿的官员"的反应，"低飞的米格飞机"和"关于新首脑的谣传"等事实，根据这些事实，得出"估计他们（指苏联部队）在此期间派入的部队总数已达二至四万人。与莫斯科的断言相反，几乎不能认为他们会在最近的将来撤出他们在东南亚的新的堡垒"①的结论。由于搜集的事实充分，判断就有了较为坚实的基础。后来的事实证明了记者的远见。

任何一件事，都是由一系列的事实组成的。或者在共时性上表现为不同方面的事实的结合，或者在历时性上表现为相继发生发展的事实的结合。因此，在某种意义上如果不对组成事实的"事实集"进行归纳，就无法得出对一件事的完整叙述。归纳叙事实际上也就表现为通过对一系列事实的归纳，得出对一件事的判断与"命名"。这在新闻报道之中是十分常见的，大到一些长篇通讯，小到简短的消息，都需要把一些事实集中起来，以"构成"一个"大"的事实。例如，美国《纽约先驱论坛报》于1939年9月2日凌晨2时报道的"德军入侵波兰，欧战爆发！"②的消息，从"法西斯德国军队兵分四路，于昨天拂晓攻入波兰"，"法、英两国采取的外交措施"，"希特勒总理昨天对在克罗尔歌剧院召开的纳粹国会发表了一篇怒气冲天的讲话"等事实，以及意大利、法国、英国、美国等国家的反应，德国军队侵略波兰的战况等事实，得出归纳的结论，即一个总的事实："欧战爆

---

① 《喀布尔机场见闻》，见蓝鸿文主编：《外国新闻通讯选评》（下），长征出版社1985年版，第201页。

② 《德军入侵波兰，欧战爆发！》，见黎信主编：《外国新闻通讯选评》（上），长征出版社1985年版，第4—6页。

发!"而即使是一些更简短的消息,其"命名"或"导语"也常常要由对事实的归纳,来描述一个总的事实。而这样一个总的事实,实际上是把诸多事实之间的联系进行了集中体现,所以尽管归纳的推断并非一定要直接叙述出来,但是总结本身就显示了归纳的过程。

其实,"命名"一个事实往往隐含着对事实的判断乃至对事实包含的规律的把握。上面所举的"欧战爆发"的"命名",是对所收集、掌握的事实性质的判断;而像"德国政策变化——转向法西斯主义"①这样的"命名",则分明包含着对事实规律的透视。归纳叙事往往在对事实的比较鉴别之中,把事实中的意义与规律揭示出来;而且正是这种揭示出来的意义与规律,成为叙事结构、叙事焦点的重要依据。例如关于"德国政策变化——转向法西斯主义"的报道,收集了纳粹以军警来控制国家政治生活、新闻媒介,对省级官员及警察部队的控制与清洗等情况,从这些事实中归纳出来的德国转向法西斯主义的结论,显然对收集的事实本身的组织、剪裁起着重要的作用。如果没有归纳出来的"线索",则排列的事实就将如断线之珠,离散无绪。所以,归纳叙事又是以归纳的方式形成叙事的主线,把事实有机地结合起来,表明事实内在的规律性的。

2."以小见大"与"以大见小"

新闻文化对"神圣"事物的表现,可以由"神圣"的价值体系出发,通过"演绎"的方法,来"证明"这种价值。这是从肯定的方面来表现"神圣"事物的。而"神圣"事物的普遍性、绝对性、超越性,又表现出以一般的事实无法完全穷尽这种"神圣"价值本身,所以,对于"大而化之"、"圣而不可知"的东西,人们又只能从有限中窥测无限、从确定中把握不确定,即所谓"以小见大",用不能完全表达价值理想的事物从"反面"表现出其更宏大的东西。因此,又可以说是以否定的方法来达到肯定。人们常说的"不能表达其万一",正是从"不能"中以"一"将应被表达出来的"万"显现出来。

在考察新闻文化对"美"的事物的表现时,我们曾讨论过用"在场"的

---

① （联邦德国）海因茨-迪特里奇·菲舍尔编:《普利策最佳国际报道奖获奖文选（1916—1977）》,应谦、李焕明译,新华出版社1990年版,第42页。

东西来表现"不在场"的东西,这是审美文化的重要方法。所谓"以小见大",实际上也是用局部的"在场"的东西来表现某种整体的"不在场"的东西。但是,与新闻审美文化不同的是,由于这里的"不在场"的东西更主要地是指某种神圣、崇高的价值体系,所以,需要由"外在"的、呈现出来的"在场"的事实中,推向某种隐秘的东西和没有被揭示出来的深邃境界,即由"外层"推向"内层","现象"推向"实质"。新闻中对"神圣"事物的表现,也就需要一个层层推进、逼向"内层"的过程,最终把特殊事实之中包含的"本质",即神圣、崇高的价值体系显现出来。

新闻文化对于人与事的叙述,只能从现于"外层"的各种"现象"出发,来探测蕴藏在"内层"中的意义与价值;从人的言行出发,来观察其精神世界。这都需要经历一种认识的过程,即从表现于"外层"的事实中透视显现出来的"内层"的过程,通过层层推进,"观"看到一个高远、深刻的价值世界。特别是在各种英雄、杰出人物的报道中,新闻文化总是要追问支配人物行为的价值观念本身,而神圣、崇高的价值体系的难以穷尽与接近,便只能透过一些具体而微的事实来观察与推测。例如在采写通讯《罗健夫》的过程中,作者邱文仲、刘军等首先确立了这样的方略:"像罗健夫这样充满了生活辩证法的'理性'人物,采访中必须千方百计挖出他的思想深度,并以他的'个性'鲜明地体现出时代精神。"①实际上"挖""思想深度"正是由"外层"观察"内层"的过程,而"个性"与"时代精神"的关系,又使被观察到的"内层"与更为高远的价值体系联系起来,用"个性"体现的价值世界来表现未被"个性"穷尽的价值体系本身,这正是我们所说的"以小见大"的方法。所以,《罗健夫》的作者"每获得一个新材料,乃至每一句新鲜的话,都翻来覆去地琢磨它,掂掂它的思想分量"。"譬如:我们收集'这也不要,那也谦让'的素材时,开始的认识一直停留在'不为名利,廉洁奉公'的水平上。到了采访后期,有一次跟一位同志闲聊,他无意中冒出一句:'老罗的'这不要那不要',实际上都带有反不正之风的性质。'话一出口,就触动了我们的神经,当即追问,人家不谈了。于是,带着'他这不

---

① 转引自荣进等编:《中外新闻采写借鉴集成》,浙江教育出版社1990年版,第364—365页。

要、那谦让的背景是什么'的题目，重新采写。"从"外层"的"这不要那不要"向"内层"的"背景"深入透视的过程，表现为从这一"外层"靠近"内层""背景"之后，这些"背景"事实是"罗健夫几乎在每件事上都有其愤慨不正之风的背景，甚至是生了大气做出来的"，又成为新的"外层"，而在更深的层次上："不只反映个人的意识修养，更可贵的是他的斗争精神，表现了罗健夫不是在那里当'苦行僧'，而是一个共产党员发自内心的义愤，自觉地捍卫共产主义的纯洁性。"

　　这样由"外层"至"内层"通过人物的精神世界表现神圣、崇高的价值本身的方法，正是以局部表现全部，"以小见大"地显现高远价值的。"深"下去的结果，是透视到一个更为普遍的、绝对的神圣价值体系。所以，《罗健夫》的作者对"从罗健夫患病到住院，这部分素材一开始就抓得最多、最细"，但为了防止"事例平列"，缺乏"深度"，又进一步向着罗健夫精神世界的"内层"深入，以"外层"之"小"观"内层"之"大"，发现"罗健夫在病中的思想是向着'彻底的唯物主义高度、纯粹的人的境界进军！'"就将罗健夫"超乎常人的鲜明个性"与"时代英雄的精神特征"，亦即神圣的价值体系之间的关系表现了出来。

　　这种方法的实质在于对无法穷尽、无法企及的神圣乃至终极的价值体系，只能由其局部的、不完全的显现来透视；这种价值体系本身并非是事先就交付给新闻工作者的，而是新闻工作者从被给予的事实中发现与层层深入地观察出来的。这就与"演绎法"以某种神圣价值来印证与显现事实的方法在思路上有明显不同。

　　"在没有英雄的时代里，我只想做一个普通人"，但世俗文化寻求的"普通"，仍然不能不是对世界、人生某种"本质"的看法，尽管这种"本质"与神圣文化有了很多的不同。所以，新闻中的世俗文化也仍然要由事实的"外层"向"本质"、"价值"的"内层"深入，"透过现象看实质"，抓住世界事物的"本质"，以解释新闻事实的意义。只不过，世俗文化"内层"所显现出来的价值体系，是"普通"的而非"神圣"的，是"现象"可以穷尽的而非永远不可企及的。因此，透过"外层"来观察"内层"，世俗文化所"看"到的，往往是比"外层"纷纭变化的事实"小"的"内层"。新闻文化常常在纷繁错综的现象中发现其再"普通"不过的实质,实际上还是以一种"普通"的价值体系来观照事实的结果,所以观察到的价值体系本身也是世俗的、"普通"的、平常的。正由于从世俗的观念出发,认为不存在什么超凡入圣的人物,每个人都有着人所共有的欲望、弱点,因而即使有什么特别杰出的地方,仍可还原到"普通人"来观察。这样,即便是表面上从"外层"看是不普通的事,透过重重外层,也可发现其"普通"的"内层"。这就是"以大见小"。

美国记者索尔·佩特在《抓住高树使劲摇撼》中对原纽约市长爱德华·科克的描写,就是从"这个令人难以置信的城市的最受欢迎的市长"一系列事例的"外层",不断地揭示其"内层"的精神世界。"他是一位多重性格的政治家;一位反对一揽子解决问题的领袖。他耿直,桀骜不驯,考虑问题不周全,做事毛毛糙糙,爱开玩笑,爱激动;很有主见,不怕选举团的威胁;缺乏性感,不漂亮,不时髦;总而言之,他具有领袖人物那种超凡的感人魅力。他是一位能在不平静的处境里显得出奇平静的人,一位以不相称的快乐心情主持着这个国家中最大的通天塔市政的市长。"对于这位"想不出自己有什么弱点"的人,报道对他的个性进行了多侧面的扫描,把他"那种超凡的感人魅力"之"内层"所包含的作为普通人所具有的种种观念,如功利观念,平等观念,等等,通过事实深入地揭示出来。报道中各种事实组成了丰富多彩的"外层",指向的"内层"却是质朴无华的。由外而内,其结果是一种"解魅"的过程。由此可见,世俗文化的科学观念与人文观念共同起作用的结果,是把价值体系建立在坚实的现实经验的土壤上,在承认人的知识的力量、人格的力量的同时,也看到人的局限与弱点。所谓世俗的价值体系,实际上是指以人为主体、为中心,对人的一切感性欲求与物质欲望给予充分肯定,并且以人的理性作为工具来认识与控制自然、社会,创造人生的幸福的价值体系。这篇报道中纽约市长科克的价值体系正是以功利目的为中心建设而成的。

如果说上述报道是从光彩夺目的"外层"深入到质朴的、不失为正面的"内层"的话,那么,新闻作品中相当多的则是通过层层剥开"外层",寻求、探测某种并非正面的"内层",从而使冠冕堂皇的"外层"包裹着的不那么光彩的"内层"显示出来。这样的"内层"小于"外层"，显然具有更强烈的认识意义，也更为符合现代世俗文化对于表象的不屈不挠的怀疑精神。特别是西方新闻界对于政治人物、明星之类，往往有某种执着地索"隐"揭"丑"的激情，必欲其"露出麒麟皮下的马脚"而后快。这样的"以大见小"，其世俗文化底蕴更是丰厚，与启蒙运动中对于神圣信仰的怀疑与批判有着深刻的、一脉相承的关系。而"大"中见"小"的叙事本身，容易显示某种喜剧性效果，是一种健康的笑，正表现了世俗文化的亵渎神圣的精神。此处就不作引申了。

　　英国记者吉姆森以"科尔是个说谎者"为题①，评介德国总理科尔。文章开头便直截了当地说："联邦总理赫尔穆特·科尔在政治上是一位天才，但在经济问题上却是个笨蛋。"文章或隐或显地指出科尔的政治"天才"是以福利制度"买到了公民的沉默，提出了一种令多数德国人担心的欧洲政策"，而这种政策"给德国经济加上了使这部有力的机器再也承受不了的负担"；以及"他的天才之一是对舆论有一种可靠的感觉"，等等，含蓄地揭示了科尔政治"天才"的实质。而对科尔处理经济问题的能力，记者则单刀直入："他对经济问题总是只作出政治的回答。他现在还是这么做。""对科尔先生我只能估计他会作出一些错误的许诺，正如上一次他在实现德国重新统一的时候所做的那样。"从德国统一时"科尔的弥天大谎"直到"如果科尔总理向我们保证，采用欧洲统一的货币是增加工作岗位和提高富裕程度的极妙的、毫无痛苦的办法"的"假设"，层层紧逼，得出"在经济问题上他是一无所知的，并且已经证实他是一个说谎者"的结论。不难看出，从政治到经济，从事实到本质，从"外层"到"内层"，本文层层深入，意在逼出科尔"假话"下面的"真相"。从价值观念的角度来看，实际上也就是从"外层"的庞大而庄严的事象中，透视到人物所秉持的某些不足称道的价值体系。这样的价值体系不仅是世俗的，并且在某种意义上还是低于世俗的，如"科尔是个说谎者"的评价就包含了从世俗价值观来看也很低的价值体系。

---

① 《政治里手、经济外行》，《参考消息》1997 年 4 月 10 日第 3 版。

这种"以大见小"的方法,与"归纳法"自有相通之处,两者都是由事实出发指向对规律、意义及价值的评判。但是,两者之间也有着一定的区别。所谓"以大见小",更主要是指通过"外层"不断向"内层"推进,有着透视与深入的过程;而"归纳法"则注重于事实之间的联系,收集的事实之间并不一定有着层层深入的关系,而往往是平列的、相类似的,是由相似中寻求共同的东西,因而寻找出来的并不一定是最为"内层"的东西。

三、走出误区

新闻文化于"现在"而"抚古今于一瞬","思接千载,视通万里",将神圣文化与世俗文化纳入自己的视觉系统之中,使时间性于历史文化特性中体现出来,从而形成丰富多彩的文化形态。神圣文化价值观与世俗文化价值观同时并存,各自适应着特定的对象与范围,产生着独特的功用。新闻文化中两种文化的存在及发展,也时常提出了一些问题,如在何种情况下、何种意义上仍可发展神圣文化?神圣文化的种种形态是否都具有同等的合理性?世俗文化是否应当主宰新闻文化?……这些问题,深深地隐藏在纷纭复杂的新闻文化现象中,却又常常尖锐而紧迫地摆在我们面前。只要观察新闻媒体时常发起的关于一些神圣、崇高价值问题的讨论,以及现代人对于灵魂问题的关注等,就可以看出这些问题在新闻文化中所占的分量,以及对其进行理论疏导的重要性。而要回答这些问题,仍需以新闻中这两种文化的观念与方法常常走入的误区着手。

世俗文化实质是人文文化与科学文化的统一。所以明了人文文化与科学文化的误区即可反观世俗文化的误区。但是,作为与神圣文化相对应的文化,世俗文化的误区又可在一种更为广阔的视野中进行观照。

1. 新闻中的神圣文化把相对的、特定的价值体系绝对化、普遍化

神圣文化中都有被奉之为神圣的价值体系,其主要特征是具有绝对性、普遍性。新闻文化对于"神圣"事物的观察与呈现,实际上取决于神圣的价值体系的建立和确定。因此,价值体系本身是否真正具有神圣性、崇高性,就有着至关重要的作用。由于政治、经济、文化等方面的原因,在新

闻文化中常常出现把某种相对的、特定的价值体系绝对化、普遍化的现象,使新闻中的神圣文化走入歧途。

　　中外新闻史上都曾有过对某些政治人物的"造神"运动,把政治家神化、圣化。如中国"文革"时期对毛泽东的神化就曾到达高峰。这样的神圣文化表现为将政治人物所推行的一切政策、方针、乃至一切看法,都看成是神圣不可动摇、亵渎的;把针对特定时空特定情况所做的各种相应措施,都当成是普遍适用的价值规范,因此而造成"两个凡是"之类的迷信与盲从。应当看到,即使政治人物所尊奉的最高价值体系是神圣的,也不等于为实现这些价值所做的一切努力也具有同样的神圣价值;相反,如果把各种在特定时空条件下适用的价值体系加以绝对化、普遍化,就会损害神圣的价值体系本身。而随着社会的变迁,新闻文化中出现了商业化的趋势,使新闻文化日益世俗化。但是神圣文化在新闻文化世俗化进程中并未消亡,而是以另外的形式获得了再生。"包装"歌星,宣传体育明星、商业上及各种事业中的成功者等各式各样的"星",用"星光灿烂"把他们的一切活动都予以神圣化,对他们生活中的一切细节都津津乐道、追逐不休,使各种明"星"布满人们的精神天空,成为一种新的精神偶像乃至寄托。实际上,这正如新闻媒体曾经或正在对某些政治人物的"造神"一样,也是把明星的某种价值绝对化、普遍化,例如体育明星对人类体能技能的高度发展所具有的价值,当被绝对化与普遍化之后,反而造成了人们精神皈依的混乱与迷惘。在对各种明星的追逐中,往往有着某种经济的力量在起作用,如利用明星的光彩来推销某种价值体系,并以此来做各种商业广告,就是明显的例子。因为只有使明星具有神圣的价值,才能把这种价值移植到各种商品上,使商品增添了"附加值",这实际上是把商品的某些价值属性神圣化了。这样的神圣化有时也直接加之于商品,使商品对于人的生活的价值被推至神圣的地位。汽车、房子、时装等等,都可在新闻文化中被赋予至高无上的价值。这时神圣文化已经被严重"异化",神圣价值完全被世俗价值所同化。世俗价值伪装代替神圣价值的结果,就使新闻中的神圣文化起到负面的作用。

　　把相对当作绝对,特定当作普遍,在新闻文化中除了以上所说的以外,还有把在时间中业已"过时了"的价值体系当作永恒不变的神圣价值的情况。历代的圣贤经典、文化原典以及各种传统价值观念,都会因为其曾经穿越漫长的时间隧道而显示出经久性,但某种价值体系在时间中的经历久长并不一定意味着其价值体系本身的神圣性。例如中国历史上绵延两千多年的"忠"、"孝"、"节"、"义"观念,有些内容在现代社会中已失却合理性,而新闻文化如果仍把这些古老的价值体系神圣化,就会走入误区。这方面的问题,我们在讨论新闻中的传统文化时已经谈过,这里就不再赘论了。

2. 新闻中的神圣文化强制性地推行某种神圣价值体系,造成与社会历史基础的脱离

这就是说,尽管神圣价值体系本身可能是崇高而圣洁的,但是却缺乏社会基础,不能够应付一定社会历史条件下出现的问题,难以在现实中被实践。而新闻文化若是强制地在现实中推行这样的价值体系,就会走入误区。这时社会神圣价值体系就会沦为虚伪说教,而新闻文化的极力推行弘扬本身也会产生一些虚假的文化产品。

在新闻史上这样的情况常常出现。它的表现是将某种神圣价值体系与人们的社会生活强行结合,忽视了神圣之所以为神圣,正在于超越世俗生活的至高无上性。神圣价值体系可以作为人们精神的终极指向,但是却不可能作为人们生活中的具体行为的僵硬的规范准则。毕竟世俗生活中要应付的现实问题需要依靠世俗生活本身的规则来解决。正如人们需要仰视天宇以追求神圣崇高。但是一味举头望天却可能在大地上失足,作为"天""地"的精华,人需要校正好两者之间的关系。"文革"期间,一些神圣的价值体系被强行植入社会生活的各个方面,失去了特定的社会历史基础,尽管本身有其神圣性,却因无法实践而造成普遍的虚伪和实际上的价值的毁灭。在社会主义处于初级阶段时完全推行共产主义社会的价值规范,其荒谬的结果在"文革"新闻文化中可见一斑。

正如在现实生活中不能用神圣价值体系造成的理性结构来束缚人们的感性欲求,否则会形成虚伪一样,在新闻文化中,根据某种神圣价值体系来强行寻求社会基础与现实印证,也会造成新闻本身的失真。新闻中

的神圣文化常以演绎的方法来表现神圣价值体系,这种方法适当使用可以为某种神圣、崇高的价值体系在现实中发现其生存基础,并更好地弘扬光大;但是如果"主题先行",按照神圣价值体系对事实进行加工剪裁,把事实削足适履地纳入到某种现成的价值体系中,则任何一种价值体系都可在现实中找到印证,若是把这些印证组织起来得出结论,就为神圣价值体系强行植入生活找到了现实依据。因此,新闻文化在这方面走入的误区,不仅是一定历史时期政治、经济、文化等方面走入的误区的反映,而且对新闻文化本身及其对社会的反作用都有着恶劣的影响。以往新闻中常常出现的假典型、假模范,实际上也有相当一部分是新闻记者自己先入为主、"主题先行"地用某种价值体系去"对号入座"的结果。

所以,对于神圣价值体系的实践性要求,对于神圣价值体系与社会基础的关系,必须加以深思。一种崇高的理想,神圣的信仰,应当为一定的社会集团所实践,甚至有相当多的人为之奉献自己的一切。但是却不能脱离历史的规定性与社会条件的制约,要求神圣价值体系成为现实生活的具体指南,对所有社会成员都适用。

3. 新闻中的世俗文化容易走入阻碍人们向上的精神追求的误区

正如丹尼尔・贝尔所说,"现代主义的真正问题是信仰问题"。[①] 世俗文化对于神圣价值体系的冲击,当然具有巨大的进步意义,但是,一切以世俗生活为依据,一切以世俗欲求的满足为旨归,却易造成对于更高的精神境界与理想的忽视。新闻文化的世俗化本身就使新闻媒介成为某种工具,譬如商业工具把新闻变成为消费品;更为重要的是,"新闻眼"所关注与摄取的世界事物只取其世俗化的方面,以迎合人们的各种世俗欲求。这样,就容易导致价值的失落与颠覆,形成对社会的误导,最终使人本身的存在价值被降低。丹尼尔・贝尔所说的"传播媒介的任务就是要为大众提供新的形象,颠覆老的习俗,大肆宣扬畸变和离奇行为,以促使别人群起模仿"[②]的倾向,正是世俗文化畸形发展而造成的。因此,对于神圣

---

① （美）丹尼尔・贝尔:《资本主义文化矛盾・序》,赵一凡等译,三联书店 1989 年版,第 15 页。
② （美）丹尼尔・贝尔:《资本主义文化矛盾》,三联书店 1989 年版,第 36 页。

的亵渎走向极端,就会否认任何崇高、圣洁的价值体系的存在;而对于世俗的执着,则会把功利的目标当成最高的价值规范。

新闻文化覆盖着人们世俗生活的全部领域。新闻中的世俗文化对生活最为主要的关注焦点是人们的世俗欲求,而这些欲求是分布于不同的生活方面的。小至柴米油盐酱醋茶,大至争取政治、经济、文化等领域的地位与成功,新闻文化都予以同等的关注。各种生活画面的展示与生活事件的报道,从根本上来看,都牵涉到对人的各种世俗欲求的态度。

西方学者曾区分了"需要"(needs)和"欲求"(wants)的不同,认为"'需要'是所有人作为同一'物种'的成员所应有的东西。'欲求'则代表着不同个人因趣味和癖性而产生的多种喜好"。[①] 世俗文化更为重视的是"欲求",由于"欲求超过了生理本能,进入心理层次,它因而是无限的要求"。[②] 新闻文化面对的正是多种多样而又无休无止的"欲求"世界。多种多样,意味着"形形色色的欲求之间存在着矛盾,更为重要的是,我们无法调和各种不同的价值观念"。[③] 新闻文化观察与表现的世俗生活领域之间存在的矛盾与冲突,就个别的新闻作品来看往往难以发现,但是如果把反映不同生活领域的新闻作品放置到一起,则不难发现诸如经济发展与安顿生命的家园,个性伸展与灵魂归属,自由与平等等等同样"合理"的价值诉求之间的矛盾与冲突。而要调节这样的冲突,以世俗欲求本身是难以做到的,必须要有超越这些欲求之上的价值体系。无休无止则意味着新闻文化对于世俗欲求的种种观察与表现,又进一步刺激着、提高着人们的欲求。新闻文化关注着日益增长的生活标准和导致生活丰富多彩的各种产品种类,直接的方式是新闻媒介大量接纳各种产品的广告,而隐蔽的方式则是对形形色色的生活方式和消费情况的报道中体现出来的鼓励,使得人们对于生活的各种期待"转化成普遍的'应享'(entitlements)意识"。这种对于物欲的无止境追求,在使人变成欲求的奴隶的同时也变成为新闻媒体的奴隶,而且是不知不觉、心甘情愿、难以自拔的奴隶。由

---

① (美)丹尼尔·贝尔:《资本主义文化矛盾》,赵一凡等译,三联书店1989年版,第22页。
② (美)丹尼尔·贝尔:《资本主义文化矛盾》,三联书店1989年版,第68—69页。
③ (美)丹尼尔·贝尔:《资本主义文化矛盾》,三联书店1989年版,第69页。

于自然资源与社会资源都是有限的,这种欲求的不断膨胀最终会导致对人类整体利益的破坏。因而,同样需要建立超越于其上的价值体系,使人们从功利性的俗欲中解放出来,仰望神圣、崇高的精神境界,使自己的心灵得到升华。

4. 新闻文化应当将神圣文化和世俗文化和谐地结合起来,推进文化的全面发展

综上所述,新闻中的神圣文化与世俗文化之间存在着巨大的差异,具有一定的矛盾与冲突,两者的片面发展都会造成文化上的误区及危机。因此,只有把两种文化有机地结合在一起,才能创造出全面、完整、健康的新闻文化。

人生天地间,在漫长的生命旅程中,既需要仰视天空,又无法拔着自己的头发离开地球,何况琼楼玉宇的神圣天界,还会"高处不胜寒";所以,脚下的世俗大地也得留心俯察。"仰观"与"俯察",信仰与理性,"大我"与"小我",只有结合起来,才能使人们的生存既具有坚实的基础,又有终极的价值指向。正因如此,新闻文化在神圣文化与世俗文化之间,完全可以寻找到一个结合点,为人的生存发展提供可靠的、正确的价值体系。

新闻文化所秉持的价值体系常常是通过对各种事实进行叙述与解释中体现出来的。新闻文化面对的人与事只能是世俗社会之中的,因此运用理性对其进行观察与解释是必需的步骤。也就是说,要把新闻事件放置到具体的社会环境中,用人的现实欲求来观察与理解;针对不同的生活领域,必须也只能按照特定生活领域本身的规律与规则来观照该领域发生的事实。这是新闻文化的根本特征。但是,这并不意味着新闻文化不可以从更高的价值体系上来观察新闻事件。相反,只从世俗生活本身的规则与价值标准出发观照新闻事实,有可能造成目光的短浅与"见解"的浅薄。所以,在世俗文化的基础上建设神圣的价值体系,是新闻文化的一种内在的要求。

无论是整体的人类社会,还是国家、民族及个人的生存与发展,都需要某种至高无上的价值体系的引导与规范。新闻文化表现人的各种世俗欲求的矛盾与冲突,只有从人作为人应当是一个整体的、全面发展的人这

一角度出发,建立一个具有绝对性、普遍性的价值体系,才能够得到解决。而人类社会中各个国家、阶级、集团乃至个人,又都有各自的利益,这样的利益矛盾与冲突,更需要建立超于其上的共同的价值规范与行为准则,从而从人类整体的角度提出至高的、绝对而又普遍的价值体系。如马克思提出的"人的全面发展"的价值理想就具有神圣的意义。这样的价值体系,还可以以社会理想的形式表现出来,如共产主义价值观就是人类社会的一种神圣而崇高的理想。从更为超越的层面上来看,人类在宇宙中的地位、使命与任务,同样必须以价值规范与准则来规定与约束,否则只关注人的世俗利益,扩张人的世俗欲求,就会造成人对宇宙自然的破坏。建立超越于人类中心立场上的神圣价值体系,就是要为人类整体的行为立法,使人类能够有理性地自律地行动。正是在这些不同的层面上,新闻文化通过建立与确定具有绝对性、普遍性的价值体系,来观照与解释人类世界,引导人们正视生存困境、走出生存困境,提示更为高远、永恒的精神追求。世界各国新闻界尽管秉持的价值体系不同,但在宣示某种至高无上的价值体系,发出无条件的"绝对命令"方面,却又有着某种一致性,这正是因为神圣价值体系对于人、人类整体的不可或缺,对于观照世俗人生不可或缺所使然的。

但是,对于神圣文化中压抑人性、否定个性的消极倾向,新闻文化也必须有所警惕。"神性"不能代替"人性"。这就要求"吸收神圣文化的传统的合理成分,同时避免它的落后性"①,把绝对的神圣价值从单一引向多元:认识到"人性是神圣的,大自然也是神圣的;国家的主权神圣不可侵犯,公民的权利也神圣不容践踏;个人的权利固然神圣,个人义务的神圣性也不容忽视;崇高的理想是神圣的,日常工作所履行的平凡职责也蕴含着神圣性。"新闻文化由于涵盖生活领域的广泛性,关注事物的变易性,也更需要拥有多元的神圣价值体系。因此,新闻文化在用世俗人生的正当性和合理性批判丧失社会基础的虚伪的神圣教条的同时,从世俗人生本

---

① 赵敦华:《超越后现代性:神圣文化和世俗文化相结合的一种可能性》,《哲学研究》1994 年第 11 期。

身中来建设新的神圣价值体系。这种神圣价值体系是通过制定出神圣文化的普遍的价值规范与行为准则,阐发蕴含于其中的人与事而体现出来的。各种各样的时代英雄与先进人物,在伟大而又平凡的人生实践中追求着崇高而神圣的价值理想,新闻文化对其中普遍而必然的价值体系的理解与弘扬,本身就构成了神圣的文化形态,引导社会的崇高而神圣的追求。所以说新闻文化把多元的神圣价值标准融入新闻事实以及对事实的叙述、阐释中,使价值观念的神圣性与世俗人生实践的神圣性得到有机的结合与统一。

正由于是从世俗的大地上生发出来,多元的神圣价值的普遍性、必然性也可用世俗的方法来确证。新闻文化以具体的事实来昭示价值体系的同时,又以事实本身的逻辑来论证价值体系。这样的方法,正体现了世俗文化中科学文化与人文文化的结合。新闻把神圣的价值体系放置到事实中来观察分析,检验其普遍性与必然性,实际上是为其寻找到现实的依据与基础。人们说共产主义理想是科学的,正因为是以人类历史的事实来"论证"的。同理,无论是何种神圣性的价值体系,通过科学的检验与论证才会形成坚实的信仰与实践,知识本身就加强与坚定了信仰。所以,新闻文化以具体事实来为神圣价值体系作论证与宣扬,正是在世俗文化的基础上建立神圣文化的实践;而人文的观照又使人性与神圣性之间能够找到恰当的结合点。这样,神圣价值体系在新闻文化中将不再是虚无缥缈的仙山琼阁,而是从坚实的世俗大地上升华出来的远大的目标。于是,前现代的时间的种子在现代的世俗文化中生根发芽,新闻文化在凝缩的时间中,同时性地融聚了时光的精华,把不同的观念完美地组织到"新闻眼"中,在仰视俯察中更好地把握着世界事物的真相。

第九章　新闻中的后现代文化

　　俱往矣,前现代(传统)与现代文化已被时间甩到了"后"面,"后"现代悄然登场。有人说,后现代的"后"字"不仅有时间上的前后,而且有意义上的正反"。① "后"实为"反"也,在此有着对"现代"批评、否定、反对之意。但是,时间上的意义仍然十分重要。"后现代"实际上隐含着"现代"已经"落后"、"过时"的意思,因此才需要提出新的观念与方法来建设新的文化形态而代替现代文化。

　　"后现代"是"现在"正在进行着的,在历史分期上,与"前现代""现代"共同构成了迄今为止的历史。所以,它是现代之后的后现代社会的产物。后现代社会的特征是什么呢? 丹尼尔・贝尔以"前工业社会"、"工业社会"指称传统与现代社会的主要特征,后现代社会则是"后工业化社会"。"后工业化社会"的"首要目标是处理人际关系(game between persons)"②,"社会存在变成了唯一的现实,它不包括自然和物品,主要通过人们的相互意识,而不依赖某种外界现实被人感知。社会日益变成一张意识之网,一种有待实现为社会结构的想象形式……比起以往,既没有自然,又没有技术,靠什么才能把人彼此联系起来呢?"③那就是信息或知识。所以,"后工业化社会"常常又被称之为"信息社会"、"传播媒介社会"。由于不再直接"对付自然"、"对付制作的世界",人与人之间的信息交流、知识传播占据了社会的主要地位,政治、经济、艺术……都加快了信息化进程,"信息爆炸"、"知识爆炸"对人们的观念产生着巨大的冲击。于

---

① 　叶秀山:《没有和尚的时代?》,《读书》1994 年第 2 期。
② 　(美)丹尼尔・贝尔:《资本主义文化矛盾》,赵一凡等译,三联书店 1989 年版,第 198 页。
③ 　(美)丹尼尔・贝尔:《资本主义文化矛盾》,赵一凡等译,三联书店 1989 年版,第 200 页。

是,新闻文化正可以说是后现代文化的一种占核心地位的文化。日益增长、爆炸的信息、知识,正是通过新闻文化这一"信息超级市场"而传播、发售的。

新闻文化本身也经历了信息科技的隆重洗礼。印刷业结束了铅与火的历史而步入光与电的时代,电视、电脑的普及,"信息高速公路"的迅速发展,使新闻文化无论在内容上还是形式上都发生了革命性的变化。这种变化,又作为一种巨大的力量,反作用于社会,使人们之间的信息交流达到无所不包的程度,在信息构成的汪洋大海之中,旧有的观念体系、知识体系不断被解构与重组,人们的精神世界发生着深刻的改变。所以,不妨说,新闻文化在后现代文化中的核心地位,正表现了当代文化本身的"现时性"、"易碎性"及无序性等特征,使"现在"的文化精神发生着巨大的嬗变。

现代文化以宣告"上帝死了"而与"神圣"相揖别。摆脱了外在与内在的神圣枷锁后,人的精神得到了解放,人突然成为自己的主人,主体性得到了高扬,人为自然立法,为自己立法,用科学技术去征服自然、改造自然,取得了前所未有的成就。此时,"人"取代了"上帝",成为世界的中心和主宰。但是,两次世界大战中,日益发达的科技成为人类大屠杀的工具,对大自然的贪婪索取威胁着人类的生存,人的欲望的扩张使人自身变成了欲望的奴隶,"人性"变为"物性",人在征服世界中自身又被创造出来的物质世界所征服。于是,后现代文化惊呼:"人死了!"

这实际上是对人类中心主义的反思。后现代文化发现,用"人"、"工具理性"来取代神圣的价值标准,使现代文化自身又陷入了虚妄与悖谬的境地,人把自己提到万物主宰的中心地位,最终却造成对人的贬抑和人的自我的毁灭。因此,后现代文化对"主体性"、"理性"、"科学"等现代文化的核心观念进行了质疑、批判和否定。同时,提出了一种看世界的新观念与新"看法"。正如"后现代"一词所提示的,后现代文化观念总是在与现代文化相对立、相冲突中显现出来的。"主体性"到了"黄昏","理性"被"粉碎"……关于"人"、关于"世界"、关于"方法",后现代文化都进行了重新审视。一切以往被视为理所当然的观点、学说、预设和前提,都被重新质疑,在蔑视与排拒中遭到否弃。

作为后现代文化的一种主要力量,新闻文化本身也必然反映、负载着后现代文化的特征。由于人类的交往、沟通的日益扩大与深入,以及传播媒介的飞速发展,使新闻文化在现代社会中扮演的角色越来越重要。不断发生发展的"知识的爆炸"是通过信息爆炸与传播的运作才得以实现与表现出来的,知识的传播使知识的本质发生着改变。"只有将知识转化成批量的资讯信息,才能通过各种新的媒体,使知识成为可操作和运用的资料。甚或可以预言:在知识构成体系内部,任何不能转化输送的事物,都将被淘汰。一切研究成果都必然转化成电脑语言,而这又必定会决定并引发出新的研究方向。"[①]不仅知识的传播导致了旧的知识体系的崩溃与剧变,而且由于人们生存的一切领域都被置于新闻媒介的信息化、传播化过程之中,所以"人"本身的"本质"也在"传播"中不停地被解构、分离。"人死了",在某种意义上正是被发达的新闻媒介"谋杀"的。"流言"杀人,在后现代文化的意义上来说,就是迁流不居、意义错杂的传播"语言",使人的精神世界与生活世界都漂流不定、漫无依归,从而"人"失去了自主、自立而趋于分化、瓦解,走向"死亡"。当今的新闻文化虽然是后现代文化的主导力量,体现了后现代文化的特征,但新闻文化本身却兼容并蓄着复杂的内容,传统文化、现代文化与后现代文化"异代同时",并置纷陈,所以,研究新闻文化的后现代特征,又必须从新闻文化本身的观念转换与方法改变来进行观察。也就是说,新闻文化在当今的急剧变革与发展中形成了后现代文化的特征,但这些特征在新闻文化本身的具体体现却需要分析考察。

新闻文化的后现代特征既是由传播媒介不断发展的后工业化社会特征所决定的,有着深刻的社会根源,又与人们精神世界的变化有关。一方面,信息爆炸摧毁了旧有的知识体系,一切都变得短暂易逝,没有什么东西是固定不变和绝对可靠的,过程化、多元化成为信息社会的重要特征;另一方面,人们的精神世界反映着传媒社会的特征,本身又形成了新的观

---

① (法)让-弗良索瓦·利奥塔:《后现代状况》,岛子译,湖南美术出版社 1996 年版,第 35 页。

念与方法,这种观念与方法体现于传播媒介本身,也体现于当今的新闻文化之中。

因此,我们的研究既充分考虑新闻文化本身的形态变化构成的后现代文化特征,又要观察体现于新闻文化中的后现代观念与方法。

一、后现代观念

在后现代社会中,新闻文化的地位与性质都发生了显著的变化。新闻成为人们生活的重要组成部分。不仅"家事国事天下事"要通过新闻媒介传播来获知,而且从衣、食、住、行直到生活中的每一细枝末节都要根据传播媒介提供的信息来决定,甚至"电视购物"、"网络购物"等还把生活的一些部分本身就传播媒介化了。购、销双方都竭力通过信息化的手段来达到自己的目的,而"信息不对称"则成为人们的生活障碍与利益遭损害的根由。新闻文化地位的改变与作用的广泛,引起其性质的改变,"新闻眼"的眼光、视野等相应发生变化。新闻文化的后现代观念既是由新闻文化本身的发展形成的,又反过来成为新闻文化自身的新特点。

1."平面"观念

"所谓'平面',就是看一现象,不是寻找它后面的本质,而是考察它与其他现象的关系,从一物与他物的关系中去定义它的意义。"①对于新闻文化来说,是指观察新闻事件时,通过此一事件与其他事件的关系来呈现其意义与性质。

新闻文化长期担任着主导社会舆论,引导"受众"对现实事物得出某种"真实"而合乎"规律"的看法的任务。对于纷纭杂陈的新闻事实,不仅要理出"头绪",而且还要"透过现象看实质",追寻其"外层"下面的"内层",获得"深入"的认识,无论是前现代还是现代的新闻文化都是如此。随着新闻文化的兴盛,不再是新闻文化在世界之中,而变成了人们生活在信息的海洋之中,似乎世界在信息之中了,新闻文化越来越被信息文化所

---

① 　张法:《谈谈后现代及其与中国文化的关联》,《文艺研究》1997 年第 5 期。

取代。以往用某种"重要性"标准决定新闻选择的新闻观念,实际上总是隐含着某种"深度模式",即认为某一新闻的"深"处有着重要的意义。而人们生活各领域的全面信息化,使现实事物的一切方面都逐渐成为重要的,因而也就无所谓重要不重要了。以往的"深度模式"也就被拆解,而以与人的关系、与其他事物的关系为主了。这种全面信息化的趋势,还使新闻文化重视在"空间"中的"及时"传播,"空间"上越远,越符合人们的要求和新闻文化本身的要求,这就必然造成对时间上纵向延伸的忽视,从而以即时的广远传播消解了时间上的深度挖掘。这样新闻文化倾向于满足人们所有的即"时"的信息需求。天下、国家大事与柴米油盐酱醋茶被放置到了同样的平面上,"全面"地提供给受众。"在一个精神分裂式的信息社会里,分类崩溃了,信息中不断冒出新的'突变种类'。这表明信息网络内已挤满了各式各样的东西,一点空间也不剩了。事物之间相互类似,相互模仿,又被相互分开,完全失去了其原来的意义。"①无论是报纸、广播还是电视,都把生活的各个方面杂然并陈,一个灾难报道后可能是某个地方正在欢庆某个工程完工,政治人物慷慨陈词的同一版面或接着的电视画面上会出现日用品的广告,演艺明星的风流韵事与经典艺术品的发现放置在一起。在这样的情况下,固定的"本质"、"深度"的"基础",再也难以寻觅,而"平面"占据了突出地位。

电脑网络的介入,使新闻文化更为"平面"化。以往的新闻媒介,是"漏斗形"的传播,即新闻人本身掌握了大量的信息,根据自身对于事实"本质"的某种"深刻"认识进行筛选,"把关人"起着重要作用,最终传播给"受众"的是"精选"后的新闻。而信息"网"的建立,使得传统的"授"、"受"关系发生了改变,每个人都只是网上的一个"节"或"结"点,并且这些"结"、"节"本身还是流动的、任意的,所以,人们处于相同的"平面"上,平等地交流新闻信息。如果说"漏斗"是有深度,有某个最高的最后的话,那么,"网络"则是平面的,由相互的关系联结而成的。以往的"漏斗"性新闻

---

① S. H. 莫道夫语,转引自王治河:《扑朔迷离的游戏》,社会科学文献出版社 1993 年版,第 19页。

传播中"授"、"受"者不在一个"平面"上，而在"网"上"受"者本身可以游走、驻足于任意的"网"点，"授"、"受"界限逐渐模糊。

新闻媒介对于事件的报道形式也发生了变化。电视中的各种访谈、讨论，报纸上的热点话题，广播里的谈心节目，都是把各种"看法"与"观点""平起平坐"地展示出来，对同一事实的不同"见解"同时并存于传播媒介，使事实呈现出多方面、多层面的性质与意义。由此，事实又被牵引向更为广阔的事实关系之中，各种事实之间的交叉、分解、错置与混杂，把事实中可能出现的"本质"、"深度"的解释消弭于对于事实关系的考察之中。因此，"权威"的、定于一尊的观察与理解事实的"看法"就被拒绝，这意味着"拒绝从后面去寻找固定的本质，从而拒绝任何深奥莫测的神秘意义，拒绝故作高大的神化行为"，对神圣文化观念与现代的科学与人文主义文化观念都进行了抵抗与摧毁。

这种"平面"观念"内化"到新闻文化本身之中，就形成了"新闻眼"观察事物的新特点。由于不再致力于追求"现象"之下的"本质"，对事实作纵深的观察，新闻文化就变以往的因果性思维中对终极原因的寻求为对事实的感觉的"实在性"的描述，即观察的重点是现实的可知可感的平常现象，以及此一现象与其他现象的关系。传播文化的"数据库"日益成为新闻文化的特征，任何事物都可以在一系列的关系中、坐标系中被标定与描述，注视的重点是事物本身而不再是事物下面、内部的"本质"。因此，对于世界事物的认识与理解，也就反对过去的那种以某种理论为终极取向的观照与解释，变为用各种可以运用的知识话语来"解读"。这就给形而上学的思维方式和"绝对真理的幻想"以沉重的打击。"让我们学会了对'代圣人立言'的做法保持警觉"，使各种理论与看法都能够获得发言权，从而对事物的认识能够在一种开放的、变化的心态中进行。这时，新闻记者并不扮演某种终极权威的角色，而是以一种开放的态度对待可能出现和已经出现的各种对事实的描述与解释，让这些描述与解释同时并存。这也就是从多个方面、用多种方式对事物问"为什么"，而不满足于单一的解答，这样，观念中的片面性和单一性就能得到克服。

这样的"平面"观念必然造成对事物"等级"秩序的看法的消解。正如新闻中不同事物都被置于相同的"平面"上来呈现,新闻文化在观照事物时,也不再坚持于将事物还原为某种最为"本质"的东西,而充分重视事物的复杂性、多重性、多样性。那种层层深入,最终把事物的发生发展归结到"根源"、"本质"的做法,实际上造成了对事实当时当地的复杂形态的忽视,而认为"外层"的种种现象都不能与"内层"或神秘、或简单的"本质"相比,越是"基础"、"本质"、"核心"的就越高级。新闻文化的"平面"观念,将所谓的"内层"也作为事物与之相联系的一种"线索"来考察,认为不同的"线索"、"网络"共同组成的"平面"才能更好地呈现事物的面貌。如此,新闻对事实的观察就更加重视其丰富多彩的特征,而消解了对事实认知的传统价值秩序。

2. 对话观念

"对话"是相对"独白"而言的。针对前现代、现代文化对主客关系的划分中,"主"掩盖或否定"客"的情况,后现代文化倡导建立两极之间平等的相互交流、沟通的"对话"关系,使不同的事物之间互为主体。在新闻文化中,则意味着新闻工作者把对象放置到与自己平等的位置上,尊重其看法与意见,与其进行平等的交流。

新闻文化在人生活中分量的加重,甚至成为生活的重要部分这一事实,并非表明其位置被升高,从某种意义上说,正如生产过剩就会造成贬值一样,"旧时王谢堂前燕,飞入寻常百姓家",其结果是新闻文化整体上由对人们生活的"发现"、"指导"及"调节",变成与日常生活的其他内容平等的一部分。因此,新闻文化本身就成为与人们的一种"对话"伙伴关系。于是,在新闻媒介中,各种"对话"节目增多了,"受众"不再是单纯的"受众",而是也可成为"授众",一部分"受众"与别的"受众"之间,"受众"与新闻媒体之间的"对话"实实在在地在进行着。社会生活又是多方面、多层面的,各种各样的生活内容都并存于新闻媒介之中,它们之间的界限渐被模糊,"我中有你,你中有我",政治与经济,社会与文化,等等,本身就撕扯不开,相关互联,因此,新闻文化在报道各类事物时,又要让不同的生活领域之间相互对话,让不同的知识体系之间相互对话。所谓"信息爆炸"、"知识爆炸",在很大程度上正是"对话"中的双方以至多方在碰撞、冲突与对接、沟通中产生的；知识体系的离散与重组，错置与杂糅，信息的纷陈与交汇，正是由"对话"中"爆炸"出来的。

特别值得重视的是，近十多年来，世界信息技术呈现出"高速度、多媒体、网络化"的特点。高传输速度和处理速度使动态画面的传输成为现实，这就有了所谓声光组合的"多媒体"技术，它将多样化的信息媒体——声音、图像、文字等有机地集成在一起进行传输、处理并给予综合的表现。这对新闻文化来说，绝不是无足轻重的事情。新闻通过多媒体的信息高速公路的传输，真正实现了每个人都可成为新闻的发送者与接受者，人与新闻文化的关系发生着根本性的变革。不仅一个人可以通过多媒体电脑与新闻发送者进行真正的"对话"：只要敲击键盘，就可以通向无数个其他文本、图像和声音的连接环节，任意选择"对话"的"对方"、"对手"；而且人们在多媒体电脑上可以主动地参与、改变、控制节目的内容和发展，对新闻本身进行再调查、再编辑、再叙述。也就是说，人与其接收到的新闻信息本身就可以"对话"。所谓"国际互联网络"，正重在一个"互"字包含的"交互性"上，交互的"对话"不仅成为多媒体电脑的特征，而且也成为人们的后现代观念的一个特征。人们通过多媒体高速信息网络，可以进行自领导决策、军事模拟、交通、旅游、商业购销、办公处理直至日常生活的细枝末节的一切活动，并且电脑设计、数据处理又使"人—机"对话可以不断进入新的层次。凡此种种，都使"网络化生存"在信息世界的人与世界事物的关系发生着转变。"对话"观念也进入人与世界的关系之中。

新闻文化中的对话观念，首先表现在新闻与世界事物的关系上双方的交互作用。新闻既是事实的反映，本身又构成了事实发展的一部分，使事实发生着变化，在这个过程之中，是以新闻为"主"来改变事实，还是以事实为主来制作新闻呢？以往的新闻观念，或以指导性、主宰性的方式来把事实促成向某种方向上发展，或是置身于事实之外让事实的发展为新闻提供素材，都是使新闻与其涉及的世界之间形成一种不平等的关系。而新闻文化的对话观念，则要求新闻记者尊重事实中所涉及的人与事的自身的逻辑，同时也不放弃自己的立场与态度，通过与事实的"对话"，形成不同"看法"的碰撞与融通，从而既使事实本身受到新闻的影响而发生着改变,同时新闻又充分尊重事实的特性,不强加自己的观点、看法于事实之中。这样,事实对新闻是敞开的,其中的意义与价值可由新闻来阐发、描述;新闻对事实也是开放的,各种不同的看法与观点可以经由新闻得到充分的表露。

这种对话观念,实际上是要求新闻记者对于自身的优长与局限都有所认识,把要加以表现的对象视为一种与自己有着同等价值与权利的平等主体。新闻记者只是作为"对话"的一方,与"对方"进行交流与碰撞,承认与自己不同的观点同样具有价值。这样,新闻记者既需要坚持自己的立场、观点,进入对事实的独到的观察与理解,又需要重视别人所具有的独特性,重视别人观点、立场的价值。新闻采访中的"对话"之所以会变成或以记者或以对方为主的"访谈",往往就是因为新闻记者或过分迷恋于自我的看法,或是过分地以对方为主而放弃自我。而真正的"对话",则是双方处于同一个高度上所进行的碰撞与交流。这种碰撞与交流又不仅限于采访时的"对话"之中,更重要的是最终落实于新闻作品中,作品不能变成记者或对方的"独白",即以一方的观点贯彻始终,成为"主旋律";而是要在作品本身中也把"对话"体现出来,使作品中多个声音并存,别人的声音与记者的声音构成"复调",从而把"对话"真正体现出来。

另一方面,新闻的对话观念还表现在与"受众"的"对话"中。这就是说,既不可迎合"受众"而放弃自我,也不可单纯地试图引导、指导"受众",在新闻作品中留下与"受众"充分"对话"的空间。在多媒体电脑网络中,将要或已经达成这样的"对话"。但对于所有的新闻媒体来说,都要改变传统的"授"、"受"观念,以一种平等的态度对待"受众",对可能出现"对话"、出现不同意见的事实,不妄下断语,以自己的意见定于一尊,而是充分与"受众"讨论,显露不同的"可能性"。当今诸多新闻媒体纷纷出现就某些"热点"、"焦点"现象组织"对话"的节目,正反映了与"受众"对话的观念。

总之,无论是从传者、渠道、受众,还是从新闻作品本身,都引入了"对话"观念和机制,这就使新闻文化呈现出更加复杂、开放、灵活的特点,传统的新闻学及传播学的一些理论都应通过对"对话"观念的引入与实践而重新思考新闻理论。

3．多元观念

即倡导一种多视角看世界，"怎么都行"的观念，认为任何一种视角，任何一种思维方式都是有限的，都仅仅是认识世界的一种方式，所得到的也仅仅是对世界某一方面片断的认识。每种视角所看到的世界事物又具有同样的真实性和有效性。因此，从不同的角度、观点来观察世界有助于人们更全面、更深刻地把握世界事物。多元观念实际上就是对事物的多样性和认识的多样性的一种体认。

新闻文化对于事实的报道本身就有"多音齐鸣"的特征，不同的媒体对于同一事实的报道在侧重面、解释方式等方面都会有着不同，形成一种多元的看法。久而久之，人们就会认识到，不同的看法之间尽管存在着冲突、龃龉，但却也可互相补充、整合，相互之间并非一定是一是一非的关系，而有可能各有其道理。这种"多音齐鸣"在新闻竞争中又促使着每一个媒体对不同看法兼收并蓄，从而在一个媒体中对同一事件也倾向于提供多种的而非单一的看法。这样的观念内化在新闻工作者的"新闻眼"中，就要求从一个事件的不同角度、侧面来对事件提供多元的看法。

后现代社会传播媒介的充分发展，又使信息在媒介中不断繁衍增殖，新闻文化中所承荷的各种各样的知识信息对传统的知识分类提出了巨大的挑战。知识体系的分化与重组速度加快，导致了整个知识大厦的支离破碎，很难设想再有什么人能够具有"百科全书式"的渊博知识，也就没有人能够对一个事件的所有方面从整体上下一个终极的结论。相反，由于各种知识体系都易破易碎，这就要求人们能够洞察每个事实的不同侧面，运用各种不同的知识系统来观照一个事实的特征。新闻文化之所以采取一种更加开放的态度，常常通过各个门类的专家来共同研讨一些较为重要的事件与现象，正是由于人们不再能够对所有的知识具有一种"总体的把握"。另一方面，各种不同的知识体系之间尽管可以交叉、重叠、合并，但是又总是具有"不可通约"的关系，即一种知识体系不可能完全被化约为另一种，因而，从一种知识体系的立场出发去观照事实，又总是能够得出不同的看法。例如从经济学与伦理学的眼光来看待同一种现象，就会得出不同的结论，而这些结论又各具其合理性。因此，后现代社会中知识的迅速增加与信息的迅速膨胀，也要求着以一种多元的观念，对事物进行多种知识立场上的观照。

因此新闻文化的多元观念，就表现为运用多种知识体系、理论框架去观照同一事实，就事实的不同侧面得出多元的看法。实际上，这样的多元观念对传统的关于事实整体的总体认知观念造成了冲击。以往的前现代或现代文化中，新闻作品总是要求对于特定事件得出一个整体的结论，从某个特定的"重要"方面进行叙述，从而能够使人对事件产生一种总的看法。多元观念则认为新闻作品对于任何事件，只能从特定的时、空角度，从特殊的认识角度来进行考察，这种考察，不存在一个可以把其他角度包容于其中、整合到其中的整体角度或宏观角度；如果有这样的角度的话，那么它本身也不过是一个特殊角度而已，并不能居于优越的、统治的地位。因此，新闻作品也不再追求某种中心的叙述与阐释，而是通过对一个事实中所涉及的知识领域的交叉、边缘地带的考察，给出某种多元的看法。例如在分析中国足球的困境时，有的文章就将其与中国国情、政治体制等相关领域的交叉问题提出分析，使特定事实在多元的视境中得到更为多重的观照。

如果说神圣文化、现代世俗文化在认知事物时都存在着某种追求终极性解释、最为"主"要的观照世界事物的角度的话，那么，多元观念则反对以一种视角、立场来压制、排斥其他视角、立场的做法。因为强求单一、"主"要，实际上就是把其他的视角、立场当作异端、"次"要，容易造成"以偏概全"、"一刀切"式的武断。多元观念认为"条条道路通罗马"，每种视角、立场都有其不可替代、不可忽视的价值与真理性，因而在对事实的观察与阐释中应当给予同等的重视和表述。随着新闻文化的日益网络化，个人与个人、个人与媒体之间的交流日益广泛、快捷，对于事实的观察本身也突破了以新闻媒介观察为"主"引导"受众"观察的模式，而是网络上的每个人都可能把自己的观察传播开去，每个人不仅成为新闻事实的提供者与评论者，还可以成为新闻事实的参与者。如此，传统的新闻观念必然被改变，不仅应当承认别人对事实的观察、掌握往往是新闻媒体所无法统揽的,而且每个人都从特定的知识立场与理论方法着眼进行透视,同样是新闻媒体所无法超越与统一的。所以,新闻文化的多元观念,又蕴含着对不同人的观察与阐释权利的尊重。也就是说,真理是开放的,每个人都有权进入其中,通过新闻媒介来表达自己的"意见",对于标榜的"唯一正确解释",则反而持一种怀疑的态度。

因此,多元观念又要求新闻人对于以媒介为主导,占据了某种优越的阐释、过滤事实的地位而形成的权威观念进行反思,对来自新闻媒介之外的声音,对"他者"的观点,给予充分的尊重和平等的地位。在此基础上,反思自己的立场,防止自己的"成见",还需要不断地变换立场,突破单一的视角。新闻文化要展现世界事物的丰富性,无论在总体观念上,还是在对事物的观照考察中,都需要采取一种灵活机动的、随机应变的多元立场,以表现多姿多彩的客观世界和神秘莫测的主观世界。

二、后现代方法

后现代文化"反对方法",提倡"怎么都行","无法之法,乃为至法"。但是"反对方法"本身也需要方法,"怎么都行"实质上让各种方法都有一试身手的同等机会。所以,后现代文化在"反对方法"时又发展了自己的方法,在"无法之法"中确立了"至法"。新闻文化作为后现代文化的一种主导力量,其发展形态本身就体现了后现代文化的方法特征。后现代文化的其他种类往往是从新闻文化的"信息爆炸"中迸发方法论灵感,进行各自领域中的文化创造与文化生产的。因此,新闻文化所造成的符号与信息的饱和,既改变着人们的社会生活方式,又构成着后现代文化的主要特征。在此情况下,对新闻文化在当今的发展,就有必要从后现代文化的角度,来观察由于新闻观念的嬗变而造成的新的方法特征。

1．"小叙事"

"小叙事"乃是相对于"大叙事"而言的。指的是叙述事实时只从事情本身所显示出来的"小道理"出发来确定事实的意义,在事实本身的触及层面与范围内组织叙事。而"大叙事"则是把新闻事实置于一种广阔、深邃的背景中,联系某种"大道理"加以认识和叙述。

"大叙事"与"小叙事"的区别是法国哲学家利奥塔提出的。利奥塔认为叙事本身是无法说清自己的叙述活动的,它必须到再高一层的话语层面上去寻找自己的合理性。也就是说,任何叙事之中,都隐含着某种理论,甚至可以说,"理论"就是"叙事"。因为任何叙事行为,都是通过对事实的选择与组织而形成的,这种选择、组织是由内在的某些理论原则与价值观念所支配的,因此,在口头叙事到图文叙事的演进中,人类知识得到公认的部分被筛选留传,文化成果得以积累,而隐含着的理论本身也通过叙事的形式得到了强调与证明。所谓"大叙事",指的是从人类历史的宏观整体角度所进行的关于自由解放和追求真理的"两大合法性神话"。这里,我们用"大道理"下所进行的叙事来指代,则是指叙事中所依凭的理论是宏观、整体的"巨型理论"。利奥塔提出"小叙事",主要是为了说明由于社会背景的变迁,以往那种历史上的伟大"推动者"和伟大的"主题"已经过时,日常的生活占据着重要的地位。人们不再相信政治和历史的"权威话语",因此"小叙事"应运而生,各种知识话语都可为叙事提供基础,"凡人""小事"占据了叙事的舞台。

"大叙事"曾在新闻文化中统领无限风光。无论是启蒙、解放的理论,还是其他的理论,都规定着对事实的整体观照与叙述。极端形态如"文革"期间新闻文体中在"国际—国内—具体单位……"的"形势"之下进行事实叙述的模式,"脚跟站田头,心向红太阳"式地把任何事实都与宏大政治背景、理念联系起来。这种立足于某种"高度"、某个"整体"宏观地观察、认识事物的方法,用得适当时可以较为深入地切中事实的性质与意义,提高人们对新闻事实意义的认识;但若作为一种固定的叙事模式加以滥用,则容易脱离现实事物的真实形态,造成随意"拔高"、刻意"求深"的弊端。后现代社会中知识的爆炸与信息的密集,使得用某些单一理论"宏观"地叙述各类事实日益困难。知识体系本身的繁复与琐细,社会生活领域的信息化过程,都使新闻文化不得不越来越倾向于"小叙事"。从我国改革开放后,新闻媒体中的"晚报"、"周末"类报刊,"文艺台"、"交通台"、"经济台"、"音乐台"等电台的分化,各种电视有线台、专业台的繁盛,也可以看出，脱离某种无所不包、无所不在的"大叙事"，从空洞而宏大的理论中抽出身来，讲述老百姓自己的故事，满足人们多方面的信息需求，已成为新闻文化发展的一个重要趋势。

其实，新闻文化关注的是特殊事实之真，在每一个事实中，都发现其与其他事实的相异之处。但以往的"大叙事"，则是在不相同的事实背后发现"大"的方面的相同，从而使对事实的叙述陷入某些雷同的模式。"小叙事"更关注的是事实之间的不同，认为这些不同本身就需要由不同的"小道理"来解释，而不是把"不同"归于"共同"的"大道理"。知识体系的增殖正好不断地生产与制造出叙述各种事实的各种特定的"小道理"。这样，A_1、A_2、A_3就不再以"A"为共同的叙事基础，而是以其本身，如 A_1 之所以为 A_1 的"小道理"为基础来叙述。也就是说，把事实限制于其本身的范围内进行叙述。这样，事实就在其固有的范围内确定意义，并不要刻意寻求某种"大"的意义加以支撑，或因没有"大"意义而予以鄙弃。这种"小叙事"，使人们的认知不再受某种理念或背景的约束，而获得某种程度的解放，能够"回到事情本身"，扩大了认知事物的深度和广度。例如在报道农业生产的某个事实时，不再需要把它与国际、国内形势相联系，也不一定要与某些政策、方针相联系，而可以就事论事，对于事实本身所触及的东西进行叙述与解释。也就是不再把每一件事都放置在一个"大"的整体中去叙述，而只就事情本身所属的局部来观察与呈现。因为把一切事实都作为某个整体的有机部分来叙述的话，就容易忽略事实自身的独特个性和潜在的可能性。"小叙事"通过把事实从整体中孤立、分离出来，就突出了事实的独特性与个别性，这种对事实的特殊性与不可替代性的强调与表现，正体现了后现代文化"小叙事"方法的作用。

新闻文化在中国古代最初的形式亦为"小叙事"。"小说"的最初意义即是"小道"、"小理论"，换言之，"小说"即是"小道理"，同时又是以"叙事"的方式来讲"小道理"。所以，"小说"的概念实际等于后现代主义理论家把叙事与理论等同的"小叙事"。但"小说"又是"街谈巷语，道听途说者之所造也"，所以中国古代的"小说"最初又带有新闻文化的基因。大量的野史笔记、杂录传说，都是对当时流传的新闻事件"事纪其实"的产物。只是到了"作意好奇"的虚构小说出现后,"小说"才与"新闻"分家。新闻文化的后现代形态中,"小叙事"又重新复归,正反映了一些宏大的理论形态主宰一切叙事的前现代、现代方法的沦落。不过,此时的"小叙事"所对应的后现代社会及后现代观念,更主要的是以信息爆炸、知识合理性解体为特征,导致了"小叙事"成为新闻文化的主要组成部分。

2. 种类混杂

新闻文化的后现代形态的另一特征是自由地、无拘无束地运用各种文化形式来表现事物,打破以往的文化种类的界限,将各种文化种类混杂使用。

新闻文化涵盖了人类文化的所有领域,各种文化形态在新闻中都混杂地出现。但是,以往的新闻媒介中,无论是何种类型的文化,到了新闻中却必须改造成新闻文化的特有形态,用新闻的形态来表现,也就是多种形态被改造成了一种形态。随着新闻文化的发展,各种文化种类的普及,新闻文化在表现各种文化种类时,越来越需要呈现其原本的形态。特别是多媒体技术的发展,使各种文化种类直接地呈现成为可能,新闻中所涉及的文化形态往往被原封不动地加以展现,新闻本身的采访、制作过程也要同时被呈现出来,这就使新闻文化本身需要借助于其他的方法,诸凡理论分析、实证考察、摄影技艺、文学手法等,各种文化种类的方法于是都被吸取到新闻文化的形式与方法之中,可以自由无拘地加以运用。

如果说电视及多媒体技术的发展本身即把一些文化种类混杂了起来的话,那么各种媒介都在寻求某种途径,通过混杂多种文化种类来使新闻事实得到更为充分、丰富的展现。例如在报刊中借用科学调查的方法对一些事件进行量化的研究,又采取理论分析的方法来作质的把握;在体育报道中运用武侠小说的笔法与术语以提高阅读快感,在文艺报道中运用文艺评论的方法来适当地确定报道的权威,等等。无论是古是今,是中是西,只要能够用得上,并能产生特殊效果的,都毫无顾忌地混合使用。这使新闻文化的某些特征被消解,而逐渐与人的多方面的无限制的文化需求相适应,使多种文化种类既混杂又融合地从新闻文化中提供出来。因此在对一个事件的报道中,人们可以听到多种文化的声音,观察到缤纷错杂的文化色彩,各种文化形式、体裁的混杂拼合本身就成为了一种形式上的创造,代替了以往从新闻文化本身的形式上进行的独立探索与创造。

《南方周末》1997年的《年末特刊》中,即以多种形式对1997年进行了回顾,其内容、形式都是拼盘杂烩式的。这里仅举"年度风云人物"的"总按"为例,该文题为"犹太人的蝴蝶与华人的蝴蝶",诗意盎然犹似散文诗的标题。文中写道:

> 乔治·索罗斯,一位犹太人,一位沉湎于金融业并玩转金融业的"剑客",他代表着犹太人的脾性。
>
> 董建华,一位华人,一位由商而政的"政客",他遵循着华人世界的习气。
>
> 据说蚕蛹破茧便成蝴蝶,董建华便是那破茧之蝶,不管是"优秀"还是"中庸",都已是胜利者。
>
> 据说大西洋左岸的一只蝴蝶的翅膀的振动可能会在大西洋右岸形成一场风暴,索罗斯便是太平洋右岸的一只蝴蝶,不管是"善"是"恶",但风暴已经席卷太平洋左岸。
>
> 我们在这里选择这两只"蝴蝶"来作为年度的风云人物,我们并不想来摆明什么态度,我们只想陈述一种力度:在1997年,是什么样的力量引导着日益一体化的世界。
>
> 无论怎样,无可非议的是,董建华、索罗斯,都是"1997概念"下两只最飞扬的"股票"。

作者以诗意的语言,运用多种文学修辞手法来描述董建华、索罗斯这两只"蝴蝶",似乎是文学手法占上风。但是,对于新闻人物背后的新闻事件的关注与评述,却正是由此而突出的,所以仍具有新闻述评的样式。述评之中"剑客"、"政客"的称谓,似赞实讽,似讽实赞,又均具反讽的力量。而一句"在1997年,是什么样的力量引导着日益一体化的世界",则又引入理性的沉思,融入了经济、政治的分析;用"股票"作为结语,以金融话语来把握时事人物,又颇具嬉皮、雅皮风格。总之,不必细按,即可看出,短短的一篇述评,蕴藏着多种文化类型的内容,混杂着丰富多彩的"看法"与"想法",而又出之以幽默、优美、从容的文笔,使人得到一种复杂而又丰富的审美感受。至于同一版面上配以"乔治·索罗斯"的人物介绍,以"索罗斯的哲学"、"所有汇率制度都有缺陷"、"爱发议论的索罗斯"、"索罗斯的自白"为小标题,实际上是对从多种文化角度解析索罗斯其人的各种报道的综合,从中亦可见出其混杂的文化分析与表现方法;"董建华"的人物介绍下配以"董建华立场"、"董建华档案",也是运用了不同的文化种类来展现人物。

"报纸杂志化"也好,"电视报刊化"也罢,新闻媒体总是在设法突破自己的文化限制,向着多种文化种类混杂拼合的方向发展。一方面,这是后现代社会知识爆炸中,新的话语不断涌现,交叉重叠地出现的结果,任何单一的话语体系都无法对事物进行全面的描述;另一方面,多媒体电脑技术的发展,使得各种文化类型的知识话语都被输入了电脑信息库,信息的繁衍增殖与膨胀又促使新闻媒介最大限度地把各种知识信息综合起来,形成一种强大的"合力",占据信息传播的优势地位。所以,这种文化种类的混杂拼合又与新闻文化中的某种消费性、商品性趋势有着重要的关系。

3. 复制

复制指的是企图把现实以完全相同的模样再现出来的方法。新闻文化在叙述新闻事实时,往往要突出某些方面,舍弃一些东西,然后把事实组织起来,讲述成具有某种意义的事情。但是,随着科技的发展,新闻文化越来越追求把新闻事实按照其本来的样子原封不动地复制出来。例如摄影术的逐渐完善,使新闻文化中关于人及事物的形象的复制成为可能,人自身观察与表现的重要性大为降低——一幅照片,不仅胜过千言万语的描述,而且再高明的绘画技术也无法比拟。而摄像、录音及多媒体声像传输技术的发达,又使一些事实的过程可以被复制。这时,突出什么、舍弃什么已变得不那么重要了,后现代新闻文化的重要方法就是降低新闻活动的主体在新闻中的作用,只要在技术上布置好高新科技产品,对一些事件的复制甚至根本上不需要有新闻记者出现。因此,我们不仅可以看到"现场直播"的各类体育比赛、文艺演出、重要庆典、重大活动等,而且一些突发的偶然事件也可以被"现场直播"出来。随着高科技的发展，电脑模拟、全息成像、自然仿生、基因工程等针对现实进行真假难辨的"逼真模拟"或"科学再现"，渗透到新闻文化中，造成对于现实的复制欲望与复制能力的进一步增强提高。只要通过电脑终端，人们已可以接收到世界上许多地方发生的事实的逼真的"复制"图景，宛如置身于现实的场景之中。

对于复制的追求，在新闻文化中首先表现为对于技术的重视。由于在高科技中一切本来应由人来完成的程序业已为机器所替代，正如摄影技术的发达免除了人们的调焦距、光圈以及冲洗等问题，而使业余爱好者也能万无一失地得到理想的图像一样，新闻媒介科技含量的增多也越来越降低人的作用，而使技术上升到重要的位置。这些技术都是工业实验室的成果，与新闻工作者本身倒没有多大的关系，所以，新闻文化对于现实的复制，在某种意义上，可以看作是科技生产在新闻文化领域中的延伸，成为工业生产的一个部分。与此同时新闻工作者的经验、文化素养之类，或被压缩到了技术之中，或在科技生产之中被销蚀。所以，对于技术的重视，在新闻文化中实际上并不表现为新闻工作者本身的技术化，而是表现在对于媒介本身高度技术化的重视与运用上。

复制现实事件，还要求对于有关此一事件的信息的全部再现，即所谓"全息"地再现现实。"全息"意味着取舍观念的失效，是把事实的全部情况完全地呈现出来。尽管高技术手段竭力靠近这一目标，但在新闻文化中"全息"地再现各种事件还存在着许多困难。为了克服这一复制现实的困难，新闻文化往往采取了多层面、多侧面地观照事物的方法，上文中所说的形态混杂实际上也是一种，而在事实发生发展的全过程中，进行"全息"的跟踪与扫描也经常可见。

现代文化中以"机械复制"为特征，后现代文化则以"数码复制"把一切都化为数码来复制。无论是哪种情况，新闻文化复制的现实事件本身又在被不断地复制与传播。这就造成了新闻文化复制方法的另一特征，即多重的复制与传播中，各种信息图像、仿真场景本身又造成了一种现实，这种现实既是实在的，甚至是正在发生着的，但在多重的复制传播过程中却具有了某种虚拟的性质。新闻文化中对于复制的迷恋，往往会把现实的图景、"录像"当作新闻的"本源",只要是具体可感的现实图像,就容易获得再复制与再传播,以及多极传播的机会。不仅各个区域的电视图像可以互相复制传播,而且不同国家之间也可通过电视及多媒体电脑网络不断传播。因此,复制方法在新闻文化中的地位与作用都日益显得重要。

三、后现代的困惑

后现代文化属正在进行时态。有人说,19世纪是铁路的时代,20世纪是高速公路的时代,21世纪将是网络的时代。信息国际互联网络正贪婪地伸展扩张,全世界都将被这张无边无际的网一"网"打尽,网络时代实际上已经到来。信息传播方式和速度的变化,带来人类生活质的变化。新闻文化借助于信息化的大潮,必将进一步产生深刻的改变。当此网络化浪潮汹涌,信息爆炸空前急剧之际,新闻文化本身逐渐后现代化已无可逆转。但是,如果随波逐流而失去自我,新闻文化就会迷失沉沦;若是逆流而动固守原样,则新闻文化会遭大浪淘沙。所以,对于新闻文化的后现代趋势,就要重视这一重要的问题:新闻文化是消极地后现代化,还是积极地"化"后现代? 这需要对后现代新闻文化的利弊得失进行理性的沉思才能回答。分析了后现代新闻文化的肯定性方面后,以下我们不妨审视一下后现代的困惑。

1. 深度的消解

后现代新闻文化的平面化思维取向可以造成对深度的消解,容易导致价值秩序的崩溃与人性的平庸卑琐。

在后现代社会,新闻文化面临着社会生活全方位信息化冲击,因此更注重信息密集化的追求,也就让无论什么样的信息统统登上同一个"台面",平等地展现给受众。这样,新闻价值的重要性标准就为需要性标准所取代,只要是人们需要的,都可纳入新闻文化的视野,放置在相同的"平面"上提供出来。毕竟不同的人需要不同,所以在不同的需要之间不加轩轻,犹如超级市场的货架,新闻的信息超级市场也是将信息一字儿排开,供人们自由地选择与消费。新闻的中心自然被消解,卑微的与宏大的事物在新闻的价值秩序上处于同等的地位。

　　既然把一切价值都等量齐观,必然造成价值的虚无化。后现代新闻文化倾向于以一切知识话语"解读"现实事物,既是知识爆炸、信息爆炸的结果,其本身又促进着知识的爆炸。爆炸的结果是碎片。各种知识都变成了可以任意组合拼装的碎片,"输入"到新闻媒介之中,无限制地任意传播,使得知识体系本身的价值秩序也被打破。哲学不再是文化的核心部分,高高在上地位于金字塔的尖端,而成为与其他知识部门并列的一个门类。"精英文化"衰败,关于人性的终极理想被人的"平面化"、"感性化"、"日常化"所取代,事事物物之间的差异取决于它们之间的关系,而不再是追问其"内在"的"本质"联系。对于一切事物都不再"深究",而只需呈现其"现象",使得新闻文化对于人们既至关重要,成为日常生活的"必需品",又变得无关紧要,不能触及人性深度和生活世界表象之下的东西,人们在密集的信息之流中反而会遗忘生活之中真正严峻的东西,以及自己"安身立命"、寻找灵魂家园的迫切性。因此,在后现代新闻文化以后现代媒体为主宰力量而造成的价值混乱和迷失中,大众看到的似乎很多,而真正的"看法"却很少;大众的视野似乎很宽阔,但什么都看见往往等于一无所见,所以"盲点"反而更增多,"目光"变得短浅了。

　　信息高速公路的建立,使得新闻文化在信息的密度与速度上更为增强。高速的传播,更容易加大新闻文化平面化的趋势。因为面对各种新闻事件,新闻媒介在很大程度上更加强调作出最快的报道,而不是什么最佳的报道。这在以往的新闻文化中虽然也存在,但却并非主流。而后现代社会对信息高速传输的要求,使得这一倾向日益突出,最快的报道也就很难是最具有深度的报道,于是只能疯狂地追逐报道的广度。在多媒体电脑不断更新换代,努力增加速度的同时,新闻文化的平面化趋势也将进一步扩展,对于世界、人生的深度方面的忽视也会造成更加不良的后果。如西方社会中由于知识与信息的急剧膨胀而造成的普遍的精神分裂现象,就是一个突出的例证。

　　因此,在后现代新闻文化中如何重建价值秩序,确立新的中心,对世界、人生提供具有"深度"的"看法",是后现代新闻文化面临的重要课题。

　　2. 丰富的单调,逼真的虚假

　　后现代新闻文化"怎么都行"的方法论取向,会形成以"形态混杂"代替独立创造,以"复制"代替"发现",导致新闻文化呈现出丰富的单调,逼真的虚假。

　　美国科学哲学家保罗·费耶阿本德提出的"怎么都行"的"认识论的无政府主义",成为后现代文化的一个重要的"反对方法"的方法论取向。新闻文化处于知识爆炸的中心地段,在运用多种文化的方法对于同一事件进行不同的观照与表现上,都有一大堆现成的知识话语可以交杂使用,只要能把事情表述得全面,信息量又密集,那么,运用各种文化种类来拼贴事情的图像就成为新闻的常用之道。由于知识体系的不断增殖与分化组合的加快,对于事物的描述也更加异彩纷呈,各种文化种类都纷纷登台说法。这样,看起来新闻文化丰富了表现方法,可是,正如老子所云:"五色令人目盲,五音令人耳聋,五味使人口爽。"在目迷混杂形态的文化"五色"中,人们却反而会看不清任何东西。这是因为新闻文化中作为新闻主体的"自己"消遁了,混杂的形态中缺少新闻主体自己的独立思考和创造,"主见"被湮没在嘈杂的喧嚣声中,自然会令受众难以看清事实的真正面目。特别是滥用种类混杂方法,往往会造成新闻作品中话语表面的丰富下呈现出另一种单调,那就是新闻工作者自己的创造力失却后必然出现的清一色的拼盘杂烩,反倒不如各个种类的单项突进交织在一起形成的丰富局面;而且,还会造成新闻文化中各种事物之间界限的模糊,例如艺术手法的运用能够使电视中的战争、灾难场面都成为可观赏性的,这也使事实的真相反而被遮蔽了。

　　新闻文化不断追求"复制"现实的原貌,必然要求着进一步"全息化"的技术手段,而技术手段的进步却又使人的作用不断降低。"新闻眼"被技术化、"物化"了,"复制"现实事件与各种现成信息如果占据新闻文化的主要地位,那么"发现"现实的方法就会失效,正如相机、电脑等各种电器装备在高科技的发展中越来越"傻瓜"化,人们在应用全新技术的同时往往被降低了脑力与心力,"自动化"造成了人的"自不动化",新闻对于各种事实的"复制"固然可以"逼真",但却无法逼近事实的"真相",即阐述事实的意义。所以,造成"逼真"的"虚假"。而运用技术"复制"现实的"怎么都行",如果在技术中人不能超越出来,那么也就会变成"怎么都不行"——无法运用技术来对世界作出独到的发现与表现。

3. 否定确定性、客观性

后现代新闻文化多元的方法取向,容易导致对事物的确定性、客观性的否定,造成相对主义与虚无主义。

多元的方法对事物的多方面的情况与意义进行观照与阐释,使新闻文化突破了单一的视角与单一的表述。但是,过于重视对事实中的"信息量"的获取,使得多元方法在后现代社会新闻文化中的运用日益广泛。对于公众人物,有人关注其成就,有人关注其私生活,有人关注其人格特征,如此等等,于是在后现代新闻文化中往往采取"多元"化的表现,使得同一人、同一事,在不同的视角与眼光中呈现出不同的侧面与意义。如果能够以某种统一的、单一的角度把这些观察结合起来,形成较为确定的认识,那么多元的方法就能够起到丰富对人与事多样性认识的效果。但是,如果过分强调多元的视角与方法,也会造成对新闻事实产生扑朔迷离、莫衷一是的看法,每种看法都正确,各种看法又无法统一、整合,就会导致对事物的确定性、客观性的否定,导致相对主义与虚无主义。在新闻媒介中,各种"对话"、"实话实说",针对一些社会现象让公众发表自己的看法,固然有助于在交流、碰撞中达成某种共识,形成更进一步的新的看法。但是,如果刻意追求"多音齐鸣",承认每种"说法"都正确,结果只能是各种"说法"都不正确。因此,对于这种平等"对话"、"众声喧哗",新闻文化既要以开放的心态来接纳,又要从差异中寻找统一,在喧哗中定出某种主调。

多媒体电脑信息网络的发展,使得每个人都拥有了在某个同一"台面"上"发言"的机会。如果新闻文化对此不加以适当的控制与反思,那么,多元的视角、多元的方法反而会消解了新闻文化本身。"皮之不存,毛将焉附",新闻文化如果不能在后现代的"现实"中有所"超越",对后现代传媒中人与人如何进行新形式的沟通与对话有所探索,就会迷失于信息之网中,后现代新闻文化的多元方法本身也无从谈起。

综上所述,后现代新闻文化对于前现代、现代新闻文化在许多方面都进行了革新性的批判与超越,但同时拒斥神圣、躲避崇高、消解主体,又造成了新的误区。走出误区,需要把神圣文化、世俗文化与后现代文化三者的"眼界"进行融合,着眼于"现在",目光前瞻后顾,仰观俯察,重建合理的价值秩序,既有终极的理想,又有现实的践履,形成开放多元而又统一协调的新闻文化的新观念、新方法。

第十章　新闻文化国际关系

"乾坤万里眼,时序百年心"。大诗人杜甫居江村一隅,放眼"乾坤",关心"时序",表现了一种阔大深远的时间观念与空间观念。"万里眼"、"百年心",互文双意,"时"与"空"、"眼"与"心"兼摄。时至今日,卫星上天,光缆入地,电脑联网,通过新闻媒介,人们真正具有了观照乾坤万里乃至以光年计数的宇宙空间之"眼",至于"观古今于须臾"则更不在话下。时光的凝聚,使得新闻文化更为急切地紧抓"现时",从而产生了更为强烈的空间观念。

空间观念与时间观念一样,是人们日常运用的必不可少的"大观念"。对于一切事物,人们不仅要从时间上去掌握,而且还要在空间上确定其位置。时间、空间总是紧密而难以分割地结合在一起的。对于时间,人们常用空间来衡定,如日常所说的时间之"前"、"后";而对于空间,人们又常以时间来测量,如日常用"还有 10 分钟的路程",天文学上用"光年"来表示空间距离,等等。在新闻文化中,时间观念与空间观念的关系更其紧密,通常所说的新闻的"时效性",就是要求克服空间的阻隔而迅速地传递新闻信息。从往日的邮递、电报、电话,到今日的国际互联网络、卫星通讯,都是为了迅速地征服空间以缩短时间。因此,空间观念在新闻文化中与时间观念密切相关,具有十分重要的地位。

著名的加拿大传播学家马歇尔·麦克卢汉曾提出,由于有了广播、电视和通讯卫星等现代大众传播工具,在世界范围内,信息交流瞬息即至,使地球变成了"地球村",人类逐步实现了信息资源共享。其实,所谓"地球村",不过是形象地把传播媒介对空间的征服表现了出来:地球的空间缩小了,世界变小了,从而使人们的空间观念本身也发生了变化。以往认为遥不可及、"远在天边"的处所只要轻按遥控器或电脑的鼠标,便可"近在眼前"。人在地球上的位置,乃至人在宇宙中的地位都需要重新进行审视。人们日常所说的"地位"、"高低"、"上下"等词语所包含的空间观念,正说明了空间的占有与征服对人的精神世界、人与世界的关系影响巨大。因此,新闻文化的空间观念,实际上是人的空间观念的一种特殊体现。以往新闻理论所强调的"贴近性",在指称空间时,正表现了新闻文化的空间观念是建立于人们的生存观念中的空间观念之上的。只不过,以"贴近性"来解释新闻的空间现象并不十分贴切,因为新闻文化有志于征服更为广大的空间,让人们拥有"乾坤万里眼"。何况,对人们来说,世界观与空间观密切相关,拥有一个什么样的空间也意味着生存于一个怎样的世界。每个人都竭力在现实中或哪怕只在心灵上拥有一个更博大深沉的世界,所以,很多时候,越是远的,反而越是近的,新闻文化的空间观念也就与人们的整个世界观都密切相关。人们在空间上的努力延伸与探索,正是为了使远者变近,大者变小,从而拥有广远的世界。

空间观念是人所具有的观念,对空间的占有和掌握与人类的文化密切相关。文化即"人化"。空间分布的不同,使人类形成了不同的种族、民族和国家,而对于空间环境的适应与征服,又形成了具有地域色彩的各具特色的人类文化。新闻文化在将地球变为"地球村"的过程中,实际上也就是使文化在空间中获得传播的过程。由于"地球村"实际上存在着不同的民族与国家,划分为不同的地域空间,各个民族都有着自己的成熟的文化形态,即意识形态、人种特征和社会制度等的总和,故实际上世界上还具有多元的文化空间;这些空间的分布又呈现出地缘的、族缘的等等关系,从而使新闻文化在覆盖"地球村"时,要穿越不同的文化空间,面对复杂的社会关系。并且,新闻文化本身并非超越于不同的文化空间之上,而只能是属于某种文化空间,所以,全球一体化的新闻文化还只能是一种幻觉,新闻文化自身的空间属性与所持的空间观念必须在与其他文化的干涉与交流、冲突与交融中经受考验。新闻文化对空间的超越本身就是文化交往的过程。

具有什么样的空间观念对于新闻文化来说绝不是无足轻重的。正如以往的"地心说"把人类放置于宇宙的中心,使空间观代表了人类一段时期的世界观一样,假如以自身所属的文化空间作为世界的"中心",也同样会在新闻文化中产生强烈影响。中国古代哲人仰观俯察,倡导俯仰无愧于心,西方哲人震惊战栗于宇宙空间的无限,都表现了空间观念在文化观念中的重要地位。对于空间的观照方式,如西方人的"在一个近立方形的框里幻出一个锥形的透视空间,由近至远,层层推出,以至于目极难穷的远天,令人心往不返,驰情入幻"①,而中国人则与西方人追寻空间的深度与无穷不同,更重视俯仰往还,远近取与的散点透视;对于空间的文化意蕴,也因不同的文化而具有不同的观念,如中国人的"天下"观,西方人的"天地神人"观等。新闻文化立足于什么样的空间观"点"? 目光如何投射运动? "眼界"如何? 都关系到新闻文化本身的质态与形态。新闻文化从空间上可以作很多方式的划分,进行不同层面的研究,限于篇幅,我们只从新闻文化大的空间方面,即从"地球村"着眼,探讨人类空间统一化和整体化的现实中新闻文化的国际关系,考察国与国之间的新闻文化空间交往。

一、国际交往观念

从不同的"立场"、"观点"、"视角"来观察世界事物,得到的结果必不相同。新闻文化中空间观念的不同,也会导致对于新闻事实的选择、叙述与评价的不同。作为一种交往文化,新闻文化冲击着空间的阻隔,使世界变小,人与人、国与国之间的距离缩短,造成国家之间的相互观察与相互打量不断增多,世界上任何一个角落发生的新闻事件都会迅速地为"地球村"中的人看到。国与国之间"你"看着"我","我"看着"你","新闻眼"的眼光是任何壁垒都无法完全阻挡的。但是,"我"看着"你"的时候,"你"就变成了一个"客体",在"我"的"眼光"下被观察;对"你"的"看法",就不能不带着"我"的"成见"乃至"偏见",这是"我"与"你"所处空间不同、文化背

①　宗白华:《艺境》,北京大学出版社 1987 年版,第 108 页、第 214 页及以下。

景不同所必然导致的。"你"看"我"也同样如此。双方互相观察、打量、"眼光"相接,或相视一笑,莫逆于心;或怒目相向,互不相容;或漠然相视,目光游移,都带着不同文化相互作用的痕迹。无论结果如何,双方以至多方都无法保持闭目塞听的状况,仍然要继续关注。这是人作为类的存在所必然具有的对所有人的关注,也是人对自身世界及外在世界存有的无穷的探索欲望的表现。新闻文化正是这样一种探索的欲望与能力,以及人类交往的欲求的产物,所以,新闻文化必然要求在国际之间进行空间交往。

其实,各民族、国家之间的文化交往早以各种形式进行。一旦发现另外的文化空间存在,人们就难以自禁地要去窥视、见识与探求。但是,只有人类文化本身的不断发展,对于空间阻隔的征服力量不断增强,才使民族间的交往、国家间的交往不断扩大。而新闻作为一种特殊的文化形式,更把人们看世界的能力和不同国家之间人们交换"看法"的能力进一步增强。新闻文化征服空间的能力实际上既是人类科技发展能力的标志,又是以一种特殊的方式使人类文化本身的空间特性得以显现,形成文化交往的新形式。新闻文化的国际交往,与政治、经济、军事等领域的交往相比,虽然是近乎软性的、无形的,但是由于不同国家因历史、语言、传统等方面的不同而形成的对于事物看法的不同,在新闻文化交往中不同的观念仍然造成着不同文化之间的碰撞、干涉与融合,形成某种不见刀光剑影的战争,不见灯红酒绿的亲和。

新闻文化作为一种现时文化,不同文化通过新闻文化而进行的空间交往更多地是以一种共时性的方式表现出来的。新闻文化所开辟的公共空间使得在时间的发展上具有巨大"时差"的各个国家"共在一片蓝天下",空间的共时性使各个国家的不同文化被强制进入了交往区域,从而使不同文化之间的差异突出地显现出来。各种文化对于空间的扩张与争夺在新闻文化中表现出不同的文化交往观念。因此,新闻文化的国际交往观念正与空间的观念密切相关。这里不拟对不同空间对于文化的作用及造成的文化形态作具体分析,只从空间交往的角度来考察交往观念本身。

1. 沟通观念

即从不同的文化之间寻求共同的基础,由对新闻事实的叙述与评价形成不同文化之间的互相阐释,使不同国家之间对于新闻事实的认识达到某种一致。

所谓"沟通",本是指存在着鸿沟的两种事物之间在"沟"的底部却是相"通"的。文化作为"人化",尽管由于空间分布的不同而存在着不同文化之间的差异,但在根本上却是可以相互沟通的。新闻文化之所以能够超越空间,覆盖"地球村",也正是因为人类的文化具有共通性、普遍性。唯其如此,不同国家、民族间的文化才有可能进行交流,世界上不同国家的人才有可能关注同一个新闻事件。人类文化的共通性、普遍性是新闻文化作为交往文化建立世界性的公共空间的必要条件。

不同文化之间的共通性基于人作为类的存在的共通性上。人们尽管生活于不同的地理空间中,并因此而形成了不同的文化,但在各种不同的地理空间中都可以发现人的生存的共通性。这种共通性表现于新闻文化之中,就是对于一些事实具有共同的认识欲求和兴趣,诸凡战争、灾祸、人类的进步、自然的变化等,都是世界各国媒体关注的事实领域。时至今日,世界各国媒体同时聚焦于某些新闻事实已成较为普遍的现象。大至对宇宙空间的开发、转基因技术的发展,小至体育比赛、明星人物,都会引起新闻媒介的共同兴趣。特别是随着新闻媒介本身的发展,新闻信息资源的全球共享更使一些新闻事件成为整个人类世界共同关注的对象。尽管各国之间由于新闻媒介科技水平的不同而无法同等地占有新闻文化的公共空间,但不能否认,一些占有新闻媒介科技优势的国家所报道、关注的事实本身确实也是其他许多国家共同关注的问题。而这种关注,正是基于人类文化的共通性,基于人作为类存在的共同性。

沟通观念主要是从"求同"的眼光出发去观照新闻文化交往中不同文化之间的碰撞,对于新闻事实的共同兴趣是一个基础,而对事实的认定则是重要的环节。各个国家的新闻媒介都会由于种种原因而无法直接去观察、反映其他国家发生的某些新闻事件,但这并不意味着对于其他国家发生的事件就无法报道。几乎每一个国家关于其他国家发生的事实的报道,都或多或少要借助于国外新闻媒介的报道,如我国中央电视台的"新闻联播"中的国际新闻,有相当的部分都是借助国外的新闻媒介的报道来叙述事实的。这就说明,对于构成新闻事实的主要因素,对于新闻事实的主要的观察方法以及叙述方式,各个国家的新闻媒体都有某些共同认识。有人把其归结为"客观",但无论是什么"观",都是由不同的人"观"看出来的,因此,"客观"本身,就表现了各个国家的新闻媒体,尽管所处空间环境不同,文化背景不同,对新闻事实的观察却具有共同的特点,并且形成了某种共同遵循的规则。这正是不同文化之间虽有鸿沟,但却又有着的共同的新闻文化的"沟底"。所以,在观察新闻事实时,突出什么,忽略什么,以及对事实发生发展的因果关系等方面的共同认识,都是新闻文化国际交往中沟通时所必须面对的。在这些问题上的一致,是交往得以实现的主要基础。当不同国家对于相同的新闻事件的事实方面都有着一些共同的认定时,对于所发生的新闻事件才能够交流看法;同样,当不同国家对于彼此进行新闻报道观察、掌握事实的方法以及报道的事实有某种共识与一定的信任时,新闻媒介才可能借助别人的眼睛来观察世界。推而广之,任何人都不可能耳听四面,眼观八方,"目力"不可及的地方只能借助于新闻文化才能迅速"看"到。这只能依靠对别人"眼睛"的信任。国与国之间之所以要有新闻文化的交往,也正是因为如此。

不同国家之间由于政治体制、经济利益、意识形态等方面的差异,对于共同认定的事实会产生不同的评价。在新闻文化中更会及时地反映出来。但是,在对一些重要事实的评价上,不同的文化之间仍可达到一些沟通。例如对于人类在智力、体力诸方面取得的超越前人的成就,对于种族屠杀、自然灾祸,对于经济形势、政治风暴,等等,尽管可能在枝节上会有所分歧,但是任何文化都会从人类的立场上达到某种认同。否则,就很难理解世界各国的新闻媒体为何会共同关注于一些创巨痛深的灾祸,并给出大致相同的评价;也很难理解,无论是哪个国家的人,只要在征服自然、征服人自身的潜能方面作出了贡献,都会引起各国新闻媒体的肯定性评价。由于不同文化之间存在的共通性,国际新闻文化交往中,无论是在对新闻事实的共同兴趣、事实主要环节的认定上,还是在对新闻事实的评价上，都表现出一些共同的特点。所以，在新闻文化的国际交往中，就要求重视人类的共性，重视从人类整体的角度来观察、叙述与评价新闻事件，促进新闻文化交往的顺利进行。

2. 冲突观念

新闻文化要争夺文化空间，不同国家的不同文化之间由于文化的差异产生了分歧与冲突，表现为文化扩张与文化保护之间的斗争。新闻文化国际交往中的冲突观念，就是面对不同文化之间的差异，努力以新闻传播的方式，向世界推行某种文化价值体系，与其他的文化价值体系之间进行对抗与斗争，争取更大的文化空间，从而表现为每一种文化都要争夺对于事实描述与解释的合理性、合法性的占有权。

世界上有着许多不同的文化价值体系，不同的文化价值体系导致了人们用不同的眼光来观察与解释世界上发生的事情。在新闻文化中，尽管不同国家的新闻媒体面对的是相同的新闻事实，但观察的重点和对事实的理解却会有很大的差异。这种差异表现到新闻文化中，传播在文化空间中就会产生激烈的冲突。1993年美国哈佛大学著名教授塞缪尔·亨廷顿在美国的国际战略杂志《外交季刊》夏季号发表了《文明的冲突》一文，提出了引起广泛争议的观点。他认为，随着冷战的结束，国际舞台上的冲突将不再以意识形态为界限展开，或者源自经济因素，而主要以不同的文明之间的斗争的形式展开，主宰全球的将是"文明的冲突"。亨廷顿把"文明"定义为"文化的实体"，在行文中常把文明与文化混用。实际上他所说的正是指不同文化之间的交往与传播中发生的冲突，只不过亨廷顿把文化间的冲突说成是必然产生的严重敌对与新的战争却言之过甚。这里，我们不拟讨论亨廷顿的观点本身，但亨廷顿提出的不同文化的冲突的情况，在新闻文化国际交往中确实存在。因此，各个国家在新闻文化的发展中，对于文化间的冲突都有不同的战略、战术考虑。当然，这种冲突并不一定就表现为剑拔弩张、枪林弹雨，但是，却往往因此而更具有潜移默化的威胁力量与重要影响。

只要翻开现代战争史，就可以看到新闻媒介本身如何成为战争的一个重要组成部分。对战争双方的正义与非正义，对战争中各种人与事的报道与评价,各国媒体都是从不同的文化立场出发,运用不同的文化系统来进行对抗性的"战斗"。新闻文化在争夺战争期间的文化空间方面,打下了一场不见硝烟的战争。有人预测,随着社会发展过程中信息化进程的加快,未来的战争本身也将变为信息战。果如是,则新闻在未来战争中的地位将更为重要。战争是人类社会中力量对抗的最激烈、最极端的形式,新闻文化与战争的关系浓缩了和平时期不同国家之间、不同力量与利益集团之间在事物"看法"上的分歧与冲突。而实际上,由于文化的差异,这些分歧与冲突在新闻文化中始终都是存在着的,只不过冲突的形式与规模有所不同而已。

因此,有人提出了"软权力"的理论。它是与"硬权力"相对立的概念。"硬权力"指一定国家和社会的军事力量、自然资源和其他有形物质的力量。近代以来,"硬权力"历来是国家实力最重要的组成部分。而在当今的国际关系中,"软权力"日益显得重要,文化的力量成为国与国之竞争的重要因素。[①] 新闻文化既包含了"硬权力"的因素,与一个国家的经济力量、科技水平等密切相关,占领文化空间需要坚强有力的"硬权力"作后盾,才能使新闻媒介具备传播与扩张的优势;同时,新闻文化又是一种"软权力",是一种文化本身的观念体系的体现。所以,新闻文化对于文化空间的争夺,既是"软权力"的较量,又是"硬权力"的斗争。这里我们主要关注的是,由于文化观念的差异造成的对事物看法的不同,在新闻文化国际关系中形成的冲突,也就是"软权力"之间的较量。

文化间的较量主要表现为通过传播的方式扩展一种文化的范围,使这种文化占领更为广远的空间,而与别的文化之间发生碰撞与交锋。战争状态中的新闻文化冲突与大战是一种极端的形式;而现代新闻媒介科技水平的发展,使文化扩张与文化保护之间的冲突日益加剧,这时,一种文化本身的力量强弱,质量高低,在新闻文化中反映出来,就成为新闻文化冲突的重要因素。新闻文化国际交往中的冲突观念,实际上就是基于对文化间差异性的意识,而加强自身的文化力量,与别国之间争夺文化空

---

① 王沪宁:《文化扩张与文化主权:对主权观念的挑战》,《复旦学报》1994 年第 3 期。

间的观念。这就要求在对新闻事实的选择、观察、叙述与评价诸环节中，都体现出自身的文化价值体系，以自己文化的独特的声音"发言"，争取广泛的"受众"，从而扩展到广阔的空间；与此同时，也要对别的文化体系关于新闻事件的报道作出自己的观察与分析，提出自己的看法，揭露对方的谬误与乖讹，从而引入对其文化价值体系本身的怀疑与批判。

这样的文化冲突在新闻媒介中时常发生，到处可见。在事实的认定上，出于不同的文化观念，对于一种文化重视的某类事实，在别一种文化中则可能视若无睹。在事实的评价上，同样的事实，出于不同的文化价值体系，有可能得出大相径庭或泾渭分明的评价。凡此种种，体现在新闻文化中，就形成各国新闻媒介之间某种无形的冲突：每一国家都希求将自己的文化观念通过新闻文化扩展到更广泛的空间中，争取得到更多的承认与接受，而别的国家同样要保护与扩张自己的文化，所以文化力量在新闻媒介之中的较量关键取决于新闻文化本身的质量与能量。如果一个国家的新闻文化是有吸引力的，就意味着其文化价值体系本身的合理性与价值得到了认同，就会占据广阔的空间。所以，提高一个国家新闻文化的国际竞争力，是新闻文化建设的一个重要课题，也是新闻文化交往冲突观念的必然要求。

3. 共处观念

沟通观念在不同的文化之间求同，冲突观念则看到了相异文化的不可避免的交锋。但是正如不同的国家无法一体化一样，不同的文化也无法完全通约；不同的国家无法通过战争或其他手段完全消灭对方，只要国家存在，不同的文化之间经过冲突也无法强行将自己的文化完全加之于他人。而新闻文化本身又是向着空间开放的，建立的是一种公共空间，不同国家的文化都应当可以通过这个公共空间发出自己的声音。"多种声音，一个世界"，保持全球文化的多样性，形成多种文化"和平共处"的和谐秩序，是新闻文化国际交往中共处观念的重要问题。

各个国家由于空间分布的不同而历史地形成丰富多彩的文化，各有其独特的价值与特点，共同为人类文化的发展作出了贡献。新闻文化的目光穿越国界也穿越在不同的文化之间，形成一种"跨国化"或"全球化"

的视野。但是,"新闻眼"本身又是属于某个特定的国家、特定的文化的。因此,试图以新闻文化"全球通",变为"全球文化",实质是一种文化上的霸权主义。当"新闻眼"观照别的国家的文化时,如何尊重、承认别种文化的价值与特点,乃是新闻文化实行共处观念的重要问题。长期以来,世界各国的新闻媒体对于异域风情、独特文化都抱有着强烈的兴趣,在观察与报道别国独具特色的文化现象时都充满了好奇与欣赏之情。虽然不可能也不必要移入与照搬别国的文化体系,但是国与国之间的相互关注,相互欣赏、承认,却使新闻文化因包容了各种不同的文化而异彩纷呈。所以,新闻文化的共处观念首先是在认可人类文化在不同空间分布中形成的各具个性、特殊性的创造上,具有不可替代、无可否认的价值。只有保持与承认不同民族文化的个性与特殊性,人类文化才会更加丰富多彩。

新闻文化以观察、叙述与评论现实事件为主要内容。在承认文化冲突有可能产生的前提下,还应看到,对于同一事实的不同"看法",实际上是丰富了对事实的观察与理解。在不能够"求同"的情况下,"存异"不失为一个好的选择。随着新闻媒体的科技程度的提高,任何国家都难以做到完全的闭关锁国,别国的新闻文化总是要进入空间领域,因而,如何在保护、发展自身的文化价值体系,坚持文化独特性的同时,采取一种开放的态度来对待、接纳别国的新闻文化,形成立体的、多元的文化格局,是每个国家的新闻媒体都应关注的问题。新闻文化共处的观念,实际上就是对不同的文化事件,保持一种开放的态度,不用二元对立的"是/非"、"正/误"、"敌/我"……的思维方式来观察世界,而是在世界事物中看到多种可能性,承认文化多样存在的合理性。

文化间的差异最终体现为人的思维方式与行为方式的差异,在做"事"时表现出来。新闻文化在关注各个国家发生的形形色色的事件时,不可避免地要触及到对别种文化的观察与理解。一个文化体系不仅表现为民族的生活方式,表现为待人接物的习惯和风俗,表现为语言表达方式、情感表达方式等方面的独特个性,而且更重要的是在一个民族的深层心理中铭刻的关于世界事物的各种观念。观念性质决定其思维与行为方式。新闻文化在观察人们是"如何"做和"为何"做的时候,就要对支配其思维与行为的文化本身作出有意无意的观察与评价。在这里,应当看到,不能以文化的独特性为借口而损害人类共同的价值理想,但人们行为的独特性与文化的独特性往往是应当互相宽容、互相尊重、互相理解的。利用自身的某种强势,设置某种"世界中心",如"西方中心论",则往往造成对别国文化传统、文化特性的歧视,由此观察与描述别国事务及各种新闻事件,也必然带有偏见。

因此,在新闻媒介所造成的"地球村"上,新闻文化不应选择什么"村长"来领导"村民",而是要在一种开放的、立体的公共空间中,让各种文化体系平等地发出自己的声音。通过相互承认、尊重和包容,形成文化上的丰富性,反对单调的统一性,从而为人类文化提供更多的可能性。

二、同化·顺化·排拒

文化之"化"本有动词意义,表示着在时空尤其是空间上以"文"来"化"及远处的意思。新闻文化正是如此,在全球性的公共空间中相互交接碰撞,你来我往,形成国际间的交往关系。对于每一个国家来说,都既要向外传播新闻,又要从外面接收新闻,有"出"有"入",有"交"有"往"。因此,每一国家的新闻文化都要与其他国家相互容纳、相互碰撞、相互扩张也相互合作。为此,世界上许多国家都制定了国际文化活动的战略与文化关系政策,在新闻文化中有较为突出的表现,成为新闻文化国际交往中的方法准则。这里,我们所要讨论的是新闻文化国际交往中的一些基本方法。

1. 同化方法

一种特定的文化体系,影响着人们对于事物的认识,形成人们思维中内在的认知结构框架,表现为特殊的"文化—心理"结构,影响着人们的认识观念。不同文化背景的人对世界事物的"看法"各有不同,它不仅决定了人们看到什么,而且还决定了人们的观察方式。换句话说,人们观看世界事物是由一定历史文化条件下形成的观念结构决定的。所以,"新闻眼"在观看新闻事件时,必然与特定的文化所构成的视觉系统有关。新闻文化的国际交往,就表现为一方发出的新闻文化信息,能否为另一方所接受。当一个国家传播的新闻文化信息,能够吻合于另一国家的文化认知结构,在不改变文化认知结构的情况下就能被吸收,这样的过程就叫作"同化"。而同化的方法,就表现为主体根据自己的文化认知结构去主动地选择符合自身需要,适应自身文化观念的文化信息。每个国家的新闻媒体,都需要从别的国家的新闻媒介中选取新闻,这种主动的选择,表现为"我向"的思想,即根据自身的需要和理解来吸收与复述外来的新闻。

因此,并不是所有的国际新闻都能引起每一国家新闻媒体的重视。只有那些适应了特定国家需要,符合其文化认知结构的新闻信息才会引起选择的兴趣。选择的过程本身,就把输入自己的文化空间的新闻文化信息进行了过滤和改变。另一方面,正如不同国家的新闻常常因语言不同而需要翻译一样,从一种文化背景出发观察与叙述的新闻,到了异质文化之中,也要经历重新叙述与理解,因此对于原有的新闻总要或多或少地加以改造。因此表现在不同的文化体系,接收别国的新闻文化时,既要排除其异己性的成分,又要改变原来的新闻的观察、叙述与评价方式,进行文化"翻译"后再进入其文化体系。特定的文化形成的认知结构在选择、改造、吸收外来的新闻文化信息时,始终起着决定性的作用。因而,对于外来的新闻文化信息的吸收过程,就是一个以"己见"来改造、接纳"他见"的过程,既表现了一种文化体系特有的"理智与情感",也往往会显示出其"傲慢与偏见"。

别国新闻媒体的眼睛总是能够看到一些自己看不到的东西,这些东西是经由别样的文化认知结构所形成的关注焦点与观察方式来观照的,因此尽管为我所需,对于特定国家来说构成了适宜刺激,引起了反应和注意,但是仍要经过选择与改造才能进入固有的文化认知结构。所以,新闻文化交往中的同化方法,实际上是特定主体不改变自身的文化认知结构,用自己的文化体系中特有的概念范畴、价值系统来对输入的新闻文化信息进行过滤和改造。国际文化交往中,双方或多方都是以这样的方式来接收遍布于新闻文化公共空间中的新闻文化信息,努力保持自身文化的特性和地位不受外来文化的改变。不仅在发达国家与发展中国家之间的新闻文化交往中,处于新闻文化信息爆炸中的发展中国家需要用自身的文化体系来同化外来的信息狂潮;而且在发达国家之间,如法国早就做出决定,要"保护法语",防止美国文化对法语的侵袭。我国也规定官方新闻媒体不得用英语简称,比如新闻媒体正式语言是"美国职业篮球联赛",简称"美职篮",而不是过去的"NBA"。无独有偶,为了净化俄语,俄罗斯国家杜马2014年正拟订有关法律条文规定,官方用语中不准带有外来词。这些都是对于自己民族文化的一种保卫。新闻媒体之间应当用自身的文化体系去吸纳外来的新闻文化,防止随波逐流,迷失"自我"。当今,国际互联网络的建立,对于许多国家来说,都面临着一个如何用同化的方法来吸纳信息,保持文化的多样性的严峻课题。

以上是从一个国家对于别的国家新闻文化信息的接受角度来看新闻文化国际交往中的同化方法的。事实上,每一个国家在新闻文化及其他类型的文化上,都努力向世界输出、弘扬自己的独特的优秀文化,把优秀的新闻文化传播向更广阔的公共空间。在这样的过程中,也常常要从对方着眼,根据对方的文化认知结构,来传播适宜对方接受的新闻文化信息。正如一些商品进入国外市场时,其广告要根据特定国家独特的"文化—心理"结构,和长期形成的风俗民情来宣传自己的产品,许多重要的新闻报道,不仅要翻译为"外语",而且还要根据"输入国"特定的文化"语言"来进行"翻译",使之能够顺利地被对方以同化的方式接纳。所以,在新闻文化国际交往中,无论是传者还是受者,都要运用同化的方法传播与接收新闻文化信息。

2. 顺化方法

任何一种文化,都不可能永远处于封闭保守的状态中,否则就会变得陈旧落后,缺乏发展的动力与活力。因此,不同文化之间的相互作用与相互开放,对于广泛吸取人类的文化和智慧有着重要的作用。新闻文化作为一种交往文化,本身就具有较大的开放性,因此在传播与接纳文化信息的过程中,就需要吸取其他文化的精华来丰富、提高自己原有的文化,改造原有的文化认知结构。当外部事物不能与人的认知结构中原有的任何概念直接配合与匹配时,主体必须对自身的认知结构进行内部调节、补充乃至改组,这一过程即为顺化或调适。① 在新闻文化国际交往中,一种文化体系在接收别的文化体系观察与叙述新闻时,如果原有的文化认知结构无法同化输入的信息,而传来的新闻信息又具有重要的意义,这时,就要通过对自身的文化认知结构进行调节与改造来接收外来的新闻文化信息。也就是说,要采取顺化的方法参与国际新闻文化交往。

这是因为任何民族的文化创造,都能够成为人类共同的财富。从贝多芬的音乐、唐诗宋词、莎士比亚戏剧,直到体育运动项目、服饰饮食,等等,人类文化中都有共同分享的内容,优秀的文化总是能够打破狭隘的空间限制,而进入到人类的公共空间之中。各个国家的文化也正是由于不断扩充眼界,放出眼光,不断地改变原有的文化认知结构,才能够获得生生不已的新的活力。新闻文化对于外部世界的关注,主要是深入到不同国家的生活风俗、文化习惯、社会制度、精神世界等方面之中,关注着相异文化体系当下迫切的问题和现象,并及时地进行传播,这时,各个民族文化体系中优秀的成分就会或多或少,或潜移默化或汹涌澎湃地注入一定文化体系的认知结构之中,促使各个国家对于自身文化体系的反思与改造。如果只有同化而没有顺化,则一种文化尽管输入很多的外来信息刺激,只不过是加固了原有的体系;而大胆地实行"拿来主义",利用外来的信息刺激冲击原有文化体系的僵化陈旧的方面,调节与改变原有的体系结构,就会使一种文化不断获得新生的力量。正是在这方面,新闻文化对于不同的分隔的文化空间的打破,使人们能够睁开眼睛看世界,真正确立自身的位置,调节自身的"文化—心理"结构,起到了促进人类文化交往的独特作用。

例如中国文化与西方文化曾长期在互相隔离、缺乏交流的状态下各自发展,以致中国文化中长期缺乏科学精神,而西方对中国文化中许多独特的创造也很少了解。一旦双方相互接触,对彼此的文化就由好奇、了解而产生吸引或排斥。中国文化在现代以来对西方民主与科学文化的吸

① "同化"、"顺化"系瑞士心理学家皮亚杰提出的认知心理学概念。这里从文化心理学的角度进行了适当的改造与引申。

取,以及西方对中国文化中一些优秀传统的重视,都使双方扩大了文化认知的眼界,丰富了各自的文化体系。中国现代新闻史则进一步证明了中国文化是如何不断地调整认知结构,吸纳外来的丰富的新闻信息资源,在五光十色、风风雨雨的刺激之中,使中国文化向着更加广博高远的境界发展的。所以,顺化的方法对于自身体系结构的调节、补充与改组,实质是为了更好地适应不断变化、日益丰富的世界。因此,新闻文化在将变化世界的各种情况源源不绝地输入世界各国时,就可以促进各种文化体系的改造与发展;新闻文化在提供国外"新奇"事物的同时,又总是有意无意地展示出"新奇"的文化,在承认与尊重别国文化的过程中,就产生出一种立足于吸纳、融合、互补的开放心态,使新闻文化在国际交往中产生出更多的文化成果。大到文化价值观念的改变,如对于生存意义与个人价值的实现,别国新闻媒介中宣扬的一些文化英雄对于其他国家人们目标的设定会产生重要影响;小到生活方式、百姓日用,这些构成文化的基本要素也会因顺化的新闻传播而改变,例如对国外流行的各种时尚的报道、生活器具的报道,都会引起本国的一些人群起而效仿。前者像所谓"美国梦"对许多国家的影响,后者如中国新闻媒介对于西方一些生活方式的传播引发的人们日常生活的种种改变,都在不同程度上对人们的文化认知结构形成了冲击,促进了调整与重建。

事实上,对于其他国家、其他文化的观察与理解,如果只从自身的文化体系出发,是难以真正看到真情实况,掌握内在意蕴的,放眼看世界,本身就需要改变原有的认知结构。任何一种文化体系都具有丰富复杂的蕴含,包藏着、潜隐着各种相分歧、相矛盾的因素。新闻文化放眼观世界,引入了适宜的、强有力的刺激与冲击后,就会激活这些因素,造成文化体系的结构性变革。例如中国文化中"天人合一"的思想,当新闻文化面对全球性的环境问题时,又被激发出新的生机,获得一种更广的文化传播空间,并被注入了崭新的内容;反过来,对于本国的文化发展也起到了新的作用。因此,顺化的方法,既是客观地认识、掌握世界的需要,又是使自身文化体系中隐而不彰的方面重新获得合理的位置的需要,从不同的方面改善着文化体系结构。

3. 排拒方法

地球是圆的,全球性的新闻文化公共空间是立体的,无限开放的。因此,多元的文化可以并存不悖,自行其是。但是,作为公共空间,不同国家的新闻文化之间又难免相互碰撞与冲突。诸如对同样的事实,由于文化背景的差异所看到的内容与观看的方式,理解与评价等方面的差异与对立;对于一些重要问题由于文化立场不同而产生的评价不同等,都可能使国家之间对彼此的新闻文化产生排斥与抗拒。也就是说,在国家间的新闻文化交往中,既有同化,即对适宜自身文化体系的认知结构的新闻文化信息的吸取;又有顺化,即将国外优秀文化补充进自身的文化认知结构之中;还需要具有抵制、排斥外来的负面新闻文化渗透、侵占自己的文化空间的方法,这就是排拒的方法。

新闻文化在叙述与评价别国情况时,如果用自己的文化体系所形成的认知方式与价值观念去进行报道,往往会因文化间的差异而造成对于一些现象的曲解或歪曲,使新闻中反映出来的别国形象带有自己的文化"成见"及"偏见"。这样的报道再反馈到报道对象时,就会遭到排斥和抵制。例如西方国家的一些新闻媒体,往往用自己的文化观念去观察与报道第三世界国家的情况,蔑视报道对象所具有的特殊的文化传统,形成对别国形象的歪曲。这就理所当然地遭到一些国家的排拒。例如一些亚洲国家的新闻媒体与西方国家新闻媒体之间发生的一些论战,各自从特定的文化立场与观念上对对方进行批评,就是不同文化体系的新闻文化之间产生排拒的典型。当然,其中往往有政治、经济等方面的利益因素在起着重要作用,但是文化的因素也越来越显得重要。所以,每一国家,都有着在保持自身文化体系的独特性,吸取其他民族的优秀文化的同时,要抗击外来的、恶意的或负面的新闻文化的渗透的问题。

随着全球性的新闻文化空间的日益统一与相通,世界上各个国家之间的新闻文化交往愈益紧密,一些国家就企图以自己的文化价值体系作为"全球文化"的基本体系,建立一种"全球文化"。事实上,对一些重大问题的共同关注,如核控制、环境污染、控制军备、经济发展、民族冲突等,使新闻文化确实出现了全球化的趋势,各国新闻文化在一些方面逐渐"趋同"。但是,只要国家存在、国家主权存在、不同的文化体系存在,各个国家的新闻文化又总是会发生差异、分歧,这不仅表现在关注的问题往往不同,而且即使在共同的问题上也会产生这样那样的分歧。这些分歧如果影响到国家的主权、文化体系的地位,就会在国与国之间产生相互的排拒。特别是一些国家凭借自己在媒体技术等方面占据的优势,努力向全世界推行自己的文化体系,扩充新闻文化空间,形成某种"文化霸权",对其他国家的文化体系构成了侵犯。所以,一些发展中国家提出了建立"国际传播和信息新秩序"的主张,强调发展中国家对于自己的信息资源如同其他自然和经济资源一样,应拥有绝对的主权;要求在国际的新闻交流中,对第三世界的新闻应予以"优惠",在新闻报道中增加有关第三世界的新闻的比例,同时应努力促进第三世界之间的横向的新闻传播;以及对西方跨国通讯社在第三世界的活动提出严格限制的要求,等等,[①]实际都是为了排拒西方新闻文化传播中的某种霸权行为而提出的具体措施。

中国目前尚属发展中国家。我国历来不反对吸取世界上一切优秀文化的成果来丰富自己的文化体系,以促进中国文化的发展。在新闻文化交往中,既注重向世界宣传中国,又努力让中国了解世界。但是,对于国外新闻文化中出现的歪曲中国形象,贬损中国文化的一些报道,以及对世界上其他国家的不公正报道,中国新闻媒介历来重视采用排拒的方法,用正确的文化观念与方法来进行分析、批判,抗击其反面影响。随便考察哪一段时期的中国新闻文化,我们都会发现对于国外新闻媒体一些报道与评论进行分析、批判的新闻作品。这充分表明了一个主权国家新闻文化的独立自主,显示出了一个独立的文化体系应有的"主见"。所以,在强调多元文化并存的新闻文化空间中,国家之间又应当拥有排拒于己不利的新闻文化的方法。

---

① 张隆栋:《大众传播学总论》,中国人民大学出版社 1993 年版,第 302 页。

三、国际交往的误区

每种独特的文化体系既有着关于世界的独特的认识观念、解释方式以及关于自身的角色、目标等方面的价值观念,也有着对于空间、对于交往的概念。因此,不同的文化体系对于新闻文化国际交往的观念与方法本身就有不同的看法。但是,无论这种看法有何差异,新闻文化本身却总是引导着人们进行沟通,促使着新闻文化的国际交往,同时也使这种沟通与交往得到维持和传播。由于新闻文化开辟的是全球化的公共空间,就需有公共规则。这种规则当然只能处于交往过程的探索之中,但是人类文化的共通性与统一性仍使我们能够对新闻文化国际交往中出现的误区进行观察与分析。

1. 借助政治、经济、科技等方面的力量,形成强势新闻文化,实行新闻文化交往中的"文化霸权"强行推行某种文化体系

在新闻文化国际交往中,由于历史与空间的原因,不同国家之间新闻文化发展的水平存在着距离。特别是新闻文化必须依靠国家的科技、经济等方面的力量,才能占有更为广阔的文化空间。因此,一些国家就将自己在科技、经济等方面的强势,转为新闻文化传播中的强势力量,利用新闻文化发展水平的落差,强制推行自己的文化体系,力图把自己的文化体系作为"全球文化"的基本体系。这是一种"文化霸权"战略。

正如在历史上常见的以军事力量侵占别国领土,甚至对别国进行殖民统治或吞并的情形中,军事力量强大的一方往往是文化上落后的甚至野蛮的民族,军事征服文化发达国家的常会造成文明的衰落与文化的倒退一样,经济、科技等方面的强国,也并不一定是文化上的强国。所以,认为经济、科技发达国家的文化就是强势文化的看法并不正确,只能说这种文化有了强势的背景。不言而喻,利用经济、科技的强势推行的文化本身并不一定是最为发达的文化,因而,传播空间的大小并不能代表新闻作品质量的高下。以一种文化体系去占据广大的新闻文化空间也就有可能产生"劣币驱逐良币"的情况。推行"文化霸权"的一个误区就是仅以某些方

面的指标,特别是经济、科技方面的指标,来衡量全部文化体系的强弱。

更进一步的考察则可发现,在新闻文化中企图以一种文化体系作为"全球文化"的基本体系,实际上是对人类文化在不同空间分布与历史条件下产生的种种独特的文化体系的歧视与取消。事实上,各种文化体系都是人类独特的创造,其差异性正显示了人类文化发展的多种可能性和丰富性。以一种文化为"中心",把其他文化统统置于"边缘",独占新闻文化空间的大部分场地,就会造成新闻文化的单调与贫乏。例如,很难设想,假如全球只收看一个频道发送的共同的新闻电视节目,会是一种什么样的情景。而那种唯我独尊,推行一种文化的霸道作风,实际上就是要在新闻文化中只设立一个"文化频道",对所有的事物只从一种文化的眼光去观察与描述。这显然是不利于人类文化的发展的。因为人类文化只有多元并存,相互启示,各自以独特的创造来激发人类整体的创造力,才能使人类社会向着优化的方向发展。相反,假如人类文化的发展只剩下一种体系,则对于人类的发展是极为不利的。所以,新闻文化作为人类文化包罗万象的反映的一种重要形式,就要以一种开放的态度接纳各种体系的文化;在新闻文化国际交往中,就要反对恃强凌弱、惟我独尊的"文化霸权"。

新闻文化在形成全球文化上起到了巨大的作用,人类文化的相互沟通与统一在新闻文化中有着突出的表现。但是,全球新闻文化的形成与发展,却决不能以消灭文化间的差异为前提。各个国家在特定的空间环境与历史条件中发展出来的文化有着不可替代的独特价值,因为它适应了其所处环境与历史的需要,而这是任何一种共同的文化观念所无法完全取代的。因此,新闻文化的全球性应当是对全球各种文化的独特性、个性以及人的自由选择的尊重的融会,是在全球的视野中以人类的共性为基础对各种文化个性的整合与协调。而那种以个性代替共性,或追求共性而取消个性的做法,都会使新闻文化国际交往陷入误区。

2. 在同化与顺化方法的运用中自我调节失衡,出现文化上的自我中心或丧失文化特性

每个国家的新闻文化对于国外的新闻事件的观察与叙述,都既要采

用同化,又要采用顺化的方法。在这两种方法的运用中,必须保持二者的平衡,使主体能够较为客观地再建客体,客体又能符合主体的文化认知结构。否则,当同化胜过顺化时,就会表现出文化上的自我中心倾向,任凭千变万化,我有一定之规,取舍在我,剪裁由我,新闻文化就难以反映其他国家的真情实况;当顺化胜过同化时,新闻文化又易受其他文化体系的左右,而失去自己原有的文化认知结构的质的规定性,从而丧失文化上的个性。因此,必须建立起较好的自我调节系统,使新闻文化的认知结构既保持原有文化体系的特性,又能够吸取其他文化体系的精华以改善自己的文化认知结构。

同化胜过顺化时,往往表现为新闻文化国际交往中的文化保守主义,即固执于自己的文化体系,对别国的新闻文化及对别国的观察与叙述都只从自己的文化体系出发来选择与过滤。这样,就造成对外部世界只取所需,而无视其与自身文化认知结构相悖的情况。例如"文革"期间,中国新闻媒介对国外情况的报道,大都强调资本主义国家劳动人民生活于水深火热之中,以及阶级压迫的情况,一厢情愿地选择"敌人一天天烂下去,我们一天天好起来",造成新闻媒介几乎永远一贯的"国际形势一片大好"的宣传,使全国人民难以了解世界上其他国家发生的真实情况,从而也就无从正确地判断国际国内形势和自身的生存境况。改革开放打开国门之后,新闻界才逐步改变了这种固执己"见",只以自己的文化认知结构去取舍国外情况的做法,致力于让国人真正了解世界。

西方新闻界对于第三世界国家的观察与描绘也常常持着固有的文化认知结构,并往往迎合西方人的文化偏见来进行报道。例如美联社在一则《非洲即景》①报道中,选择了东非的几个故事来说明非洲人的生活与文化:"在乌干达的坎帕拉,有个男人撬开停在大街上的一辆汽车偷东西,结果被一群人痛打一顿。正在这时,汽车主人回来了,他设法稳定了人们的情绪,犯罪分子这才没有被人踢死——在东非,群众打死小偷和贼是合

① 《非洲即景》,见黎信主编:《外国新闻通讯选评》(上),新华出版社1984年版,第372—373页。

法的。""但这群人仍不放过这个贼——他们脱光他的衣服,侮辱他,才把他放走。人行道上终于安静下来了。""这时来了一个警察,抓住这人的胳臂把他带走。没有走多远,警察就把他枪毙了。"关键的地方到了:"车主,一个美国人——大吃一惊,问道:'你干嘛要杀掉他?'""警察说:'我们得教训一下这伙人。'"显然,这个故事是从"车主——一个美国人"的"眼睛"来看的,所以从事情的选择到观察、叙述,都带着一种文化上的偏见与优越感。如果说这不是对"事实"的选择的话,接着写的"当坦桑尼亚人感到有必要嘲笑生活中的尔虞我诈时,他们就讲下面这个故事:一只大蝎子求鳄鱼背着它游过河。鳄鱼答道:'我干嘛要背你呢? 我们下水后你会蜇我的。'蝎子说:'我决不蜇你。要是我蜇了你,你固然会被蜇死,可我也得淹死。'这一对开始渡河了。游到河中间时,蝎子狠蜇鳄鱼几下。鳄鱼大怒,问道:'你为什么蜇我?'正在被淹死的蝎子想了一想回答——'因为我们俩在非洲。'"这个故事中,美国人对于非洲的傲慢与偏见显露无遗。这里已经没有了事实,而是用一个想象的故事来描画"非洲"的形象。这既是用西方中心的文化认知结构来选择的结果,又是迎合了西方人的文化认知心理,暴露了文化自我中心的倾向。

如果顺化胜过同化,就表明新闻文化中对于外来文化认知观念的吸收在很大程度上打破了原有的文化认知结构,使主体受到客体的左右。例如一些国家的新闻媒介中对于西方的报道固然是按照西方的文化体系去认知与掌握的,反过来,对于本国的观察也是按照西方的文化认知结构来进行,往往却丧失了本民族的文化体系的特性。其实,文化无国界,用西方的眼光看西方,用西方的眼光看东方,都无不可。但是,必须努力促使不同文化体系之间的视界融合,形成合理的文化认知结构,才能防止文化上的偏见与歧视。

3. 强调、重视新闻文化间的冲突而忽视融合、沟通,反对多元文化的并存

在前面我们介绍了美国学者亨廷顿关于"文化冲突"的理论,这一理论敏锐地发现了全球化时代不同文化体系相互交往中必然发生的冲突与碰撞,对新闻文化在国际空间中的争夺与冲突也具有一定的启发性。一

些国家的新闻媒介重视文化体系之间的差异,对新闻文化冲突有着强烈的意识和战略上的准备,与亨廷顿的思路不谋而合,都是看到了文化冲突的必然性与严峻性。但在新闻文化国际交往中,如果只着眼于对抗与冲突,而忽视不同文化体系之间的沟通与融合,就是缺乏多元文化并存的意识。

一些中国学者在批评亨廷顿的论点时指出,中国文化以"和为贵",提供兼容并蓄,反对任何不平等、不公正的交往行为,因此,与其他文化体系之间,并不会产生对抗性的矛盾冲突。其实,从全球文化的角度来看,世界历史发展至今,虽然不同文化体系之间有过许多冲突乃至战争,但不同的文化体系发展至今,正说明多元文化可以并存,并在交往中可以达成相互沟通和融合。新闻文化作为一种交往文化,本身就有着对各种文化体系的包容、沟通与融合。不同国家的新闻文化进入全球性的新闻文化空间之中,虽然不可避免地会产生摩擦与碰撞、冲突与排拒,但全球文化空间本身是立体的、开放的,所以,又有着各行其道、并行不悖的空间,多种新闻文化能够并存;在以全球文化为整体视角时,多元的文化之间可以达到相互的沟通与融合,形成新的文化视界。相反,那种认为不同文化体系之间必然产生冲突对抗,不是你死就是我亡的线性思维方式,却是将不同文化体系之间的差异绝对化,对立化,似乎差异即是矛盾,差异必致冲突,实质上是把空间平面化,并且又在平面上确立所谓中心,从而产生一种冲突意识。正如常语所说,如果你把一个人当敌人,他就会真的成为你的敌人。在新闻文化国际交往中,也应防止草木皆兵、八面树敌的做法,倡导多元文化并存,平等竞争,共同发展的国际新闻文化交往格局。对于难以避免的冲突,应当寻求建立国际新闻文化交往的秩序与规则的方法来解决,对破坏秩序的观念与行为予以惩戒。总之,只有在新闻文化空间上公正合理地进行分配,平等有序地进行交往,才能使新闻文化在人类生活的优化发展中发挥更大的作用。

结语　新闻学:经验与先验

新闻文化是人们观察世界的一种特殊的"眼睛"。这是"新闻眼"的根本含义。

人们是从自己拥有的观念出发去观照世界的;哲学作为观念学,研究的是人们观察世界的内容与方法。"新闻眼"之"观",也与心"念"相关,故"新闻眼"之"眼"相当于"心目",是新闻人心灵的视觉,视觉化的心灵,就等于新闻文化的"观念"。

新闻文化观念与新闻文化的特征密切相关。新闻文化的观念既决定新闻文化看到什么,不同的观念、不同的"眼睛"看到世界事物的内容不同;而且还决定着新闻文化观看世界的方法。"新闻眼"用一定的方式观看世界事物的特殊性,展现出来就成为新闻文化的现实形态。观念与方法的错误或错误运用造成的文化现象,会使新闻文化走入误区。

——这就是本书的基本思路。概括地说,本书的主要目的就是"看"——用"新闻眼"来"看",但同时也反"看""新闻眼"。

人们往往关注自己怎样"看"世界,而忽视反思支配自己"看"世界的"眼睛"。是"眼睛"决定着我们能"看"到什么和如何"看",正如马克思所说,"对于不辨音律的耳朵来说,最美的音乐也毫无意义"[①],同理,对于不懂新闻的眼睛,再有价值的新闻也毫无意义。所以对于新闻文化的研究,也就必然深入到对"新闻眼"本身的反思中,凝视"新闻眼"如何观察与理解世界事物,并形成相应的新闻文化——只有观察"新闻眼"本身的特点与构造,才能真正掌握新闻文化与其所面对的世界事物之间的关系。"新

---

① 　(德)马克思:《1844年经济学—哲学手稿》,人民出版社1979年版,第79页。

闻眼"根据自己的"观念"来观察、理解、思考一切;而正如人无法走出自己一样,"新闻眼"的目光与视野也难以走出自己的观念世界。只有以新闻文化观察、理解与思考世界事物的观念本身作为观察、理解与思考的对象,才可从根本上了解新闻文化,也才是新闻学的根本任务,是新闻学成其为"学"的基础条件。不同的观念导致人们对于事物的重要性有不同的判断,看到判断重要性背后的"新闻眼"才是最为重要的。所以,对新闻文化的观念的研究是新闻学研究的真正基础。

在学术界,曾有"新闻无学"的议论。这自然是比较偏激的。但是,翻开各种新闻学期刊和一些新闻学著作,我们又不难看到这样的一些议论确实有其现实依据,那就是关于新闻学的研究往往还停留在经验形态上,许多论文、论著都是关于新闻实践的经验总结。所以,新闻学常常陷入这样的尴尬境地:总是跟在新闻实践的后面作总结,作出的总结又总是落后于不断前进的新闻实践。这样来看"新闻无学"的问题,我们就会发现,其根本原因就在于一种经验性的思维方式。"经验知识的来源是验后的(a posteriori)"①,"经验"实为"后验",我们所有了解到的关于现象的知识都是发生在现象被呈现出来并被我们感知之后的,所以必然会落后于新闻现象本身。并且,由于经验知识来源的验后性,我们就无法依靠经验本身来获取更高层次上的普遍性和必然性,从而,也就无法生发出新的可能性。当我们说某些学科只停留在经验形态上,实际上是指其缺乏创新能力和理论上的探索能力,充其量只是对已经有过的"创新"——也就是"过去之新"进行的归纳总结。所以,任何一门学科真正成之为"学"的条件,便是对"经验"之上的"先验"进行探寻。

美国学者诺索洛(F. S. C. Northrop)教授在其所著《东西相会》(The meeting of East and West)一书中指出,西方人之所谓知识,不论为科学,为哲学,或为宗教,皆非纯粹自经验所得之知识,亦即非全由直接感觉所提供的知识。其为知识,实有超乎直接经验之外者。换言之,西方知识,

---

① (德)康德:《纯粹理性批判·序言》,见(加拿大)约翰·华特生选编:《康德哲学原著选读》,韦卓民译,商务印书馆 1963 年版,第 13 页。

乃一种悬拟或假设,而非纯粹事实或事实之积聚,因此其知识必多于事实,必有为事实所不能完全证明之部分。惟其知识有不能纯由人生经验证实之部分,故西方人乃不敢视知识为久远不变,为永真无误。因此西方知识有其冒险性与可变性,或创新性。[①] 实际上,与其说这样的知识"多"于事实,不如说是"先"于事实,先于实践,在经验知识中包含了一种先验的因素,因此有"先验"因素参与下的"观念之冒险"。不同于可以在时间的意识中被辨认的"经验","先验"超越时间的属性无疑高高在上,具有了俯视经验的视角。因此,任何学科,无论其为东方西方,都不能不进行先验的探索,唯此学科才具有发展与创新的可能。新闻学自然也不能例外。对"新闻眼"的研究,实际上就是要探求观察、理解与思考世界事物的观念本身。既然先验的知识不是在感性中被赋予的,而是由心灵所加上去的,也就需要研究新闻活动中认识主体的先验的"心灵的眼睛"。

正如康德所说,"按时间先后说,在经验之先,我们是没有知识的,我们一切的知识都是从经验开始的"。[②] 也就是说,任何认识都要从经验开始,单凭纯粹的理性思辨无法形成认识。但是,人类的经验并非消极地反映存在,而是主动地去认识、掌握世界,"经验本身是一种含有智力的知识形态,而智力是有其自己的规则的,这规则必定是呈现于智力面前一切知识的一种验前条件"。[③] 康德哲学的"哥白尼式的革命",就是把目光转移到对于"认识主体自身"的观念系统上来,由此提出"先验"的概念。康德指出:"这个词并不意味着超过一切经验的什么东西,而是指虽然是先于经验的(先天的),然而却仅仅是为了使经验知识成为可能的东西说的。"[④]也就是先于经验而又从经验中体现出来的主体认识对象的方式。我们从中可以看出康德对认识中人的主观能动性的强调,他的"革命"正在于从主体自身去寻求作为对于对象的思维所以可能根据的先天规律。

---

① 　参见钱穆:《中国文化史导论·补跋》,商务印书馆 1994 年版,第 231 页。

② 　(德)康德:《纯粹理性批判》,见(加拿大)约翰·华特生选编:《康德哲学原著选读》,韦卓民译,商务印书馆 1978 年版,第 13 页。

③ 　同上,第 9 页。

④ 　(德)康德:《任何一种能够作为科学出现的未来形而上学导论》,庞景仁译,商务印书馆 1978 年版,第 172 页注。

所以，"人为自然立法"，为自己立法，都在于这种"先验"的认识方法。尽管"哥白尼式的革命"引出了康德的先验唯心论，使我们不得不迷茫于人是否真的只能拥有表象而无法认识物体的先天知识，但是通过康德的探索，我们却可以从中发现，其对于人的认识结构、对于经验之前的先验的理论范式的作用的强调，正是把认识对象与认知者的能力相联系起来，从而探讨经验世界中普遍存在的因果关系。我们这里使用"先验"一词，就是基于这一认识。

我们所说的"先验"，不仅仅是一种为了建立经验的先天条件而超越经验探究的限度的论证，让我们从关注新闻现象本身转向关注对新闻现象的认知模式，从更高层次上探索新闻文化的纯粹的、思辨的普遍性和必然性；更主要是理论上的悬拟与假设所构成的可能性的张力，抛却从经验中进行演绎的固有思维形式，从先验的预设性出发，指导着人们论证与实践新的经验。所以，我们研究"新闻眼"，考察新闻文化的观念，也是基于这样的准则。不过我们仍然强调"新闻眼"自身结构与功能对于新闻实践的"先验"意义。正如马克思所说，"光是思想竭力体现为现实是不够的，现实本身应当力求趋向思想"。[①] 只有明了"体现现实"的"思想"，掌握"经验"之中的"先验"，才能更好地理解现实与经验本身。这就是我们从"先验"的观念与方法出发来研究"新闻眼"的原因。

"新闻眼"照察万物，其观念世界也必然丰富而繁杂，这就需要确立"新闻眼"中最为基本和重要的观念，即所谓"大观念"。新闻文化的"大观念"只能从新闻文化的基本特征中来把握。我们从新闻文化是人类认识、掌握世界的一种特殊的能力着眼，考察了新闻文化中人的知、情、意所产生的掌握世界的不同认识结构与方式，对新闻文化中"真"、"善"、"美"的观念进行了观照；根据新闻文化是现时文化这一特征，研究了新闻文化中的时间观念；从新闻文化作为媒介文化、交往文化的特征，又分析了新闻文化的空间观念，正是从这些具有普遍性、基本性的观念出发，将新闻文

---

① （德）马克思：《〈黑格尔法哲学批判〉导言》，《马克思恩格斯选集》（第一卷），人民出版社 1972 年版，第 10 页。

化与人类生存、发展的重要关系揭示了出来。而对于"新闻眼"中各种观念的研究,又是从这些观念所构成的人们在新闻活动中所应遵循的一般原则与规律来进行的。康德对于先验观念的研究,认为认识的根据在于人们的心中,人们根据规则来思维,而这里的"规则"即是思维的先天原理体系。"新闻眼"的观念,也只有能够成为人们新闻实践的根据的观念,才值得在哲学的层面上加以研究。① 所以,我们重点研究能够充当"新闻眼"观察与理解世界事物原则的观念,通过研究这样的观念,可以深入透视新闻活动的原则与规则。这样,又进入对方法的探讨。在"新闻眼"的"看什么"中,往往规定了"新闻眼"的"怎样看",观念与方法不可分割地统一在"新闻眼"之中。所以,从观念到原则,到方法,新闻文化本身的质态与形态就完全地展现了出来。

在"新闻眼"中,"太阳每天都是新的",新闻文化也是日新又日新,指向来来,指向理想,则必然需要新闻学的先验研究。而先验尽管不是从经验中演绎出来的,具有纯粹理性的属性,但是,它的结论却接受经验的查对,解释也说明经验之所以然之故。并且,从经验中还可以剥离出先验的观念来。新闻学的研究同样离不开经验。本书中引证的大量实例已充分说明了这一点。但是,尽管先验在经验的存在中被预设,经验又可查对先验的有效性,却不能在新闻学中以经验总结来代替先验探索。因为先验作为理想,作为理论的推演、逻辑的力量,有着向着未来、引导经验的"前瞻性"与必然性。"新闻跟"中不断积淀着经验的观念,却更需在经验中剥离出先验。"新闻眼"的观念,也就譬诸日月,亘古常见而光景常新,既有永恒的、普遍的力理,永远不可企及,而又永远吸引着、牵动着人们向着她"企及",永远使人向着理想的境界飞升;同时又作为构成经验的形式不断地转化为常新的经验,验证着、充实着、改造着先验。如果说,先验的研究可以使新闻学获得学科的逻辑基础与发展动力的话,那么,经验的研究则可以充实新闻学的内容。只有扎根于全部的新闻文化创造的丰饶土壤中,新闻学才能更好地发展。所以,正如任何学科中都有"学"与"术"之

---

① 参见赵汀阳:《走出哲学的危机》,中国社会科学出版社 1993 年版,第 18 页。

分,基础科学与技术科学之分一样,新闻学也应重视对后者的研究。只不过,我们强调的是后者应是建立在前者的基础上,前者又能为后者提供查验的依据。"思想"既竭力体现为"现实","现实"本身又力求趋向"思想"。新闻学就可在经验与先验、实在与观念的融合之中发展并升华,亦使支配"新闻眼"的人能够真正地看清世界,看清自我。

主要参考书目

1. (德)《马克思恩格斯选集》第一卷，人民出版社 1972 年版。

2. (加拿大)约翰·华特生选编：《康德哲学原著选读》，韦卓民译，商务印书馆 1987 年版。

3. 洪谦：《现代西方哲学论著选辑》(上)，商务印书馆 1993 年版。

4. 朱谦之：《文化哲学》，商务印书馆 1990 年版。

5. 李鹏程：《当代文化哲学沉思》，人民出版社 1994 年版。

6. (荷)C. A. 冯·皮尔森：《文化战略》，刘利圭、蒋国田、李维善译，中国社会科学出版社 1992 年版。

7. (美)艾德勒：《六大观念》，郗庆华等译，三联书店 1991 年版。

8. (英)麦基：《思想家》，周穗明、翁寒松译，三联书店 1987 年版。

9. (加拿大)何·奥·加塞尔：《什么是哲学》，商梓书等译，商务印书馆 1996 年版。

10. 中国社科院哲学研究所现代外国哲学组：《当代美国资产阶级哲学资料》(第三集)，商务印书馆 1978 年版。

11. (英)培根：《新工具》，许宝骙译，商务印书馆 1986 年版。

12. (美)弗克兰纳：《伦理学》，关键译，三联书店 1987 年版。

13. (英)约翰·希克：《宗教哲学》，何光沪译，三联书店 1988 年版。

14. 何怀宏：《良心论》，上海三联书店 1994 年版。

15. (德)黑格尔：《美学》，朱光潜译，商务印书馆 1979 年版。

16. 宗白华：《艺境》，北京大学出版社 1987 年版。

17. (英)贝尔纳：《科学的社会功能》，陈体芳译，商务印书馆 1982 年版。

18. 肖峰:《科学精神与人文精神》,中国人民大学出版社 1994 年版。

19.（美）丹尼尔·贝尔:《当代西方社会科学》,范岱年等译,社会科学文献出版社 1988 年版。

20. 殷鼎:《理解的命运》,三联书店 1988 年版。

21.（英）阿伦·布洛克:《西方人文主义传统》,董乐山译,三联书店 1997 年版。

22.（美）阿尔温·托夫勒:《未来的震荡》,任小明译,四川人民出版社 1985 年版。

23.（美）丹尼尔·贝尔:《资本主义文化矛盾》,赵一凡等译,三联书店 1989 年版。

24.（法）让-弗良索瓦·利奥塔:《后现代状况》,岛子译,湖南美术出版社.1996 年版。

25.（美）杰姆逊:《后现代主义与文化理论》,唐小兵译,北京大学出版社 1997 年版。

26.（美）理查德·罗蒂:《后哲学文化》,黄勇编译,上海译文出版社 1992 年版。

27. 贺麟:《文化与人生》,商务印书馆 1988 年版。

28.（法）路易·多洛:《国际文化关系》,孙恒译,上海人民出版社 1987 年版。

29.《毛泽东新闻工作文选》,新华出版社 1983 年版。

30. 杜荣进主编:《当代新闻采写借鉴集成》,浙江教育出版社 1990 年版。

31. 黎信主编:《外国新闻通讯选评》,长征出版社 1984 年版。

32. 艾丰主编:《新闻采访方法论》,人民日报出版社 1989 年版。

33. 李大同主编:《冰点》,安徽人民出版社 1996 年版。

34.（联邦德国）海因茨-迪特里奇·菲舍尔编:《普利策最佳国际报道奖获奖文选》,应谦、李焕明译,新华出版社 1990 年版。

35.（美）罗·彼·克拉克:《美国优秀新闻写作选》,魏国强等译,新华出版社 1986 年版。

36. 张隆栋:《大众传播学总论》,中国人民大学出版社 1993 年版。

37. (美)Wilbur Schramm:《大众传播的责任》,程之行译,(台北)远流出版事业股份有限公司 1992 年版。

38. (英)丹尼斯·麦奎尔、〔瑞典〕斯文·温德尔:《大众传播模式论》,祝建华、武伟译,上海译文出版社 1987 年版。

39. (英)戴维·巴特勒:《媒介社会学》,赵伯英、孟春译,社会科学文献出版社 1989 年版。

40. 甘惜分:《新闻学大辞典》,河南人民出版社 1993 年。

后　记

　　心里有想写的书，写出的，却是从未想写的。

　　1996年下半年回到南京师范大学，进新闻与传播学院；1999年回文学院。都是机缘，也都有不得已。回高校教书，在那时，还具有某种"逆流而上"的性质。可是，中文系却一时回不去，从中文系分离出去的新传院接收了我。院长郁炳隆教授给我任务：为新传院写一部专著。当时，灵机一动，想出了这个题目。马上拟了纲要，请郁老师审阅；得到肯定后，即在新闻系开第一门课："新闻文化哲学"。记得班上大约三十人，听了之后，剩下的只有十几人。那时自信，即使没有人听，也有足够的劲头滔滔不绝。似乎有个别学生颇欣赏，更增盲动的力量。系里有对新闻工作者开的研究生课程班，安排我讲两次。第一次，大受欢迎，甚至得到几个很有地位的学员的赞扬。第二次，却不知怎么，换了教室，影响了心情——我的，学员的；不那么有掌声了。好在，那时根本不在乎"他们"的欢迎，感到有的赞扬，还不如无。信奉实力改变一切，却坚决地拒绝被一切改变。那种逆反、那种内在的疯狂、那种勃然，今日想来，犹神旺久之。

　　那时，似乎郁积了许久。在机关呆了几年，说不出的滋味；想继续做硕士研究生时的题目，研究明清小说。于是，看世情变化，读人情冷暖，品味其中的文化蕴含和历史意味。在那几部名著中，观照中国乃至人类的精神现象。好像从毕业，才突然真正对思想有了兴味，以前，一直是痴情于文学的。和许多人相同，文学梦，在80年代末"噗"的一声，破灭。激情退后，冷漠滋生；情性换位给理性，文学乃至广义的人文，让给了政治、社会、经济等方面的思考；机制、体制、制度等"制"的思考忽然占据上风！当代学术中，似乎出现了虽然静悄悄、却令人瞩目的广义的"政治学"转向。

这,也令我"冷"静的心与以往不再相同。在机关,获得了观察实际政治的
筹划、运作、演化等等的微观形态的极佳契机。当然,那里面的"三国演
义""水浒"等,乃至"金瓶梅",更成为审视的对象。可惜,自己不是"个中
人"啊,只是"旁观者""多余的人",乃至"零馀者"而已。自然,后来悟到,
无论何时,无论何地,其实都可以作相同的观察。思想里,颇有一种积极
的虚无。所以,丢开以往的愿欲,写一本不相干的书,于我,似乎并非了不
得的事情。

　　恰好,在机关认真读了一些哲学书。就像有人回忆,监狱,才是真正
读书、读大学的好去处。嘿嘿,真有悖谬色彩! 我的几年机关生涯,不夸
张地说,也是专心读书的时光,心态,似乎比在大学时更像学生——尽管,
并不值得回忆。不堪回首啊! 郁积的虚无,寻找到任何一个出口,都会恣
肆乱涌。用学术八股,写新闻无学,似乎正好。

　　写完了,在那时的"后记"里,说道:"拧灭台灯,晨光刹那涌人。用灯
光造成的黑暗熄灭了——外面的黑夜,其实早被到处都有的电灯光灼伤
杀退。夜间写作时所拥有的一星神秘乃至神圣的感觉荡然无存。"有了抒
情的余暇,却歌颂起黑夜了:"想起了鲁迅先生的《夜颂》:'只有夜还算是
诚实的''我爱夜,在夜间作《夜颂》。'于是对将被置于光天化日之下的文
字产生了深刻的怀疑。大道多岐,人生苦短,自身的生存根基尚且无着无
落,遑论寻思觅想求索知识之根基? '吾生也有涯,而知也无涯。以有涯
随无涯,殆已;已而为知者,殆而已矣。'庄子之叹,有深意存焉。若不能明
心见性,仅以心智寓神以驰,终身役役,不知所归,必致茫茫昧昧。所以,
我亦爱夜,不仅爱夜之诚实,更爱夜之冥冥漠漠的黑暗本身,她使人的精
神得到栖居之所,蕴蓄着无限,创发出梦想。求知,则是'黑夜给了我黑色
的眼睛,我却用它去寻找光明',是对黑夜忘恩负义的背叛。"引《庄子》,是
因为那时已确定,要写一部研究《庄子》的书。后来,读了能够找到的历代
注解研治《庄子》的书,在电脑上草拟过纲要,做了许多笔记,却还是成为
一个美梦。蝴蝶梦醒,庄生春心。

　　"后记"还是说《新闻眼》:"因此,应当把向外驰骛的目光收回,反观黑
夜赐予我们的'黑色的眼睛'本身。此乃'新闻眼'之所由作也。然而,黑

色吸收所有的光,贮满了所有的光,却并不发出光,又如何能够探明其中究竟包藏了多少东西? 何况,从知识的光明去关照黑暗,本身即为一种悖谬。"不知道当时为什么说到"悖谬",现在陡然看到这个字眼,真是惊心动魄! 我已发表过一篇《论悖谬美学》,给研究生讲过一学期的《悖谬美学》,觉得其中可能包含着理解美学问题的关锁。"不讲道理""没有意义"及其反命题同时成立,可能就是"美"的特征。没有想到,在那时的"抽象抒情"中,已触摸到这个问题的边沿。

写《新闻眼》时,自信来自解释问题的某种念头,竟与一些大家隐隐相通。记得,当时关于新闻传播的一个想法,和大名鼎鼎的麦克卢汉的媒介论相同。了解了麦克卢汉,激起的不是沮丧,确是一种无端的傲娇。所以,"后记"中才说:"写作此书时,由于陷入了学术八股的规范之中,戴着镣铐跳舞,在限制中寻求自由,本就苦不堪言;而大多方面都需暗中摸索,自作主张,逢山开道,遇水搭桥,更是虚掷光明,可怜无补费精神。因此,虽于一塌糊涂的泥塘中偶尔放出点光芒,不免自信而深奇,欣然而忘悔,但总的说来,结局并不能令自己满意,上帝更不会开恩粲然一笑。所幸的是,从此书的写作中毕竟得到了许多。从思维的磨砺,到心境的开拓,都不为无益。更重要的是由此一管,窥见了高远的天际,使渺然一身更感宇宙之无穷,学思之无量。于天风浪浪,海山苍苍之中,恍然有省。""眼"里,其实原无这部书,而是它所给予的"省"与"思"。可是,人生的消耗,其实大多在"不愿"与"准备"之中。那时的感想,现在知道,还不过是晓梦之馀醺而已。

"由此一管,窥见了高远的天际",则或许并非虚语,后来的学思,肯定要指向别处。读研时,梦想以六部明清长篇小说,即"三国""水浒""西游""金瓶""儒林"和"红楼",总览中国人的精神现象。后来悟到,不如更进一层,直接,对哲学、文化等下点功夫。逐渐,产生一个想法,把这几部名著所涵盖的意旨,写成美学著作:《政治美学》、《悖谬美学》、《美是灾难》、《美与不朽》。皆已有思索,当勉力完成。"政治美学"之思索,已有十余年。却总是"已启动",又总是"未完成"。但心里有目标,还是让自己不至于"沉沦"的一个秘方吧。庄子呢,似乎更遥远了;可是,庄子的逍遥齐物,却不知不觉间成为消解自己激烈情怀的一个种子，并不秘密，却在关键时刻，每每忽刺刺地散去心结。

想说的话似乎太多，说出这些"将来时"，实在是为了对死去的时间灰烬作似乎温暖的抱憾。往日的人，和事，和那些"无端"，猛然涌上心头，如何掐熄她？回忆和展望，是读书人只能选择的不二法门了。

很有意思的，是最近在国外出访，在领导们会谈时，我在纸上乱写乱画，做观察和随想笔记。却被旁边的同仁看到，用餐时告诉了大家。纸上有"画"、有"话"，一个同仁看到了我写、画的"大眼睛""小眼睛"，其实是对某种美感的胡思乱想。一位前辈说，你们知道他什么意思吗？答曰：不知道。前辈说：他写过《新闻眼》，"眼"里的内容，包含许多学术意味呢！

感谢他记得许多年前的《新闻眼》。感谢他能以此体会"眼"中的内容。

骆冬青

2014 年 11 月 27 日